大运河税收文化丛书

税韵流长

大运河文物里的税收印迹

本书编写组 编

中国税务出版社

图书在版编目（CIP）数据

税韵流长：大运河文物里的税收印迹 / 本书编写组编
. -- 北京：中国税务出版社，2024. 7（2024.12重印）
（大运河税收文化丛书）
ISBN 978-7-5678-1504-9

Ⅰ. ①税… Ⅱ. ①本… Ⅲ. ①大运河-税收管理-文物-研究
Ⅳ. ①F812. 423 ②K870. 4

中国国家版本馆 CIP 数据核字（2024）第 099823 号

丛　书　名：大运河税收文化丛书
书　　　名：税韵流长：大运河文物里的税收印迹
SHUIYUN LIUCHANG：DAYUNHE WENWU LI DE SHUISHOU YINJI
作　　　者：本书编写组　编
责任编辑：唐　卿
营销策划：王　剑
责任校对：姚浩晴
技术设计：林立志
出版发行：中国税务出版社
北京市丰台区广安路9号国投财富广场1号楼11层
邮政编码：100055
网址：https:// www.taxation.cn
投稿：https:// www.taxation.cn/qt/zztg
发行中心电话：（010）83362083/85/86
传真：（010）83362047/49
经　　销：各地新华书店
印　　刷：北京天宇星印刷厂
规　　格：787毫米×1092毫米　1/16
印　　张：26
字　　数：339000字
版　　次：2024年7月第1版　2024年12月第2次印刷
书　　号：ISBN 978-7-5678-1504-9
定　　价：118.00元

本书编写组

特约审稿： 洪　钢

撰稿人：（按姓氏笔画排序）

马鲁奎　王申筛　王亚戈　王显国　王逸尘　冯铁群　吕思远
朱志刚　朱雁鸣　伏　杰　刘　霞　刘佳佳　刘缯硕　江晓彤
孙　佳　孙　洁　李长海　李世楠　李雯娜　杨　薇　吴　威
沈于捷　张　昭　张　甦　张士国　张方旭　张会朋　张丽荣
陈　阳　陈　海　陈卫东　邵怡凡　范志华　林月芬　金　烨
郑　斌　郝锦华　胡英豪　贾正威　顾志华　徐　涛　徐　萌
徐郁明　高成华　高丽莉　唐敬尧　傅欣荣　楼怡璇

审稿人：（按姓氏笔画排序）

丁报庆　马　岩　马　骏　王黎明　牛　涛　孔向荣　朱振宏
仰　远　闫旭峰　严三国　苏补亮　李亚松　李志刚　杨玉杰
张科达　尚洪振　郑　汀　郑林华　钟武斌　侯　锐　夏　涛
徐立新　郭长霖　谢海航　窦跃圣　蔡　进　戴　鑫

出版说明

一条大运河，半部华夏史。大运河体现着中华民族的悠久历史、灿烂文化、伟大精神，它见证了中华民族的繁荣兴盛，承载着深厚的税收经济文化印记，是一部书写在华夏大地上的宏伟诗篇。2014年，中国大运河被列入《世界遗产名录》，成为我国第46项世界遗产，其历史文化价值举世瞩目。

习近平总书记高度重视大运河文化的保护、传承、利用。2017年2月，他在北京大运河森林公园考察时指出，要古为今用，深入挖掘以大运河为核心的历史文化资源。2023年9月，他在浙东运河文化园考察时又强调，大运河文化是中国优秀传统文化的重要组成部分，要在保护、传承、利用上下功夫，让古老大运河焕发时代新风貌。习近平总书记关于大运河文化的重要指示，为大运河税收文化的保护、传承、利用提供了根本遵循。

为深入贯彻习近平总书记重要指示精神，充分挖掘大运河税收文化的深刻内涵，在中国大运河列入《世界遗产名录》十周年之际，中国税务出版社特别策划了“运河税韵——大运河税收文化主题阅读活动”。这项活动不仅是税务系统“品读经典好书　建设书香税务”活动的重要内容，更是2024年全国税收宣传重点项目。作为主题阅读活动的成果展示和重要组成，我们深入挖掘大运河沿线税收文化的历史脉络与独特魅力，围绕大运河税收文化的保护、传承、利用，倾心打造了“大运河税收文化丛书”。丛书系统梳理和深入研究大运河税收文化的历史脉络、文化内涵和时代价值，旨在仰古之韵，谋今之新，弘扬大运河时代价值，服务新时代税务文化建设。

《税韵流长：大运河文物里的税收印迹》收录了大运河沿线数十件与税收相关的珍贵文物，是“大运河税收文化丛书”的开篇之作。全书以时间为脉络，以文物为媒介，通过丰富细腻的笔触和高清精美的图片，力求将每一件文物背后的历史场景和税收印迹完美地重现于读者眼前。一篇篇“税收印迹”来自大运河全流域8个省（市）20余家税务局，以及中国财税博物馆、北京税务博物馆等6家博物馆，凝聚了40余位税务干部的汗水，充分体现了税务机关和税务人对大运河文化保护、传承、利用的担当与作为。

我们期待，“大运河税收文化丛书”的出版，能让更多的人了解大运河的历史与文化，领略大运河税收文化的独特魅力，能有更多的人关注、研究、传播大运河税收文化，从而推动大运河税收文化的传承和发展，助力新时代税务文化建设，为高质量推进中国式现代化税务实践贡献文化力量。

囿于水平，书中欠妥之处，恳请读者批评指正。

编者

2024年7月

京杭大运河北京段

目录

京杭大运河杭州段

西汉“华仓”瓦当

“华仓”瓦当，属汉代官署名瓦当，陶质，直径12.5厘米，轮宽3厘米，轮面居中自上而下设阴文篆书“华仓”二字。瓦当于20世纪80年代在陕西省华阴市京师仓遗址出土，距今已有2000余年历史，现存于中国财税博物馆。

一块汉瓦当见证的赋税制度

——西汉“华仓”瓦当

什么是瓦当

瓦当是古代建筑物筒瓦前端用于保护木质檐头的部件，常见于宫殿、庙宇等重要建筑之上，一面通常刻有各类浮雕图案、铭文，起到美化装饰的作用。汉代，瓦当的工艺发展进入鼎盛时期，涌现了大量的文字瓦当，成为汉代瓦当的一大特色。瓦当不仅是中国古代建筑艺术中的瑰宝，其上的文字、图案等也为研究所处时代的社会经济文化、财税体制等提供了直接证据。

“华仓”的由来

汉武帝时期，命人在渭河南岸修筑漕渠，西起长安，沿渭水东行，途经华阴、潼关等地，直抵黄河，实现东西大运河的通畅，既缩短了关东粮米运入长安的时间，也大大提升了漕运能力。同时，在黄河和渭河交汇处附近

（今天的陕西省华阴市硙峪乡段家城村北，西泉店村南的瓦碴梁上）修建粮仓用于粮食储存转运。这座粮仓就是西汉华仓，亦名京师仓。华仓是目前发现的规模最大的古粮仓建筑遗址，据考证，华仓粮食储存量可达数十万石。隋唐时期漕渠属于大运河的范畴，当时南方的粮食等就是通过这条人工运河运送到长安的。

西汉时期的首都长安，自古有着“天府”的美誉，物产丰饶，为何汉武帝还要在华阴地区建立如此大型的粮仓呢？

据考证，武帝时期，长安的陵邑各县人口骤增，此时又天灾不断，发生了水灾、旱灾、蝗灾等多次大规模的自然灾害。同时，因为汉武帝的雄心伟略，汉朝与匈奴进行了几次大规模的战争。种种情况导致了一个严峻的问题，关中的粮食不够吃了。对此，当朝大臣提出，将关东地区的粮食运来供养首都长安。但是，黄河从潼关就拐了弯，怎么能让关东地区的粮食一路无阻地运达长安呢？当时掌管国家财政的大司农郑庄向汉武帝建议开漕渠，言“异时关东漕粟，从渭中上，度六月而罢，而渭水道九百余里，时有难处。引渭穿渠,起长安，并南山下，至河三百余里，径易漕，度可令三月罢”。汉武帝采纳此建议，沿着秦岭北麓修凿漕渠，连通长安与黄河，引渭河水注入，既比渭河航运时间大大缩短，又有效缓解了渭河的水患。《汉书·沟洫志》记载，汉武帝令水工“率数万人……三岁而通”。 漕渠流经今临潼、临渭、华州等地，直到潼关附近注入黄河，长达100多公里，比利用泾渭河航运时间明显缩短，粮食的运输和供应状况迅速得到改善。然而，不同航段情况不同，对船只要求各异，不可能依靠同一艘船将所有粮食一次运到，必然需要有适应不同河段航行的船只进行分段运输。且为确保京师长安城安全，漕运的船只和人员又不得进入长安城，导致粮食从关中黄河用大船运至渭河口进入漕渠时必须换船。因此，需要在河道沿岸的枢纽地点设立中转粮仓，用以暂时储存粮食，再统一调度转运到长安去。华仓所在地华阴硙峪乡，东临潼关古渡，北望黄渭波涛，一面依山三面崖，位置高敞，典型的“难攻易守”之地，是最理想的中转粮仓建设点。于是，“华仓”便这样建了起来。

“华仓”背后的赋税制度

自古以来，粮食都是一个国家的立国之本、经济之基、民生之要，粮食储备更是综合国力最重要的体现。贾谊在《论积贮疏》中写道“夫积贮者，天下之大命也，苟粟多而财有余，何为而不成”。晁错在《论贵粟疏》中提出 “粟者，王者大用，政之本务”，建议将发展粮食生产放到国家治理的首位。

那么“华仓”中的粮食从何而来呢？这就要提到西汉时期的税赋制度。《汉书·刑法志》有言：“畿方千里，有赋有税；税以足食，赋以足兵。”当时的“税”主要是土地税，即田租，征收的是实物，即谷物和刍槁。谷物主要用于发放官员俸禄、廪食、赏赐，特殊时期还用于救济、赈灾，稳定经济。汉武帝时，桑弘羊发展了李悝的平籴思想，创立平准法，朝廷设平准令，当市场上的粮食等物资价格下跌时，凭借国家掌握的钱币或其他物资进行收购，待其价格上涨时抛售，以保持物价稳定。刍槁则主要作为军需饲料，在秦汉时期，是相当重要的战略物资。

可以说，粮食安全储备至关重要。仓储制度与赋税制度的结合，是维持整个国家财政系统有效运转的重要组成部分，为保障民生与社会稳定发挥了重要的作用。通过强大的粮食保障，一是维持了官僚体系的正常运转，为皇室贵族及官僚阶层提供了物质基础，巩固了皇权，维护了统治阶级的威严；二是供养了大批军队，为边军提供了生活物资和战时粮草，从而有力应对外敌的侵袭，保障了边关防御体系的稳定；三是维持了社会稳定，充足的粮食储备，在面对自然灾害时可以使赈灾有序进行，安稳民心。在因灾害或战乱导致粮价异常波动时，通过低价放粮、平价收粮等手段调控市场，稳定粮价。

为此，西汉建立起了一套相对完整、自上而下的仓储管理体系，由国家以国有官营的方式统一管理粮食调运、中转、分配。粮食的储备被称为“委积”，国家通过“委积”积累大量的战略物资，再通过“委输”进行调配，为保证各郡国财政均衡而转运，则被称为“调均”。可以看出，尽管西汉自建国之始在东方实行郡国并行制，但依然通过对全国范围内粮食的储备管理的控制，来实现对东方粮食的征调。

同时，西汉还从中央至地方制定了一套完整的管理粮仓的职官系统。边境地区，仓库管理官吏有仓长（仓宰）、仓丞、仓掾、仓啬夫、仓令史、仓佐、仓监等，这些职官则由候官统一管理，候官要将征收的粮食数量统计入仓，以簿籍的方式进行统计和发放，分工明确，权责清晰。各郡郡仓设有仓长、仓丞，由郡太守进行管理；县仓设有仓曹，负责收民租；此外还有管理军仓的职官，都尉下粮仓的长官也被称为仓长，次一级被称为仓丞，以保证随时有余粮征调，保障军队的供给。

以古鉴今

一块小小的瓦当，历经了2000多年的沧桑历史，通过对“华仓”瓦当的研究，可以窥见西汉时期仓储制度和财税制度对社会发展和人民生活的影响。从粮食安全这一“国之大者”的战略层面来看，西汉时期的仓储制度对现今的粮食管理也有较大的启示。

一是古代仓储制度凸显了粮食储备在国家安全和社会稳定中的核心地位，

现代粮食管理也应将粮食安全视为战略性问题，确保在任何情况下都能满足人民的粮食需求，提升应对突发状况的能力，维护社会稳定。二是古代不仅注重中央仓储的建设，还重视地方仓储的设立，形成了较为完善的仓储设施体系。现代粮食管理也应继续加强仓储设施的建设，提高仓储设施的信息化和现代化管理水平，确保粮食储存的安全和有效。三是古代仓储制度中的粮食管理往往缺乏动态调整与调度机制，导致资源浪费和短缺问题。现代粮食管理应加强信息化建设，建立动态监测和预警系统，根据粮食供需变化及时调整储备量和储备结构，实现粮食资源的优化配置。四是粮食管理是一个容易滋生腐败的领域，在粮食采购、储存、贸易等各个环节，都存在着潜在的腐败风险。要将粮食的监管放在十分重要的位置，建立健全粮食监管体系，明确各部门的职责和权限，形成合力；要加强法制建设，完善相关法律法规，为粮食监管提供有力保障；要加强粮食管理人员的培训和教育，提高他们的法律意识和职业道德水平，从源头上预防腐败行为的发生。

供稿单位：中国财税博物馆
撰 稿 人：李世楠

参考文献：

［1］艾振，牛秀明，周兴建. 汉代仓储体系概述[J]. 物流技术，2022，41（7）：157-160.

［2］邵正坤. 汉代仓储职官考述[J]. 兰州学刊，2007（4）：191-194.

［3］杨继业. 中国古代仓储与民生保障的关联机理[J]. 河北北方学院学报：社会科学版，2013，29（2）：79-82.

黎阳仓仓窖遗址

黎阳仓为隋代著名国仓之一，遗址位于今河南浚县西南大伾山麓，建立于隋朝文帝时期并一直沿用至北宋。黎阳仓历来地位重要，与含嘉仓、洛口仓并重，有“黎阳收，固九州”的说法。2011年被正式发掘，对佐证隋唐大运河历史和大运河（永济渠）申报世界文化遗产具有重要意义，入选2014年度“全国十大考古新发现”。

永济渠旁探寻“隋唐税痕”

——大运河黎阳仓

永济渠中，舳舻千里，大伾山下，烟火繁盛。缓缓流淌千年的大运河永济渠段在河南浚县穿城而过，为这座古称黎阳、人文厚重的国家级历史文化名城增添了一方水韵、一脉清波。距离大运河东侧1.5公里，在有着“河朔盛景”之称的大伾山下，152座黎阳仓仓窖依山而建，作为永济渠段唯一的大型转运粮仓，黎阳仓见证了大运河的旧貌与新颜，也成为记录隋唐时期赋税制度变迁的重要历史遗迹。

沉睡千年　黎阳仓重见天日

《隋书》记载：“开皇三年（583年）[1]，朝廷以京师仓廪尚虚，议为水旱之备。于是诏于蒲、陕、虢、熊、伊、洛、郑、怀、邵、卫、汴、许、汝等水

---

① 本书直接引用古代文献中括注的公元纪年均为编者注。

次十三州，置募运米丁。又于卫州置黎阳仓，洛州置河阳仓，陕州置常平仓，华州置广通仓，转相灌注，漕关东及汾、晋之粟以给京师。”

隋朝初年，历经魏晋南北朝300余年的大分裂，仓廪空虚、百姓饥馑，为充实京师仓廪，应对水旱灾害，图治心切的隋文帝决定在全国各地修建多个大型官仓。位于古黄河和永济渠之间的黎阳仓因其战略位置重要、漕运交通便利，成为当时最大的官仓之一。

隋唐更迭之后，黎阳仓仍得到沿用。北宋初年，在仓窖之上曾建造了地上粮仓。北宋政和年间（1111—1118年），黄河改道向南，辉煌一时的黎阳仓逐渐废弃，其遗迹也消失在历史长河之中。

大名鼎鼎的黎阳仓究竟藏身于何处，历史遗迹的消失损毁、行政区划的不断变迁，让黎阳仓一直“但闻其名，未现其踪”，只剩下古籍史书中的文字述说着它的辉煌。北宋张舜民在《画墁录》中这样写道：“予尝登大伾，仓窖犹存，各容数十万，遍冒一山之上。”

时间来到2011年，随着大运河申报世界文化遗产工作稳步开展，黎阳仓的勘探发掘迎来了重大机遇。当年10月，黎阳仓的调查勘探正式启动，经过2个月的论证寻找，黎阳仓的具体位置最终确定：大伾山北麓浚县东关村东，东邻黄河故道，西距卫河约1.5公里。在勘探挖掘中，确证黎阳仓仓城东西宽260米，南北长300米，仓城周长1100米，面积7.8万平方米。主要遗迹包括：隋唐仓城的城墙、城壕、84座仓窖、建筑基址等。出土大量带“官”字款瓦片和隋、唐、宋代器物。其中，仓窖直径8～13米不等，窖深4米左右。

在仓城北中部距地表深4米以下，发现一条宽约8米的南北向运粮漕渠，北面与黄河相通，西北面与永济渠相连，形成了一条完整的粮仓与黄河、永济渠相互贯通的漕运水系，漕渠附近还发现了一处漕运码头遗迹。

作为典型的地下仓储式粮仓，黎阳仓的粮食“保质期”最高可达7年，一系列的防潮措施成为保存粮食的关键所在。黎阳仓仓窖底部为形似碗状的大坑，口大底小，中间竖起一根中柱支撑，搭建横栏、边柱、散水等框架，由苇草、木材封顶，地面以上部分呈现圆锥形。地下土层挖坑夯底后，用火进行烘烤，防潮除湿。土壁和壁板中间会放上一层草糠，达到防霉防虫功效，最外层用厚厚的黄泥、青泥膏等密封。这些在现代人看来较易完成的项目，在古代是一项复杂而庞大的系统工程，也代表了隋唐时期最先进的粮食储存技术水平。

2014年6月22日，中国大运河被列入世界遗产名录，黎阳仓遗址作为31个遗产区之一被列入中国大运河世界文化遗产项目。2015年4月9日，河南隋代回洛仓和黎阳仓粮食仓储遗址入选2014年度“全国十大考古新发现”。目前，黎阳仓共发现仓窖总数达到152座。

见证历史　镌刻隋唐记忆

黎阳仓大规模建造和使用的隋唐时期，是中国封建王朝的鼎盛时期。当时的中原地区，集政治、经济、文化、人口中心于一体，从长安至洛阳，“稻米流脂粟米白，公私仓廪俱丰实”。与洛口仓齐名的黎阳仓，巅峰时期总储粮量超过3000万斤，可供8万名成年人吃一年，加之黎阳仓所在的河南浚县自古就是产粮重镇，有着“黎阳收　顾九州”之名，围绕着黎阳仓的争夺，隋唐时期的一系列重大历史事件在这里精彩上演。

大业四年（608年），隋炀帝“诏发河北诸郡男女百余万开永济渠，引沁水，南达于河（黄河），北通涿郡（北京）”。自此，永济渠成为沟通南北水陆运输的重要河道，隋炀帝三征高丽，将黎阳仓、洛口仓各仓的粮食通过永济渠供输到北方，《资治通鉴》记录了当时永济渠上千帆竞发的壮阔场面：“舳舻相次千余里，载兵甲及攻取工具，往还在道常数十万人……”

唐代继续沿用黎阳仓，作为大运河沿线重要的漕运转运与储粮仓，供应都城长安的粮食需求，并保障北方军事行动的需要。北宋时期，河北地区成为对抗北方游牧民族的第一道屏障，紧邻前线的黎阳仓作为军粮调配枢纽，作用更加突出。

黎阳仓巨大的粮食储量、重要的战略位置，也让这里成为兵家必争之地。在隋末唐初的烽烟四起中，黎阳仓的归属，一定程度上直接决定了中国历史在那个时代的走向。

大业九年（613年）初，隋炀帝二次征高丽，并命令礼部尚书杨玄感在黎阳督运军资。已有谋反计划的杨玄感故意迟滞漕运、不发粮草。六月，杨玄感命令各郡发兵集结黎阳仓，以运粮的名义召集官吏民夫，引兵直向东都洛阳，结果兵败而死。

大业十三年（617年），李密带领瓦岗军攻打东都洛阳，徐懋功向李密献计：“天下大乱，本为饥馑，今更得黎阳一仓，大事济矣。”李密于是派徐懋功领兵5000人自原武渡过黄河，攻下黎阳仓并开仓赈济灾民，“旬日得胜兵三十万”，“既得回洛，又取黎阳，天下之仓，尽非隋有。四方起义，足食足兵，无前无敌。”瓦岗军一时声威大震，控制了大部分的中原。

大业十四年（618年），宇文化及在扬州杀隋炀帝后，挥师北上，为补充军队粮食，占据黎阳城，分兵几路包围黎阳仓。当时，正在攻打洛阳的李密，为保黎阳仓，率兵两万回援，经过一番苦战击败宇文化及，但瓦岗军同样元气大伤。

可以说，黎阳仓的几场大战，成为轰轰烈烈的瓦岗军成败盛衰的转折点。而后瓦岗军失败，魏征、徐懋功、秦琼等能臣猛将归于李唐，为唐朝最终一统天下、再创盛世立下汗马功劳。

仓满赋足　岂道王朝兴衰

在挖掘过程中，黎阳仓出土带“官”字的板瓦200余件，作为隋代永济渠沿线规模最大的官仓，是隋代漕运的历史见证。同时，黎阳仓遗址对于研究隋唐时期的官仓管理制度、漕运情况、农业经济及田赋制度等有着重要的意义，具有很高的考古研究价值。

“民以食为天”，在中国古代，农耕是主要的生产方式，以土地作为征税对象的田赋，一直是各种赋税中最主要的税种。当时官员的俸禄都以粮食的形式发放，年俸禄多少石成为衡量官员品阶、功劳的直接体现。一定程度上，在古代中国，“粮食就是赋税”。

隋朝初年，在均田制基础上实行租调制，成年男子每年向官府缴纳一定量的谷物，称为“租”，粮赋成为隋朝最主要的税收收入。同时，修建黎阳仓等大型官仓，成为当时粮赋的储存地、集散地。隋炀帝开通大运河后，大大加强了中央政府对地方的控制和赋税的征收，来自全国各地的赋税源源不断地涌入黎阳仓等官仓。当时，黄河以北征收的粮赋基本集中在黎阳仓，下经永济渠运往洛阳及长安，上可通过漕运向北运粮。隋朝得以迅速走向强盛，创造了“开皇之治”。

《隋书·食货志》记载：“开皇十七年，户口滋盛，中外仓库，无不盈积。所有赉给，不逾经费，京司帑屋既充，积于廓庑之下，高祖遂停此年正赋，以赐黎元。”经过隋文帝的励精图治，黎阳仓等官仓征收存放的粮赋财帛多得无处可放，于是直接免除当年全国的赋税。

然而，仓廪的充盈并不是王朝是否处于鼎盛时期的直接证明，大运河的修建使得隋朝的命运进入了转折，运河的开凿畅通了中国的经济、文化、交通交流，也带来了繁重的赋税和徭役，隋朝租税甚至提前10年征收。隋炀帝三征高丽，均以黎阳仓作为军粮和军用物资后方供应基地，黎阳仓在隋末乱世出人意料地保持着“满仓”状态，这种代表着赋税沉重的“满仓”并未造福百姓，反而给隋王朝带来了沉重一击。

据《浚县志》记载：“大业十三年（617年）秋，河南、山东大水，死者将半。隋廷令饥民就食黎阳仓，司仓不按时发粮，灾民饿死无计。”令贪图粮赋的隋朝官员没有想到的是，当年秋后，瓦岗军就攻下黎阳仓并开仓放粮，一举壮大了推翻隋王朝的主力军，加速了隋朝的灭亡。

隋亡后，国库中储存的粮赋和财帛，竟被唐朝使用了数十年之久。唐太宗也因此感叹道：“理国者，务积于人，不在盈其仓库”“后嗣若贤，自能保其天下；如其不肖，多积仓库，徒益其奢侈，危亡之本也。”吸取隋亡教训，唐太宗调整租庸调制，减轻税赋，减少徭役，与民休息，一改藏富于国为藏富于民，为从“贞观之治”到“开元盛世”的百年大治奠定了有力的财税体制基础。

如今的黎阳仓，建成了遗址公园，矗立千年的仓城城墙、黄土坑中的宏大仓窖、漕渠码头等遗址遗迹，坐落在绿植民居之间，在大伾山的俯视下诉说着千年以来的风云变幻、兴亡盛衰，见证了大运河畔如今的人烟鼎盛、车水马龙。不少学者、游客、媒体人也前来此处瞻仰隋唐遗迹、倾听历史回音，感叹隋王朝的短暂与辉煌，追忆隋末农民起义的波澜壮阔，感受“税收左右国之命脉”的重要意义。

供稿单位：国家税务总局鹤壁市税务局
撰 稿 人：贾正威　胡英豪
供　　图：王现忠
鸣　　谢：浚县文化广电和旅游局

参考文献：

［1］桂娟. 从地下到地上：黎阳仓揭示中国古代粮食储存技术变迁［EB/OL］.［2012-12-18］.http://www.yxhenan.com/info/hb/xwzx_13623_808.html.

［2］赵慎珠. 阅尽兴衰黎阳仓［J］. 协商论坛，2020 (8)：44-46.

［3］刘会喜. 隋朝黎阳仓在大伾山北麓［J］. 中州今古，2003 (4)：17-18.

［4］岳珂. 隋代黎阳仓粮食仓储遗址入选2014年度全国十大考古新发现［N］. 淇河晨报，2015-04-21.

［5］浚县地方史志编纂委员会. 浚县志［M］. 郑州：中州古籍出版社，1990.

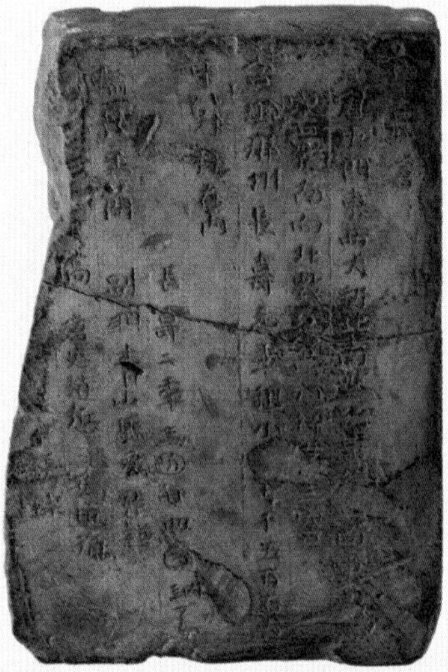

含嘉仓19号窖刻铭砖

含嘉仓19号窖刻铭砖，出土于河南洛阳含嘉仓遗址，是隋唐时期的国家粮仓，20世纪70年代被发现。仓窖刻铭砖一般在仓窖底部，正面阴刻铭文，内容详尽。此砖右半部残损，但可看到仓城名称含嘉仓、19号窖的粮食在长寿元年（692年）来自河北邢州，数量为七千五百石九斗八升等内容。铭砖的发现，是对《旧唐书》等文献史料的有力佐证，对于研究唐代含嘉仓的管理制度具有重要的学术意义。

刻在含嘉仓刻铭砖上的税收史

——隋唐含嘉仓19号窖刻铭砖

在今天的洛阳隋唐大运河文化博物馆中，静静地躺着一块刻铭砖，仿佛在诉说着一个古老时代的故事，等待着我们去细细品味。它不是一块普通的砖头，而是“天下第一粮仓”含嘉仓其中一个仓窑的说明书，它是经济的记录，是历史的见证，更是文化的缩影，每一笔刻下的字迹，都是那个时代人们生活的写照，每一次阅读，都能让人感受到历史的厚重。

出土：揭开一段税史

1971年1月，洛阳博物馆为了配合洛阳铁路分局的基本建设，在进行文物钻探时首次发现了含嘉仓遗址。这一发现是在焦枝铁路动工兴建期间，最初人们误以为是八角形墓葬，直到出土了记载有“含嘉仓”等字样的铭砖，墓葬的假设被推翻，确认这里是盛唐时期规模宏大的“天下第一粮仓”——含嘉仓。

仓窖刻铭砖一般在仓窖底部，正面阴刻铭文，每行字数3至17不等，内容详尽，记录了仓城名称、出土仓窖的位置、粮食来源地、储粮种类及详细数量、存入时间，仓窖管理人员等信息，因此含嘉仓刻铭砖被定为国家一级文物。根据刻铭砖的记载，储粮品种有粟（谷子）、大米、小豆。这与《通典·食货》的记载是吻合的。这些粮食主要来源于华北地区和江南地区的租粟与租米。刻铭砖上记载的有11州，分别是苏州、楚州、冀州、邢州、德州、濮州、沧州、魏州等，主要是通过隋朝开凿的贯通长江、淮河、汴河、黄河和洛河的通济渠以及贯通沁水、淇水和卫河的永济渠运到东都洛阳，纳入含嘉仓内的。

在含嘉仓的众多刻铭砖之中，出土于19号粮窖的一块正方形、呈灰色、阴刻文字的刻铭砖最为完整，其正面阴刻铭文10行110多字。《旧唐书》记载："凡凿窖置屋，皆铭砖为庾斛之数，与其年月日，受领粟官吏姓名，又立牌如铭。"它们揭示了仓窖的皇家背景，写明了这个仓窖在含嘉仓里的位置坐标（东门从南第23行从西第5窖），储藏的糙米（大米）从苏州来的足有超1.3万石（1万石约合现在近60万公斤）的储量，是武则天通天二年（697年）的租税，在一年多后的圣历二年（699年）正月完成缴纳。占篇幅最大的是仓窖管理人员的信息，如仓史、监事、押仓使、监仓御史等官员，他们要为仓窖里的每一粒米负责，管理周密，责任落实到人。这块刻铭砖，便是当年用以记录仓库储存情况的实物账本，为我们揭示了唐代仓库管理的细节，告诉我们粮食的来源和税收的时间，还揭示了唐代税收制度的运作方式和租税征收的地理范围。

溯源：再现一段税史

含嘉仓遗址面积达40多万平方米，在这个广阔的空间内，密集而有序地分布着400多座缸式地下粮窖，最大的窖口直径达到了18.5米，可储粮1万石以上，最深的则下挖至距地表12米，最小的也可储粮数千石。唐天宝八年（749年），含嘉仓的总储粮量约为583万石，占当时全国主要粮仓储粮总数的近一半，被誉为“天下第一大仓”。在对含嘉仓的考古发掘过程中，160号仓窖内保存着一窖完整的粮食，这些粮食颗粒48%被碳化、52%是有机物，显示了其保存状态之良好。2014年，含嘉仓160号仓窖遗址作为中国大运河的一部分，成功入选世界文化遗产。

隋大业元年（605年），隋炀帝迁都洛阳并修建隋朝大运河，疏浚自然河流和历代开凿的河道，华北平原和东南沿海的丰富物资都可以通过大运河运往都城，天下交通格局发生重大变化。作为一条生命线，隋朝大运河的主要使命就是漕运，漕运最主要的物资就是粮食，粮食的运输和储备成为维护国家稳定和繁荣的关键。同年，在当时东都洛阳宫城的东北部，隋炀帝下令修建含嘉仓，它是大运河最重要的配套设施之一，后来发展为中国古代最大的粮仓。但当时仓内规模相对较小，地位也不十分重要，唐朝吸取了隋朝战乱时粮仓争夺的教训，使用城内的含嘉仓作为太仓（皇家粮仓）大规模收纳州县所交租米，其储粮规模达到历史高点，成为国家粮仓的重要组成部分并逐步发展为“天下第一粮仓”。

作为国家粮仓，含嘉仓不仅是隋唐时期国家粮食安全的重要保障，也是古代中国粮食储备和管理水平的体现。它的存在证明了隋唐时期中国在粮食生产、储存、运输等方面的高度发展，以及政府对粮食安全的重视，其科学的建仓方法和严格的管理制度，展示了古代中国的科技和管理水平。同时，它也是税收征集和管理的关键节点。

唐代的税收制度在当时已经相当成熟，为了稳定国家财政和促进农业生产，实行了租庸调制的税收制度，规定农民按一定比例向国家缴纳粮食（租）、布匹（调）以及劳役（庸），而粮食作为税收的一部分，是连接中央与地方、政府与民众的重要纽带。百姓需使用粮食、纺织品等实物缴税，各州县收集百姓赋税粮食，经大运河漕运汇集洛阳，含嘉仓成为这一税制体系的重要物质基础和运作枢纽。因此含嘉仓的规模和功能在唐朝时得到了极大的扩展，能够储存大量从各地农民手中征缴的“租”，成为当时国家的大型粮仓，这使得粮食税的征收和使用更加系统化和集中化，大运河的修建也促进了税收制度的实施和优化。

唐朝税收管理也具有很强的规范性和透明度，这一点可以从刻铭砖的记载窥见一斑。含嘉仓刻铭砖上“苏州”二字说明了当时仓内粮食的来源地，得益于大运河漕运功能强力支撑，大米从江南一路北上，刻铭砖上清楚地记录着每一批入仓粮食的详细信息，包括储粮的时间、数量、品种、来源、仓窖位置及授领粮食的官员姓名等，并将这些信息刻在砖上，放置于窖中，确保了税收征收和使用的公正性。含嘉仓的建设和运作不仅反映了唐朝税收征收的规模和效率，还体现了唐朝税收制度在连接经济与政治中心方面的作用。通过含嘉仓，隋唐两代的政府能够有效地调配粮食资源，应对战争、灾害等紧急情况，保障国家稳定和发展。同时，含嘉仓的建立和运作也反映了当时政府对税收资源的集中管理和使用，以及对农业生产和经济发展的支持。

综上所述，含嘉仓不仅是唐朝税收制度的一个重要组成部分，也是唐朝政府管理和调配粮食资源的关键设施，它的存在和运作反映了唐朝税收制度的特点和效率。

回望：追思一段税史

含嘉仓刻铭砖的发掘不仅是考古学的一大突破，更是为我们今天理解古代中国的经济和社会发展状况提供了珍贵的第一手资料。通过对含嘉仓的研究和这些实物证据的分析，我们能够更加准确地描绘出唐代乃至整个古代中国的经济面貌，理解当时中国的税收体系、经济实力和社会组织能力。透过这块含嘉仓刻铭砖，我们仿佛能看到当时大运河上的热闹运输场景，触摸到辛勤的劳动人民挥洒的汗水，仿佛能听到千年前的车轮滚滚，感受到古代税务官员的严谨与细致。它不仅是凝聚着古代人民勤劳和智慧结晶的宝贵文化遗产，更是连接古代与现代的一座桥梁，让我们有幸能够感知到隋唐时期社会的复杂与精彩，了解税收制度如何影响和塑造了社会结构和民众生活，也为我们今天的社会发展提供了宝贵的历史经验和启示。

供稿单位：国家税务总局洛阳市老城区税务局
撰 稿 人：王亚戈　吴　威
鸣　　谢：洛阳隋唐大运河文化博物馆

参考文献：

[1] 张婷瑜.隋唐洛阳含嘉仓遗址复原研究[D]. 西安：西安建筑科技大学，2017 .

[2] 李维才. 唐代粮食问题研究[D]. 济南：山东大学，2011.

[3] 袁雅芝. 唐代粮仓管理制度研究[D]. 石家庄：河北师范大学，2010.

[4] 金荣洲. 唐代农业生产经营管理制度研究[J]. 唐史论丛，2014（2）:131-147.

[5] 贾连港. 洛阳含嘉仓铭砖官职补证[J]. 洛阳师范学院学报，2010，29（3）:36-38.

[6] 夏寒，刘世林. 试论唐代粮仓管理中的内部控制[J]. 学海，2010（5）:154-158.

[7] 薛瑞泽，王彦霖. 隋唐大运河所运物品与南北经济交流[J]. 河南社会科学，2018，26（12）:111-115.

盐铁使印

盐铁使印是唐代官印，铜质方形，上书“诸道盐铁使”，橛钮，断代下限为唐代晚期。盐铁使是唐代中期以后特置的官吏，以管理食盐专卖为主，兼掌银铜铁锡，多由特派大臣充任或由淮南节度使兼任，常驻扬州。诸道盐铁使常兼诸道转运使，通称盐铁转运使。唐代最著名的盐铁转运使为刘晏，盐铁之利在刘晏为盐铁转运使时，一度成为国家的主要财政收入。

唐代税收制度的改革与见证

——盐铁使印

盐作为生活必需品关系到民生，铁则因其在生产和兵器制造中的重要作用而备受重视，因此在中华文明漫长的历史长河中，盐铁产业始终扮演着举足轻重的角色。从汉代的盐铁大辩论到唐代的经济改革，国家对盐铁的生产、流通和使用实施了严格的管理和控制。作为古代国家财政收入的主要来源之一，盐铁事业的兴衰也与税制的演变息息相关，两者共同编织了一段波澜壮阔的税收历史篇章。

小小印章掌管财税大权

盐铁使印是一件珍贵的唐代官印，这枚官印上刻有“诸道盐铁使印”六个篆书字，表明了它是当时官方用于盐铁专营事务的印章，象征着盐铁使的权力和职责。它的存在，保证了盐铁政策的有效实施和执行，也见证了唐代盐铁专营制度的实施及其在税收历史上的重要地位，更是对当时社会经济结构和财政政策的深刻反映。

盐铁使的主要职责是管理食盐的专卖和铁矿等金属的采冶，以及相关的税收征收工作，以聚敛军资，为国家提供财政支持。该职位始设于唐肃宗乾元元年（758年），由度支郎中第五琦担任首位诸道盐铁使。在代宗、德宗时期，曾分设汴东、汴西两使，后来又合并为一职，或与转运使合并，称为盐铁转运使，至晚唐及五代时期，盐铁转运使与度支、户部二使并称为三司使，总领全国财政事务，北宋太宗至真宗时，曾将三司改为三部，分别设立盐铁转运使、度支使、户部使，真宗咸平六年（1003年），三部合并为三司，至此，盐铁转运使职位被取消。

盐铁税制的前世今生

盐铁专营制度在中国历史上有着悠久的历史，其起源可以追溯到春秋时期。这一制度的发展和演变，不仅反映了中国古代经济政策的变迁，也体现了税收制度的变革和发展。

盐铁专营的思想始于春秋时期的齐国，当时的齐相管仲提出了“官山海”政策，即国家对山海资源的垄断，通过控制盐和铁的生产与贸易来增加国家财政收入。这一举措使得齐国成为当时最富有的国家之一，也为后来的盐铁专营制度奠定了基础。

汉武帝时期，为应对连年对外战争和国家财政的需要，桑弘羊等人提出并实施了盐铁官营制度，由国家对盐和铁的生产、销售进行直接控制，其中还包括对价格的调控和对商人的监管。这一时期，盐铁的生产和销售被国家垄断，国家直接从中获得经济利益。这种税收方式简单而高效，成为古代国家财源的重要组成部分。然而，盐铁官营制度也有其弊端，它限制了市场经济的自由发展，引发了社会上层的不满和民间的抵制。随着历史的发展，盐铁官营制度逐渐走向衰落，但盐铁产业依然是国家财政收入的重要支柱。

进入唐代，货币交易有了显著发展。为了适应经济发展的需要，赋税的形式也开始多样化，除了传统的实物税，货币税也显著发展，这使得唐朝的税制体系更加灵活和相对完善，主要包括田赋、人丁税、盐铁税等。其盐税政策经历了从自由贸易到官营专卖的转变。唐朝初期并不征收盐税，直到开元年间才开始征收盐税。到了后期，面对藩镇割据、宦官专权和朝臣党派斗争等问题，政权岌岌可危，特别是安史之乱对经济造成了毁灭性的打击，为了恢复经济和维护政权，唐政府推行了一系列经济改革，其中重要的一项就是盐铁专营制度的加强。《旧唐书·食货志上》记载，唐肃宗以后置盐铁使，掌收盐铁税。五代、宋皆沿置。《新唐书·食货志四》中提到“榷盐法”，即国家对天下盐进行专卖，每斗盐加收时价百钱，为钱一百一十。由此，盐利一年能收40万～60万贯，从此盐就成了唐政府一大财政收入来源。

刘晏上任盐铁使后，进一步改革盐法，采取了“民产、官收、商运、商销”的政策，即由民间生产盐，官方收购后转卖给商人，再由商人负责运输和销售。这一改革降低了榷盐成本，缩减了财政支出，提高了效率，同时通过盐商迅速获得专卖收益，极大刺激了商人的积极性，这一改革使得盐税收入大幅增加，一年能达到600万贯，形成了“天下之赋，盐利其半”的局面。

宋代以后，盐铁专营制度继续沿用，并逐渐形成了更为完善的管理体系。清代中期，纲盐制转变为票盐制，取消了纲本，商人不用占据特定的盐窝，无论任何人只要拿钱就可以换盐引进行盐业贸易。

往古以知今

盐铁使印，作为一件具有深厚历史意义的文物，不仅承载着中国古代盐铁专营制度的记忆，更是中国古代税收历史发展的一个缩影，它见证了唐代政府如何通过盐铁专营来增加财政收入，体现了盐铁税收在国家财政中的重要作用。盐铁使印的展出，让我们得以窥见唐代经济政策的一角，也给了我们很多历史启示，任何经济政策的制定都需要平衡国家利益和民众福祉，同时要考虑市场规律和经济发展的需要，过度的官营或专营可能会抑制经济的自由发展，引发社会矛盾，而适度的市场调节和民间参与，则能够促进经济的繁荣和社会的和谐。

通过这枚官印，我们可以更加深入地了解唐代的经济政策和税收历史，理解当时政府如何通过税收手段来应对国家危机，维持政权稳定，感受古代政府在经济管理方面的智慧和策略。

供稿单位：国家税务总局洛阳市老城区税务局
撰 稿 人：王亚戈　吴　威
鸣　　谢：洛阳隋唐大运河文化博物馆

参考文献：

[1] 张莹莹. 沉浸式体验千年运河文化[N]. 中国文化报，2022-08-27 (004).

[2] 胡晓慧. 隋唐大运河的历史和文化价值探析[J]. 收藏与投资，2022，13（5）:161-163.

[3] 赵欣. 汉朝经济、财政措施的反省与检讨——评《盐铁论：汉代财经大辩论》[J]. 科学决策，2020（8）：91-92.

[4] 吕兴杰. 桑弘羊财税改革及其对现代财税改革的启示[J]. 广西质量监督导报，2020 (7)：204-205.

[5] 钟岳文.《盐铁论》：翻开“盐铁会议”那段尘封的历史[J]. 月读，2019（12）：45-53.

[6] 陈平花. 中国税收制度的历史演进与深化改革研究[D]. 福州：福建师范大学，2021.

[7] 曾慧霞. 中国税制的历史演变分析——基于民生发展视角[J]. 中国商论，2019(5)：40-41.

州桥遗址

河南开封的州桥，是位于唐宋大运河汴河段与古代开封城南北中轴线交会处的一座重要桥梁建筑。近几年，州桥遗址的考古发掘取得重要成果，填补了中国大运河东京（今河南开封）城段遗产的空白，入选2022年度“全国十大考古新发现”。

州桥见证运河税收变迁

——河南开封州桥遗址

州桥是北宋东京(今河南开封）城御街与大运河汴河段交叉点上的标志性建筑,州桥遗址位于今开封市中山路与自由路交叉路口南50米，是重要的运河遗址。州桥遗址的发掘展示了自唐宋至清代汴河开封段的修筑、使用、兴废等发展演变过程，填补了中国大运河东京城段遗产的空白。州桥遗址断代剖面直观展示了唐宋至清代汴河变迁，侧面反映了运河沿岸不同时期的经济活动和税收变化，具有非常重要的研究价值。

断代剖面“展示”运河遗存

州桥始建于唐代建中年间(780—783年)，又名“汴桥”“天汉桥”“御桥”等，至明末崇祯十五年（1642年）被黄河洪水灌城后的泥沙淤埋。在国家文物局的指导和支持下，2018—2023年，河南省文物考古研究院联合开封市文物考古研究院、河南大学对州桥遗址开展了持续性的考古发掘工作。目前仍在发掘中。

截至2022年9月，州桥遗址共完成发掘面积4400平方米，发现不同时期各类遗存遗迹117处，种类包括河道、水工设施、桥梁等。汴河故道中河道、堤岸特征明显，宋代河道中还发现疑似沉船遗存，元代河道地层中保留有狭河木桩。明代州桥结构基本完整，青石铺筑桥面，砖砌拱券，雁翅为砖石结构。本次考古发掘最大的收获是在州桥东侧汴河南北两岸发现了宋代“巨幅石雕祥瑞壁画”。目前揭露的北侧石壁顶部距地表深度约6.8米，石壁通高5.3米，东西长21.2米，雕刻纹饰的石块有16层，通高3.3米。推测应有四组图案，长度约为30米。每组图案由一匹海马、两只仙鹤环以祥云组成，长度约为7.5米。另外在明代州桥桥面与河道中还发现明代晚期金龙四大王庙遗存，与河神祭祀有关，是重要的运河文化遗产。

根据开封市文物考古研究院提供的资料，由考古发掘结果并参考文献资料可推测：宋代州桥为柱梁平桥，桥下密排石柱，现已不存；现存州桥为明代早期修建，是在宋代州桥桥基基础上建造的单孔砖券石板（拱）桥。

目前，州桥遗址共出土各类文物标本6万余件，质地包括陶、瓷、石、玉、木、骨、金、银、铜、铁、蚌、琉璃等，其中瓷器标本5.6万余件，陶器标本1800余件，铜钱1000余枚，骨器200余件，铜器100余件，玉器50余件，石器50余件，铁器30余件。器形以生活用具为多，包括碗、盘、杯、盏、罐、壶、瓶、盆以及文房用品、玩具。骨器除了工具，还有大量人骨遗骸及各类动物骨骼，人骨遗骸多散落在明代末期洪水淤积层下，应为明末洪水毁城导致，动物骨骼主要发现于河道淤积层中，应为人们食物残留。另外，在州桥东侧河神庙基址旁发现三尊鎏金铜造像，高80～100厘米，初步判断应分别为河神庙中神祇金龙四大王、文昌帝君、真武帝君造像，三尊造像不可多得，极为珍贵。

州桥遗址北宋“巨幅石雕祥瑞壁画”的出土及大运河开封段形态的展示，再现了北宋东京城的历史场景，为揭示中华城市文明、漕运文明发展脉络提供了重要实证。2023年3月28日，河南开封州桥及附近汴河遗址入选2022年度“全国十大考古新发现”，随后，《人民日报》、《光明日报》以及多家中央、省、市级融媒体均对这一考古发现进行了报道，引发一股“州桥热”，在随后的清明、五一小长假，开封州桥遗址的研学流量呈现了成倍增长，仅2023年上半年的游客数量就已超过2021年和2022年的总和。

运河变迁“影响”沿岸发展

北宋东京城州桥遗址是北宋东京城中轴线御街与大运河（汴河段）交叉点上的标志性建筑。州桥始建于唐代建中年间（780—783年），因其在州之南门所以称“州桥”，五代时改称“汴桥”，明代末年被黄河泛滥后的泥沙淤埋。

位于运河古道、黄河岸边的开封，是一个和运河特别“有缘”的城市。回望历史，运河兴，开封兴，运河衰，开封败。历史上的开封曾数次被黄河水淹没，形成了独有的城摞城景观，由是才有了今天的州桥遗址。

开封的兴衰和隋唐大运河结下了不解之缘。隋代开通的大运河，其中段名通济渠，是利用古代汴水改造而来，又因濒临汴州，亦称汴渠、汴河。

汴河自隋朝开凿，历唐、五代、北宋，至金朝初年堙废，先后通航500余年。尤其是在北宋时期，“唯汴水横亘中国，首承大河，漕引江湖，利尽南海，半天下之财赋，并山泽之百货，悉由此路而进”（《宋史》卷九三河渠三·《汴河上》），将东南一带的物资源源不断地运抵东京，使开封处于“天下之枢”“万国咸通”的重要地位。其繁华景象也通过北宋张择端的不朽名作《清明上河图》得以具象化保存下来。今天的清明上河园的著名演出节目《大宋·东京梦华》就有“万国来朝”的表演篇章，再现了北宋汴梁的盛世景象。

在某种意义上可以说，没有汴河就没有历史上东京城的繁荣，没有汴河就没有流传千古的《清明上河图》。张择端在《清明上河图》中为我们重笔描绘的有两处主要景观，其中一处是高大雄壮的东京城楼，另一处是凌空高架的虹桥。虹桥和州桥同为北宋时期东京城区汴河上的桥梁，根据宋人孟元老《东京梦华录》记载，“从东水门外七里曰虹桥”，可知当时虹桥尚远在东京城外七里的郊区，而州桥则雄踞东京城正中，是全城的闹市区和商业中心。如果说虹桥一带是当时京都漕运的东大门户的话，那么州桥附近则是汴河深入京城的重要港口，或者说是东京城内一处大型货物中转集散地。张择端笔下的虹桥片段已是一幅人头攒动、车水马龙的热闹场面，当年州桥一带的繁荣景象更是不言而喻。

位于北宋东京汴河上的州桥，也曾见于宋代诗文。如王安石“今夜重闻旧呜咽，却看山月话州桥”，范成大“州桥南北是天街，父老年年等驾回”等有关州桥的诗篇早已成为千古传唱的佳句。古代开封名胜“汴京八景”中，“州桥明月”“汴水秋声”“隋堤烟柳”三景都与汴河州桥有关。

后来，由于大运河改道等原因，汴河繁华盛景不再。到金代，汴河开始逐渐断流。明崇祯十五年（1642年），开封城内的州桥连同汴河一起被黄河洪水灌城后的泥沙淤埋，北宋都城东京的繁华也一去不返。

遗址遗存“诉说”漕运故事

州桥遗址丰富的出土文物和各类遗存遗迹，无声地诉说着唐代至民国时期的经济活动和漕运故事。

漕运实质上是古代对粮饷等物资征收调运的一种方式，历朝历代都非常重视漕运事宜，漕运的效率直接影响了经济运转和政权稳定。

唐宝应元年（762年），唐代宗以刘晏为户部侍郎兼河南道水陆转运都使。广德二年（764年），又以刘晏为河南、江淮以南转运使，以后又兼盐铁使、常平使等职。刘晏曾改革漕运、改进盐政和行常平法，整顿并改革财政，以解决安史之乱后唐王朝的财政困难。在漕运方面，因安史之乱使汴河堙废，运河沿线人口流散，漕运不能畅通。面对这一困境，刘晏果断采取了多项措施：一是规定江船不入汴，汴船不入河，河船不入渭，以方便运船短途往返，并把漕粮分段运往太仓；二是根据各段运路水流情况的不同，在扬子（今江苏扬州南）制造适合于各河水流的坚固耐用的船只；三是改变过去州县取富人督挽漕及沿途民众服役牵挽粮船的办法，以盐利充漕佣，雇船工、水手进行运输；四是大力疏浚运河道，畅通漕运。经此整顿，运量大增，运河沿线的社会经济亦得到恢复。

北宋时期汴河漕运高度发达，漕运制度也相当严谨，官职划分得也很清晰。北宋初年，宋廷实行集中财权，置诸路转运使掌一路财赋，称为某路诸州水陆转运使。此外，每逢皇帝出巡或是出兵讨伐时，也要设立行在转运使、随军转运使，以保障各项所需。在此基础上，路逐步替代道，成为掌管财税、民事的一级行政区划。路作为朝廷的派出机构，不仅能够经办金、帛、租、赋等事宜，而且在实行“上供、遣使、留州”制度中，中央财税在地方的收支调拨也由转运使一并署理，其所执掌的权力较大。事实上，转运使担负着中央设在地方财税分理处的职责，既保证了中央对财税收入的控制，又给予各路一定的自主权，从而推动了地方经济的发展。

为了稽核各地税赋征收，同时也为了加强对税款的管理，宋廷设置有“专勾司”，后为避讳，易名为“审计司”。宋代审计司主要有三个职责：一是对官吏、军兵俸给禄赐进行审计，二是对地方年度收支情况进行审计，三是对中央财税收支及用度规划进行审计。此外，宋代还首开会计制度，皇帝定期召开以税赋为主题的朝会，要求各有司将年度进项及用度等一一列明陈述，并根据来年各项所需，规划税额征收的数目及调增范围等，同时还要检讨过失，借此追责反省。税收制度的有力执行一定程度上推动了宋代漕运的发达，保障了财政收入的需要。

新中国成立后，建立了社会主义税制，并不断调整完善，充分发挥税收在国家治理中的基础性、支柱性、保障性作用，促进了经济社会可持续健康发展。今天的开封，得益于税费优惠政策的有力支持，市场主体充满活力，城市发展欣欣向荣，运河沿岸重要遗址、文化遗产——州桥、清明上河园等成为全国各地游客必到的打卡地，历史的辉煌与新时代的生机在这里交相辉映，共同绘制出一幅熠熠生辉的时代画卷。

供稿单位：国家税务总局开封市税务局
撰 稿 人：刘　霞
鸣　　谢：开封市文化广电和旅游局
开封市文物考古研究院

参考文献：

[1] 孔宪易. 如梦录[M]. 郑州：中州古籍出版社，1984.
[2] 孟元老. 东京梦华录[M]. 郑州：中州古籍出版社，2010.
[3] 单霁翔. 大运河漂来紫禁城[M]. 北京：中国大百科全书出版社，2020.
[4] 马金华. 中国赋税史[M]. 北京：清华大学出版社，2018.

“荆记肉铺”白釉黑彩瓷碗

“荆记肉铺”白釉黑彩瓷碗，口径22.9厘米、高9.6厘米、底径8.6厘米，碗内壁黑色毛笔书有“荆记肉铺”四个字，为州桥遗址出土文物，距今有三四百年的历史。

舌尖上的运河税收

——“荆记肉铺”白釉黑彩瓷碗

2022年9月28日上午，河南开封州桥遗址考古成果在国家文物局“考古中国”平台发布，随后中央广播电视总台“央视新闻”客户端推出长约100分钟线上直播，新华社、中央广播电视总台、《人民日报》、《河南日报》、河南卫视等主流媒体进行了跟踪报道，通过各种形式、多种角度呈现考古成果，各平台收看、收听及海内外浏览、覆盖量超3亿人次。州桥遗址北宋巨幅石雕壁画的出土及大运河开封段形态的展示，再现了北宋东京城的历史场景，为揭示中华城市文明、漕运文明发展脉络提供了重要实证。州桥遗址出土的文物中，有一件瓷器进入了人们的视线——“荆记肉铺”白釉黑彩瓷碗。

印有名字的瓷碗

“荆记肉铺”白釉黑彩瓷碗，口径22.9厘米、高9.6厘米、底径8.6厘米，碗内壁黑色毛笔书有“荆记肉铺”四个字，文物部门界定其为距今三四百年的清代一般文物。

在目前州桥遗址出土的6万多件文物中，质地包括陶、瓷、石、玉、木、骨、金、银、铜、铁、蚌、琉璃等，其中瓷器标本5.6万多件。在这些瓷器中，明代青花瓷数量最大，金元时期白地黑花次之，其他种类有宋金时期白瓷、青白瓷、印花青瓷，白釉黑彩瓷碗并不多见。

白釉黑彩又称“白地黑花”“白地黑彩”，为瓷彩品种之一。烧制过程为先在成型的瓷坯上施一层洁白的化妆土，并在化妆土上用毛笔蘸细黑料描绘图案，然后上施一层薄而透明的玻璃釉入窑烧造。此种工艺将传统的中国画艺术与制瓷工艺有机地结合起来，题材多为吉祥图案，黑白形成鲜明对比，具有浓郁的笔墨情趣和醇厚的民间色彩。

白釉釉下彩为宋代磁州窑创烧特有品种之一，磁州窑系的一种装饰方法是用针尖状工具在黑色纹饰上勾画出轮廓线和花瓣叶脉，将黑彩剔除，露出白色的化妆土，然后上施透明釉入窑烧造，其纹饰黑白分明，立体感较强。自北宋创烧以来，此种装饰风格深受民间所喜爱，从北宋开始至元、明、清的大约500余年的时间内被广为烧造。

在中国传统的瓷器制作中，很多作品会在釉面上刻画或书写字款，用于标识制作年代、作品的制作者或艺术家等信息。这些字款可以是手工刻画的，也可以是以印刷或写毛笔字的方式添加在瓷器表面。瓷器上的字款一般都经过精心设计和处理，以保持与瓷器整体的和谐与美感。

明清时期，白瓷在日常生活中的使用非常普遍，器型丰富，包括盘、碗、杯、碟、瓶、罐等，用途广泛。

这盏清代“荆记肉铺”白釉黑彩瓷碗应当是荆记肉铺主人请人定制的瓷

碗，流传到今天，对于研究当时经济活动也有着重要的参考。可以说明清代的开封州桥附近有肉铺经营，经营者或许姓荆，也反映了当时运河沿岸商业经济的活跃。

繁荣活跃的商业

州桥遗址位于今天的河南开封，开封旧名汴梁、汴京、东京、大梁，是我国著名的古都。因隋唐大运河的开凿使用，开封的繁华在北宋达到顶峰，但随着元大运河的改道，开封到明清逐渐衰落。

明朝末年，开封的经济和文化发展极为繁荣。崇祯十五年（1642年），明朝官府为了摆脱李自成第三次包围开封造成的困境，“掘河渰贼”，使数十万生灵葬身鱼腹，开封的“繁华盛景，于此绝矣”。

清《如梦录》作者孔宪易著书，因“恐后人未见，不知有此光景而失其传，故记之以便后人观览”，“俾知汴梁无边光景，徒为一场梦境，因取名《如梦录》传之于后”。据《如梦录》记载，当时开封城内有上百个行业，店铺数量非常多。衣食住行、日用百货应有尽有。如粮食业，有六陈行、大米行、杂粮店、江米店、面店等甚多。京山王府前，“通是六陈行，买卖日夕不断”。而且有些粮店的规模很大，如县角南之大米行，“所有郑州、辉县、光州、固始等处各色大米，俱归入行内”；又自税课司往南，都是六陈杂粮，“堆囤如山”，可见当时粮食贸易之盛。为加工各种粮食，开封城内有磨坊十余家，切面店数家，粉房、油坊、酒坊各数家；还有专售香油、菜油、松油、棉油和菜子、芝麻的各种油店……至于酒馆、饭店、酒楼等，从城内到关厢，不下几十处之多。封丘王府角一带，酒饭各样生意，排门皆是。各店铺中出售的商品，有地方的土特产品，也有专售外地商品者。如缎店、京货店、南货店、海菜店、南京杂货、广福店、南酒店、南果店、南鞋店、香店等。有供普通顾客者,也有供巨商官绅者。除店铺贸易外,还有集市庙会与摊贩贸易。可见当时开封商业的繁荣。

清代开封的经济不如明代发达，但仍是河南省的政治、经济中心。大街小巷都布满了各种各样的商店。较繁华的街道，主要有老府门大街、东西大街、土街、书店街和河道街等，这些街道都位于汴河沿岸。

清代开封周围出现了不少集市。通常，离城较远的叫集，如埽头集、薄酒店集、杜家寨集等；离城较近的叫市，如西关牛马市、南门杂粮市、宋门棉花市、曹门花线市等。这些集市，是开封一带民间日常物资集散的主要场所。

然而，清代后期开始，航道再次淤塞，1841年、1843年，开封发生了两次重大水灾。与此同时，太平天国北伐军、捻军也活跃于附近。然而，更严重的问题是：战乱过后，发挥主要交通作用的运河，被其他交通体系所取代，曾因汴河盛极一时的开封也风光不再。

《如梦录》的税课司

《如梦录》记载：“州桥之南，有税课司。”税课司，官署名，掌征收商贾、侩屠、杂市捐税及买卖田宅税契。明初，京师置宣课司，府、州、县置通课司。后改府、州通课司为税课司，县通课司为税课局。清沿置。

明代和历代一样，仍是以农业为主的经济，农业税——田赋是国家最大的财政进项，辅之以丁赋——差役。明代初行两税法，明中叶以后，由于赋税沉重，百姓逃亡严重，原有的赋税制度日渐失效。自嘉靖十年（1531年）起，推行“一条鞭法”，将原来的田赋、徭役、杂税“并为一条”，折成银两，按人丁和田亩的多寡来征收。“一条鞭法”是我国封建社会赋役史上的一次重大改革，它以货币税代替实物税，结束了历代以来以征收实物为主的国家税收方式，废除了古老的直接役使农民人身的赋役制度，以资产计税为主代替原来以人头为主的税收制度，有利于税赋的合理分担。该法的推行既反映了明代商品经济发展的要求，又促进了商品经济的发展。

清初则继承明制，继续实行“一条鞭法”，但实行得不够彻底和普遍，丁银和田赋仍是两个税目。随着土地兼并的进一步发展，穷丁、无地之丁越来越多，在这种情况下继续按丁征收丁银，贫苦农民就会无力承受。于是到雍正年间，实行“摊丁入亩”。规定以康熙五十年（1711年）的人丁数作为征收丁税的固定丁税总额，以后“滋生人丁，永不加赋”，第二步实行地丁合一，将丁银摊入田亩，征收统一的地丁银。“摊丁入亩”完成了赋役合并，取消了征税的双重标准。“摊丁入亩”的实行，标志着延续了数千年的人头税被废除，这次改革使税赋与财产和负担能力挂钩，一定程度上改变了赋役不均的情况，同时更加削弱了封建国家对农民的人身束缚。

希望“荆记肉铺”的主人是生活在清代繁华时期的汴河旁，赋税不重，生活安居。

供稿单位：国家税务总局开封市税务局
撰 稿 人：刘　霞
鸣　　谢：开封市文化广电和旅游局
开封市文物考古研究院

参考文献：

［1］孔宪易. 如梦录［M］. 郑州：中州古籍出版社，1984.
［2］孟元老. 东京梦华录［M］. 郑州：中州古籍出版社，2010.
［3］单霁翔. 大运河漂来紫禁城［M］. 北京：中国大百科全书出版社，2020.
［4］马金华. 中国赋税史［M］. 北京：清华大学出版社，2018.
［5］方汉奇. 中国新闻传播史［M］. 北京：中国人民大学出版社，2020.

天圣砖塔碑

这是一块在20世纪80年代文物普查中发现的北宋天圣十年（1032年）“天圣砖塔碑”。碑文记述了宋代柳孜地区所建造的砖塔碑，其中助缘修塔者有“泰宁军节度推官承奉郎试大理评事监柳子镇盐酒税：祖贻亮”。碑文真实反映了宋代官职中已有盐酒税监一职。此碑现藏于安徽省淮北市隋唐大运河博物馆。

助缘为民

——砖塔碑记载的盐酒税官

千百年来，大运河穿越历史、奔涌向前，已成为中华民族长盛不衰的重要文化载体。隋唐大运河是成功进入世界遗产名录的中国大运河的3个部分之一，而天圣砖塔碑是隋唐大运河通济渠段的文物。通济渠是隋唐大运河漕运最繁忙的一段，在历史上，通济渠曾起到了“半天下之财富，并山泽之百货，悉由此路而进”的枢纽作用。

重现天日：砖塔碑镌刻的宋代官职

20世纪80年代，在一次文物普查中，安徽省淮北市柳孜当地发现了一块砖塔碑，根据碑文记载，这块石碑系北宋天圣十年（1032年）所制，近1000年的饱经沧桑让时间在这块石碑上留下了清晰可见的痕迹，同样一目了然的还有上面娟秀的宋体文字。

碑文如下：

维大宋国保静军临涣县柳子镇天王院谨募。在镇内外信心共修大圣砖塔一座，七级，高八十尺，计使工价钱伍仟贯文，时天圣十年，岁次壬申二月壬寅朔七日戊申建。法眷僧：义秀、定和、定宁、文秀、从政；助缘修塔功德主僧：定约；住持修塔功德主僧：守开；将仕郎守宿州临涣县尉：刘涛;登仕郎守临涣县主簿兼开治沟洫河道：章异；承奉郎守临涣县令兼管勾沟洫河道：赵谅；泰宁军节度推官承奉郎试大理评事监柳子镇盐酒税：祖贻亮；右班殿直前柳子镇兵马监押兼巡检：张处仁；左侍禁柳子镇兵马监押兼巡检：丘裔。

碑文共计204字，通篇言简意赅，详细记录了宋代柳孜地区所建造砖塔的尺寸大小、用工情况、工价、资助的僧侣、一些官员职务和历史地理情况。从中可以了解宋代的砖塔结构、物价情况、宋代的地区行政级别、僧侣背景以及宋代官制。

经查证，宋代地方实行路（宋初称“道”）、州府军监、县三级建制。各州还下设幕职官的官署。节度、观察或军事推官厅，简称“节推厅”“察推厅”或“推官厅”,其长官为“节度推官”，简称“节推”，“观察推官”简称“察推”,“军事推官”简称“推官”。宋代官职“承奉郎”系京官。宋代官监酒务设在州、县和部分人烟稠密、酒税额高的市镇，州府官监酒务下属有多个酒店，县镇酒务下属的官营乡村道店，称“支坊”“酒坊”，或“坊场”。兵马监押兼巡检掌管捕捉盗贼，屯驻兵甲训练差使，一般设置于州、县或控扼要害之地。从碑文内容看，监收盐酒税的官员排名在兵马监押兼巡检前，反映了当时监收盐酒税官的职务高低；从职务名称看，反映了监收盐酒税官系朝廷京官；从官职设置看，在柳孜镇设有掌管军旅屯戍、营防、训练的武官，也反映了当时柳孜镇地位之重要。

百业兴旺：沿河而兴的柳孜重镇

通济渠的贯通使其成为维系西北长安、洛阳与东南、江南经济中心城市的大动脉。航运的繁忙，促进了沿岸城镇的发展。截至北宋末年，通济渠段沿岸的州府县城共有 14 座，镇 11 座（包括柳孜镇），除了 4 座城镇起源较早，其余皆随通济渠开通而逐渐兴起和繁荣。这种因通济渠而形成的新型城镇是宋代城市发展史上的典型，学术界称为“河市”，柳孜镇便是其中的代表。柳孜逐渐发展成为运河岸边的重要商埠。

柳孜原名“柳子”，“柳子”作为地名一词最早见于五代典籍之中。“柳子”之名，首见于五代后晋时刘昫编撰的《旧唐书》。《旧唐书》卷十九上《懿宗本纪》记载：“勋抗表请罪，仍命群凶邀求节钺。上遣中使因而抚之。贼令别将梁伾守宿州，以姚周为柳子寨主，又遣刘行及、丁景琮、吴玫迥攻围泗州。”可见在唐代“柳子”这一地名就存在了。“柳子”一词到宋代便频繁出现在典籍之中，何时从“柳子”改名“柳孜”无从考证，但可以大胆推测可能和沿大运河河堤栽种的杨柳有关系。

柳孜作为隋唐大运河通济渠段的重要城镇，唐宋时期既是漕运中枢，又是商品集散之地。这一带人口稠密、商铺酒肆林立，商贾云集、客流如织，寺庙钟声不绝于耳，一派繁荣。柳孜运河遗址经过1999年与2012年两次发掘，发现了唐宋时期的河道、河堤、石筑桥墩、道路等重要遗迹，出土了9艘木质沉船及大批的陶瓷器、骨角器、石锚、铜钱等重要文物7000余件。出土文物中有建筑材料、生活用品、生产工具、娱乐用品等，涵盖了当时社会生活的方方面面。其中瓷器数量最多，基本包括了当时几十座著名窑口的产品，时代跨度隋、唐、宋、元，既反映了因运河开通而带来商贸和文化交流的频繁，又反映了柳孜镇在唐宋时期作为大运河沿岸重要驿站和市镇的繁荣程度。

随着沿河商业城镇迅速发展，柳孜也成为税商两旺的重点税源地，从“天圣砖塔碑”碑文记载此地设盐酒税监，也佐证了这一税收历史。据史料记载，宋代柳孜所交盐税额超过了宿州及其周边县城、市镇。

潮起潮落：跨越千年的税收烙印

国家运用税收筹集财政收入，税收作为支持国家一切生产生活的物质基础，与国家的发展密切相关、相辅相成。隋唐大运河是保障京城物资供应的重要途径，其中主要是漕运，漕运体系采取官运为主、商运为辅的方式，这条南北贯通的大动脉促进了南北经济的交流，也促进沿大运河城镇的繁荣。而与这条运河相伴而生的，是大运河税收的演进。国计民生，首重财赋。赋就是税，但赋的出现早于税。赋字从武，原指军事上车马军需人力的征调，《周礼·小司徒》郑注：“赋谓出车徒给繇役也。”战国以后，赋与税逐渐混合，常常也指对土地课税，并连用为赋税。徭役的起源很早，《礼记·王制》中就有关于周代征发徭役的规定，《孟子》则有“力役之征”的记载。徭役是古代平民所要承担的政府派遣的无偿劳动，如开运河、修城池、修宫殿、修道路堤堰、运输军需物资等，即所谓“力役之征”。可以说，大运河的开凿和疏通本身就是古代力役税收、物化税收的凝结。隋唐大运河核心功能是漕运，而漕粮亦税粮，漕运的发展也带动了沿大运河城镇的商业流通、经济繁荣。柳孜因大运河而兴盛、因大运河淤塞而废弃。在柳孜运河遗址的第二次发掘中出土了很多与酒相关的陶器、瓷器，而与此相距不过20公里处，就是中国最大的酿酒遗址——安徽濉溪长丰街明清酿酒作坊群遗址。运河、柳孜、酿酒一定有着历史的关联，而大运河税收的历史烙印已经可以从“天圣砖塔碑”碑文记载中证实。助缘建塔功德者被镌刻于塔碑，无论是当时作为官方还是个人的谨募，都体现了助缘为民的善举，是历史的见证。同样，1000年前的监税官职也被镌刻于塔碑，成为国家税收制度发展的历史印记。这块砖塔碑现存于安徽省淮北市大运河博物馆，正在用自己的方式向世人述说那段无声的运河税史。

供稿单位：国家税务总局淮北市税务局
撰 稿 人：陈卫东
鸣　　谢：淮北市博物馆（隋唐大运河博物馆）

北宋庆历七年（1047年）税务官印

北宋庆历七年（1047年）的税务官印现收藏于江苏盐税博物馆，印体为青铜所铸，印长5.5厘米、宽5.3厘米、高1.3厘米，印背有一梯形纽，高3厘米、宽2.7厘米、上厚0.9厘米、下厚1.2厘米。印文共12个字，篆书："泰州西溪镇茶盐酒税务朱记"，均为阳文，印文盘曲于印面，且每字盘曲相连，印面略成正方，长度稍大于宽度，呈扁平块状纽，印背左右分别凿有"庆历七年"和"少府监铸"8个字，印纽上方有一个"上"字。这枚税印为研究北宋时期的茶、盐、酒税历史提供了重要的实物佐证。

话说庆历税印

宋人宋敏求《春明退朝录》记载，因唐宋时朝廷规定所有官印用后要上缴废印，即一律送至礼部员外郎，先在厅前的大石上碎其字，然后再销毁，故传世的极少。这枚仅仅只有12字印文的北宋庆历七年（1047年）税务官印，背后藏有多少历史信息？笔者依照印文的排序和印背上的铸造年款、颁发官署等内容，并结合北宋的历史背景对此印作粗浅的解读与思考。

税印识读

税印的全文为：“泰州西溪镇茶盐酒税务朱记”。

首先是“泰州”。历史上的泰州与今天的泰州地理位置大不相同，西汉时的泰州东临黄海，汉武帝元狩六年（公元前117年）泰州首次出现在西汉的版图上，是临淮郡下属的建制县，名为海陵县。海陵县东边的黄海区域海水含盐量很高，含盐度平均为32%，为制盐业的发展提供了得天独厚的有利条件。其实，早在西汉高祖十二年（公元前195年）吴王刘濞就在海陵县东煮海水为盐，为确保海盐的运输，刘濞专门开挖了一条与扬州大运河相通，始于扬州茱萸湾经海陵到如皋蟠溪，长达159公里的古运盐河。也就是说，历史上是先有了这条古运盐河，然后才有了海陵县，运盐河的历史比海陵县的历史还长，因此海陵人把贯穿其东西全境的古运盐河称为“母亲河”。泰州独特的地理位置，使其在宋代前下辖如皋、海安、西溪等两淮主要产盐区，并历来受到朝廷的高度重视。特别是“安史之乱”后唐朝由盛转衰，战乱导致北方人口锐减，且大量南迁，南方人口不断增长，社会稳定，国家经济重心逐渐南移，促进了江淮地区经济的稳定增长。为维护唐朝国家财政支出的需要，第五琦和刘晏变革盐法，盐税从此成为国家财政收入中仅次于农业税的第二大税种。盐税地位的提高，使海陵的历史地位不断得到提升，到了南唐昇元元年（937年），因海陵县盐产丰盛，上交国家大量盐税，且又是淮南盐运的咽喉要道，因此，将海陵县升格为州，取“国泰民安”之意命名其为泰州，并沿用至今。到了北宋，盐税的重要性更加突出，宋史《食货志》中明确记载：“天下之赋，盐利居半”，宋代绍兴末年以来“泰州海陵一监，支盐三十余万席，为钱六七百万缗，则是一州之数，过唐举天下之数矣”。泰州盛产海盐、上交大量盐税的历史事实为我们了解此印的来由奠定了重要的前提条件。

不仅如此，泰州还是历史上重要的管盐之所。据明弘治年间《两淮运司志》记载，泰州最早设立盐税管理机构可以追溯到唐初武德年间，当时在全国只设有四大盐监，海陵监就是其中之一（盐监的主要职能是：负责食盐的生产管理、产品收购及支发销售），到了唐中后期至宋代，全国发展到十大盐监，而海陵监号称“十监之首”，岁煮盐六十万石。宋至明初两淮盐的高层管理机构：江淮转运司、提举常平茶盐司、提举淮盐司、两淮盐运使司等长期设在泰州，长达400多年。

其次是“西溪镇”。北宋时的西溪是泰州下辖的一个镇（位于泰州东北60公里处），它的东边就是大海，西溪盐场是北宋时泰州下辖的主要盐场，又是泰州当时三大盐仓场之一，周边各个分场生产的盐统一集中到西溪再运往泰州，因此，西溪曾被誉为“天下海盐仓”。西溪镇之所以引起了北宋王朝的特别关注，很可能还有一个重要原因，即仁宗朝的宰相吕夷简和参知政事（副宰相）范仲淹，他俩取得进士身份外放任官时，曾先后在西溪盐仓监担任过盐监官，尤其是范仲淹后来倡导并修筑了捍海堰（后称“范公堤”），使得西溪名声大振。铸造此印与吕夷简、范仲淹二人并无实质关联。因为吕夷简是在北宋真宗景德四年（1007年）任西溪盐监，范仲淹是在仁宗天圣元年（1023年）任西溪盐监，税印的铸造是在庆历七年（1047年）。也就是说，吕夷简、范仲淹担任盐监官都是在铸造税印许多年前的事，而铸印时吕夷简已经去世（1044年），虽然范仲淹仍然活跃在官场，但他当时正倡导“庆历新政”，重任在肩，根本无暇顾及此等琐事，铸造冠以“西溪镇”的税印，或许与他俩的声望有些许联系，但主要还是由于西溪是朝廷茶盐酒税管理的核心地区，凸显了北宋时西溪盐监的重要历史地位。到了清乾隆三十三年（1768年）成立了东台县，西溪镇从此不再隶属泰州，划归东台县管辖至今。

最后是“茶盐酒税务”。如何理解“茶盐酒税务”连在一起？原来，北宋时期，中央设三司即盐铁、度支、户部，盐铁司分掌七案，盐、茶、铁为其中之三，当时各项税收及官卖货品皆归盐铁司主管，茶、盐、酒均为政府专卖，其中盐为最要，茶次之，酒又次之。将三个税种同时铸造在一枚印章上，至少告诉我们三大信息：第一，当时朝廷是将茶、盐、酒统归一司主管。第二，泰州西溪镇当年不仅产盐，还产茶、产酒。西溪镇当年不仅征收盐税，同时还要征收茶税和酒税。第三，此印的发现，弥补了以往泰州、西溪等方志及专业盐法志等文献中史料的不足。此前泰州历代方志和西溪镇志均未提到过茶税和酒税，人们只知道西溪是著名产盐之地，方志中有西溪盐场的盐丁、产盐工具、产盐量、上交盐税等与盐相关的历史记录，有著名历史人物曾在西溪任过盐监官等史料记载，却从未见到西溪还有产茶业的历史记录。汉唐时期泰州的白酒已经很有名，曾作为官方接待用酒，后来统称“泰酒”，到了宋代，泰酒中的“雪醅酒”“枯陈酒”已闻名全国，但是纳酒税与纳盐税同归一个机构管理，使用同一枚印章征税这是第一次发现。此印真切地见证了北宋时茶、盐、酒实行官府专卖政策货真价实。

印文最后两个字“朱记”有两种含义。一是意为红色印记。古代用胶泥封公文简书，隋唐后改用红色颜料涂印面，钤于封口，称朱记。二是唐代时有一种末尾不用“印”，而用“朱记”的官印，这类官印通常是中下级官印，具有特定的格式。宋承旧制，且宋代官印制度分得更细，宋将官印分为宝、印、记三种，帝、后及太子印称“宝”，各级行政、军事机构称“印”，其佐官属吏（一般协助州郡长官处理各种具体事务的官员为佐官属吏）使用的印称“记”或“朱记”。

再看印的背纽上8个字，左边4个字为“少府监铸”。少府，战国时已出现，是历代政府为皇室管理私财和生活事务的职能机构，掌管全国山海池泽之税，以供皇室使用。秦汉以后官印的制发历来是由皇室严格控制的，“少府监”是秦汉以来历代相传的官名，宋代沿用旧制，该监负责掌制“门戟、神衣、旌节、祭玉、法物、牌印、百官拜表法物等事，并统诸州铸钱监”。背纽上的“少府监铸”其实是证明了此印由北宋少府监负责铸造。右边“庆历七年”4个字是铸造此印的年代记载，即此印为庆历七年（1047年）铸造。

欣赏与思考

据专家介绍，宋代官印皆为青铜铸造，从外表看，税印外部呈赭黑色，印台的四个外角和印背纽的4个外角皆已磨得光滑圆润。印文屈曲缠绕，字字相连，分布均匀，流利自如，被称为“九叠篆”，篆籀气十足。最具特色的是字腔较深，约9毫米。专家介绍说，正常篆刻制印是无法达到这种深度的，此印是用我国古代传统的失蜡法铸造而成，大概是先用质地较软的蜡，按相同比例制成印模，然后用耐高温的材料将印文中空隙填实，再在印的外面敷满耐高温的材料，然后进行加温，使印模中的蜡全部熔化，接着向印模注入熔化的铜铁合金熔液，待冷却后，去掉敷在印外的材料，印就铸成了。此种工艺自宋代以后已经失传。印背与印纽上的文字，是在印铸成后錾凿而成。背纽的设计，保证了印章在使用时的稳定性和便捷性。如将此印握在手上，会觉得棱角全无，光滑圆润，大概是青铜材质历经千年的缘故，此印握在手上感觉一股清凉之气直冲手心。反复观赏品味此印，令人不禁赞叹：古代先贤的智慧确实可敬可佩。

在欣赏之余，细细品味“庆历税印”与“庆历新政”有无关联？庆历是宋代仁宗朝的一个年号（年号是封建王朝用来纪年的一种名号，始于汉武帝即位以后并形成制度，唐、宋、元时期皇帝遇有“天降祥瑞”或避讳等原因经常更换年号，明朝以后，一个皇帝通常只用一个年号），仁宗朝先后使用了九个年号，“庆历”是宋仁宗使用的第六个年号。“庆历新政”是从庆历三年（1043年）开始，由范仲淹、富弼、欧阳修等人在宋仁宗支持下发起的一场政治改革运动，它是一场以“发展生产、富国强兵挽救宋王朝政治危机”为目的，以整顿吏治，解决冗官冗兵资费加倍、民族矛盾尖锐等问题为中心，涉及政治、经济、军事、社会、文化等各个方面的改革。“庆历新政”使官府行政效能提高，财政、漕运等状况有所改善，萎靡的政局稍有起色，但因触犯了大批官僚的切身利益，遭到反对派以“朋党”之名的坚决反对，这场改革于庆历五年（1045年）以失败结束。笔者认为，“庆历新政”与“庆历税印”并无关联，只不过同是庆历年间的事罢了。

还有一点值得深思的是：此印自庆历七年（1047年）问世以后，它在泰州西溪究竟为北宋和南宋王朝征收了多少茶盐酒税？我们今天已经无从知晓。元、明、清三朝时泰州西溪仍然是海盐的主要产区，此印是否一直在使用着？我们今天也无从考证。但从此印的磨损痕迹看，尽管它是青铜质地的，但四个角都已磨损成半圆弧状，可以推断没有经过数百年的使用是不可能成为现在这样的。

发现与追踪

北宋庆历七年（1047年）税务官印为笔者在原姜堰市国税局担任主要负责人时为筹建税务博物馆从一位个人收藏家手中收购而来。

这枚珍贵的北宋官印，历经900多年的历史沧桑，仍能基本保存完好，这在我国官印收藏史上实属罕见，而且900多年后，还能在印文中“泰州西溪镇”的附近发现此印，说明此印900多年间从未离开过“泰州西溪镇”。而最终又能让笔者遇见，实在是太神奇了。为此，笔者曾写下一首七律《忆宋印征集》作为纪念，诗曰：“一枚北宋古铜章，汉篆朱砂泛紫光。初识铭文即惊喜，细观铸法顿收藏。当年赋税征多少，夕照盐场话短长。验课威权成往事，终归鹾馆梦还乡。”

现在，此印被江苏盐税博物馆收藏，并成为该馆的镇馆之宝，笔者为之庆幸！并为之祝福：愿此印世世代代保存下去，让更多的人欣赏！愿有更多的专家、学者继续深入研究，继续深挖此印背后更多的故事，让“皇粮国税，自古有之”的道理人人明白，让“依法纳税光荣”成为每个公民的自觉意识。

撰 稿 人：王申筛

参考文献：

[1] 郭正忠. 中国盐业史：古代编[M]. 北京：人民出版社，1999.
[2] 郭正忠. 宋代盐业经济史[M]. 北京：人民出版社，1990.

元代“扬州元宝”五十两银锭

这枚“扬州元宝”银锭正面铭文大多漫灭不清，通过显微镜查看确定为“至元十四年”五字。据史料记载，元代至元十三年（1276年），扬州开始铸造元宝，称为“扬州元宝”。这枚银锭背面“元宝”两个大字清晰易辨，据此确定其为元代“扬州元宝”，现藏于宁波博物院。这枚“扬州元宝”出土于宁波东门口天一广场，恰巧位于明代宁波府布政司衙署所在地范围内，布政司是明代主管民政、财政、田土、户籍、钱粮的官方机构，因此其最大的可能是明代官府征收的田赋折银，即税银，这也从侧面说明了元初的银锭在明代依然可以正常流通使用。

古代城市经济贸易辉煌的折射

——元代“扬州元宝”五十两银锭

悠悠三江水，海港通天下。宁波既是中国大运河的最南端，也是海上丝绸之路的起点。作为大运河与海上丝绸之路的交汇之处，这座城市自古经济贸易活跃、繁华昌盛，见证了曾经商贾云集、市场繁荣、千帆待发的盛况，留下了古代经济贸易中的辉煌篇章。

重现：一块元宝诉说一段税史

2002年5月23日上午，建筑工人在宁波东门口天一广场建设施工的过程中，挖出了大小不一的18枚古代银锭。当天，这些银锭被公安机关收缴，并于次月移交文物部门，后于2015年正式入藏宁波博物馆（2020年9月2日宁波博物院挂牌成立）。经清点、鉴定，这18枚银锭包括了4枚50两银锭和14枚25两银锭，部分银锭刻铸或戳印有铭文“元宝”“花银”“金花银”等字样。其中就包括了一枚珍贵的“扬州元宝”银锭，现为宁波博物院馆藏国家一级文物。

这枚“扬州元宝”银锭长13.6厘米，首宽9.8厘米，腰宽5.8厘米，厚3.4厘米，重1888.3克，正面铭文大多漫灭不清，通过显微镜也只能确定“至元十四年”五字，但背面“元宝”两个大字清晰易辨识，据此确定其为元代“扬州元宝”。

“扬州元宝”银锭的出土数量比较少，出土地却非常集中，即仅在铸造地——扬州周边的长三角地区和当时蒙古贵族活动最多的中国东北地区出土。1956年，江苏句容县赤山湖畔出土过一件；1983年，辽宁朝阳市西涝村出土过一件；1988年5月，上海金山县干巷乡寒坪村出土过一件；2000年，内蒙古出土过一件。可见，“扬州元宝”的流通和使用的范围在当年十分有限，应该就是和其白银来源以及用于小范围赏赐之功能有关。

与这枚“扬州元宝”同出的其他17枚银锭全部为明代“金花银”或“花银”。“金花银”，本意指成色绝佳的白银。明正统元年(1436年)，政府下令江浙、湖广等地区的米麦等田赋都可用白银折纳，随着田赋折银的推广，“金花银”这一称呼逐渐变成对所有折粮银的总称，多进入内府库，用于皇帝赏赐和官员薪俸，“金花银”成为明代最重要的财政收入之一。金花银锭种类多样，其形制多呈现弧首束腰、两端微翘的形态。

此次发现包括元代“扬州元宝”在内的这批银锭是历年来宁波地区发现数量最多的一批。通过这些元宝，可以窥见元明经济史、货币史和宁波地域文化的一角。

回望：一块元宝见证一段税史

早在初唐武德四年（621年），高祖李渊废五铢，新铸造“开元通宝”钱。“开元”取开启新纪元之意，而百姓有取其硕大、贵重之意，故意将其旋读为“开通元宝”，但这并非官方本意。“元宝”一词应用于货币，可追溯到安史之乱时（759年）史思明在洛阳所铸的“得壹元宝”和“顺天元宝”铜钱。其中“顺天元宝”是由“得壹元宝”改制所得，仅间隔数月，可以说这两种钱是同一时期铸造发行的货币。尽管它们的通行时间很短，但“元宝”一词却得以保留，五代两宋辽金元时期的铜钱钱文就常以“元宝”为名。

在银锭上刻“元宝”两字的做法，则始于元代。《元史·杨湜传》记载：“至元三年（1266年），以湜为诸路交钞都提举，上钞法便宜事，谓：‘平准行用库白金出入有偷滥之弊，请以五十两铸为锭，文以元宝’，用之便。”与此前铜钱上的钱文不同，这里的“元宝”为大元朝的宝货之意，这也是截至目前发现的银锭“元宝”的最早文字记载。明取代元之后，民间不知元宝的真正含义，将银锭都称为元宝。

目前所见最早的“元宝”实物是上海博物馆藏的至元十三年（1276年）“扬州元宝”银锭，该银锭长14厘米，首宽9.8厘米，腰宽5.8厘米，重1876克，铭文有三行，分别是：“扬州行中书省五十两监铸官萁至元十三年”“库官孟珪□□官王”“□银库子其成银匠侯仓明”。另据《古今图书集成》记载：“至元十三年（1276年）元军平宋回返扬州，丞相伯颜号令搜检将士行李，所得撒花银子销铸作锭，每重五十两。归朝献纳世祖，大会皇子、王孙、驸马、国戚，从而颁赐或用货卖，所以民间有此锭也，朝廷亦自铸。”因该银锭在背面铸刻有 “元宝”两字，自此银锭亦被称为“元宝”。

到了元代，相传元世祖忽必烈建都上都城（今内蒙古自治区锡林郭勒盟正蓝旗境内）后，曾想仿效宋朝以铜钱为主要流通货币，但有大臣劝阻道：“铜钱乃华夏阳明政权之用，我们起于北方草原地区，属于幽阴之地，不能和华夏阳明之区相比，我国适用纸钞。”忽必烈深以为然，便决定取而代之，在汉地大量使用纸钞（中统钞、至元钞、至正钞），金银则多被运往西亚地区用于商贸。至元十九年（1282年），中央政府下令将各地平准库中的金银悉数收缴国库，并颁布《整治钞法条画》严厉打击民间的白银流通，强制百姓将手中白银全部兑换成纸钞，还鼓励百姓检举、揭发私自收藏和使用白银的人。因此这种“扬州元宝”在当时就流通不多，现如今更是存世极其稀少。据不完全统计，现存仅十余枚，且大多为传世的藏品。

追溯：一块元宝折射一段税史

从上文可以看到，元朝的货币制度以纸币为主，同时，白银也用于发放俸禄、军饷，宫廷赏赐，缴纳赋税和大宗物品的交易。虽然元朝政府禁止白银流通，但民间使用白银的情况越来越多，白银流通的主要形制仍是平头束腰状的银锭。

明代则是中国白银货币化的重要阶段。明前期，政府禁止白银流通，但民间交易仍使用白银。明中期以后，随着经济的恢复，商品交易趋于活跃，对外贸易不断扩大，通过海上丝绸之路，大量美洲白银和日本白银输入中国，增加了中国的白银供给，这为中国实行以白银为主的银本位制度提供了前提，政府赋税折征白银。

明正统元年(1436年)，政府下令江浙、湖广等江南地区的米麦等田赋都可用白银折纳。参考明嘉靖三十九年（1560年）刊行的《宁波府志》地图，此次“扬州元宝”出土地——宁波东门口天一广场恰巧位于明代宁波府布政司衙署所在地范围内，布政司是明代主管民政、财政、田土、户籍、钱粮的官方机构，故而此次出土的18枚银锭最大的可能性应为明代官府征收的田赋折银，即税银。这从侧面说明了元初的银锭在明代依然可以正常流通使用，未被回炉重铸。

明万历年间，随着“一条鞭法”的实施，白银正式货币化。明万历九年（1581年），内阁首辅张居正在全国推行“一条鞭法”，把各州县的田赋、徭役以及其他杂征总为一条，合并征收银两，按亩折算缴纳。这降低了课税成本、提高了课税效率，标志着赋税由实物为主向货币为主的转变。

“扬州元宝”虽小，却折射了一段耐人寻味的中国财税史，如同一部历史长卷，描绘了城市古代的经济脉络，记录了财政收支、经济民生，也见证了税收制度对于维护经济秩序、促进社会发展的重要作用。

供稿单位：国家税务总局宁波市鄞州区税务局首南税务所
撰 稿 人：王逸尘
鸣　　谢：宁波博物馆

参考文献：

[1] 马涛.“元宝”的前世今生——记宁波东门口出土“扬州元宝”银锭[EB/OL].［2019-10-25］. http://www.chinawriter.com.cn/n1/2019/1025/c419392-31419939.html.

[2] 中国财税博物馆. 财博藏珍·至元十四年扬州元宝银锭[EB/OL]. [2022-05-18]. https://mp.weixin.qq.com/s/lgYMl4vhO4QIbq5wIe8U-Q.

[3] 孙继亮. 中国财税博物馆藏元代“扬州元宝”考——兼论元代前期白银的使用和流通[EB/OL].［2017-09-29］. https://mp.weixin.qq.com/s/z2AE0DIBIGup4-ZYvqaJEQ.

[4] 中国钱币博物馆. 暑期云游博物馆合集（16-20讲）[EB/OL].［2022-08-19］. https://mp.weixin.qq.com/s/ShJCD0yhKeZrUkwJPuDurA.

元至正四年(1344年）曹州铜权

这枚收藏于南京税收博物馆的元代曹州水患救灾司铜权，系元至正四年（1344年）铸造，距今已有600余年历史。铜权上的阳文记录了元代京杭大运河曹州河段决堤后洪水泛滥，官府指导使用由救灾司校准的统一度量衡，发放税粮救济灾民的情况。元代铜权存世数量颇多，但专用于运河水灾的赈济度量衡为数甚少，这为我们了解和发掘古代运河史提供了宝贵的历史资料。

一枚元代铜权上的运河记忆

——元至正四年（1344年）曹州铜权

大运河，是世界上唯一为确保漕运畅通而由国家开凿的人工河道，见证了数个朝代的兴衰更替，是流动的国家记忆。大运河始于春秋时期吴国开挖的沟通长江和淮河的邗沟，后经隋、元两朝的大规模开凿拓展，纵深贯通南北，推动了不同地域的经济和文化交往交流交融。大运河以世所罕见的时间与空间尺度、巨大的作用、深远的影响而成为文明的摇篮，对中国乃至世界历史都产生了重要影响。

元代铜权，权衡帝国天下

2013年底，南京税收博物馆扩建时征收了一批文物，其中一枚泥土包浆的铜权颇引人注目，权顶的倒梯形钮中间为圆穿孔，权身球形鼓腹，近底部束腰，圆形底座，总高9.5厘米，底座直径4.2厘米，自重630克。权上阳刻铭文不清，依稀辨认为“至正四年曹州水患救灾司较同□□，曹州□□公私米□以此为准□□□”。根据铜权上的纪年铭文“至正四年”，查证为元朝末代皇帝元顺帝孛儿只斤·妥懽帖睦尔的年号，“曹州”则是元朝中书省“腹里”（覆盖今天山东、山西、河北）的直辖曹州府，现为山东省菏泽市。万里黄河自菏泽入鲁，宋太宗疏浚广济河为京东十七州运粮漕河，升曹州定陶镇为广济军，专管广济河漕运之事。通过查阅比对山东省菏泽市（曹州）出土的元代古船上的“至正十四年官造”铭文铜权图文资料，此枚铜权与典型的元代铜权形制是一致的。

铜权是古代大一统的度量衡器具，不仅为确保市贸商贩交易的公平和准确，更重要的是有效地统一管理各个区域的税收和财政。铜权最早出现于东周，历代沿用，而以元代铜权存世量最多。元朝是我国历史上第一个少数民族建立的大一统多民族王朝，疆域极为辽阔，海陆河运商贸尤为发达。元代铜权多铸有纪年和铸校地铭文，其分布位置可以直接体现地域间的商品流通、经济往来。韩国新安外海域近年打捞的元代沉船上出土了一件“庆元路”铭文铜权，便是元代庆元港（今宁波港）与日本博多(今福冈港)贸易往来的直接证据。还有学者统计了传世、出土元代铜权的分布，以大都路铜权多而广，进而说明元初开凿京杭大运河的漕粮漕运带来了沿岸经济贸易的繁荣。

权类似于现今的秤砣。权与衡(秤杆)相佐，正度量，调轻重，取其平，为称量之用。在山西洪洞县广胜寺的水神明应王殿内，有保存完好的巨幅元代壁画，从该壁画上的《卖鱼图》可大致了解元代铜权在杆秤上的使用状况。图为元代官吏左手提领秤杆上端的提绳，秤杆左端钩有3条鱼，右端为绳系铜权，官吏双眼紧盯秤星刻度，以便右手调试着右端铜权提绳距离，元代铜权的日常生活使用场景跃然入目。因关于元代度量衡标准记载甚少，国家博物馆藏元大德八年（1304年）大都路青铜权铭文刻有“大德八年大都路造，五十五斤秤，二斤锤”，说明了权身自重和与之配套杆秤的使用量程，根据权身实测1275克可以推算出元代每斤约合今制638克。因此，从曹州铜权的自重630克，可判断出该铜权量程应该有“二十五斤秤，一斤锤”，即最大称重量为25斤。通过这枚元代铜权上的铭文可以看出，在元至正四年(1344年)时曹州发生水患，官府为救助灾民开仓放粮，由救灾司监督铸造了这枚曹州铜权，确定了税粮赈济发放的标准，以防官吏贪腐克扣和奸商扰乱市场。

元代壁画《卖鱼图》

曹州水灾，窥见税粮赈济

此枚铜权铭文“至正四年曹州水患”有史为证。《元史·卷十九》记载:“至正四年（1344年）夏五月,大雨二十余日,黄河暴溢，水平地深二丈许，北决白茅堤。六月，又北决金堤，并河郡邑济宁、定陶、楚丘、武城，以至曹州、东明等处皆罹水患,民老弱昏垫,壮者流离四方。”可见此次黄河流域决堤众多,涉及区域范围广，民众受灾损失严重。“岁大饥，流民载道，令有司赈之”，元顺帝下诏令中书省调拨税粮和银两赈济灾民。

元代是中国历史上自然灾害最多的朝代（邓拓在《中国救荒史》中感言“可知元代之灾况，较其前之任何朝代，皆严重多矣”），因而建立了相对完善的赈灾体系。由官方主导的赈恤，多为蠲免赋役与税粮补给相结合的赈济措施，其中蠲免赋役主要有减免各类赋税和劳役，如：“至元十七年（1280年），赈巩昌、常德路饥民,仍免其徭役”（《元史·卷十一》）；“至元二十年（1283年），以水旱相仍，免江南税粮十分之二”（《食货志四·赈恤·灾免之制》）；“至大三年（1310年），又免大都、上都、中都秋税（税课），及民间差税（劳役）之负欠者”（《食货志四·赈恤·恩免之制》）等。而税粮补给多为漕粮和盐课：“至元十六年（1279年）二月壬午，以江南漕运旧米赈军民之饥者”（《元史·卷十》）；“大德六年（1302年）六月甲申，……湖州、嘉兴、杭州、广德、饶州、太平、婺州、 庆元、绍兴、宁国等路饥，赈粮二十五万一千余石”（《元史·卷二十》）；“至顺元年（1330年）正月戊寅，命陕西行省以盐课钞十万锭赈流民之复业者；二月乙酉，扬州、安丰、庐州等路饥，以两淮盐课钞五万锭……赈之；同月乙巳，淮安路民饥，以两淮盐课钞五万锭赈之”（《食货典·荒政部·第八十二卷》）等。

由此可见，元代将征收的税粮进行仓储，除了北上漕粮漕运，也有赈灾、备荒的功能。元初对实物税粮缴纳就已有具体规定，元世祖中统二年(1261年)朝廷颁布：“远仓之粮,命止于河沿近仓输纳,每石代收脚钱中统钞三钱，或民户赴河仓输纳者,每石折输轻斋中统钞七钱。”当时，元朝在京畿重地设有22个官仓，而各地方仓储的设立，大致是伴随着十路征收科税使的设置而因需产生的。除此之外，元代官方也曾将常平仓用于赈灾。常平仓始设于西汉，目的是适时粜籴，调节平抑粮价。即在丰年米贱时，由政府出资增价来入，歉年米贵时，又由政府降价粜出，以稳定农业生产和人民生活。元和元年（806年）元宪宗令从地税总额中“三分取二分，均充常平仓”（《仓及常平仓》元和元年条）。“中统元年（1260年）十一月，发常平仓米赈益都、济南、滨棣饥民”

（《元史·卷四》），“至元二十六年（1289年）闰十月，武平路饥，发常平仓米万五千石 ”（《元史·卷十五》）。但元代常平仓没有固定设置，时兴时废，而且常常有名无实，“至元元年（1264年）十一月辛丑，立常平仓”（《元史·卷三十八》顺帝纪一），“至正三年（1343年），诏立常平仓”（《元史·卷四十》顺帝纪三）。

随着元代京杭大运河的开凿，沿河广置粮仓。大都路是南粮北运的集中地，据统计有粮仓一千二百九十五间之多，饥荒发生时政府可以发粮救济。至元十年（1273年）仅一年赈米总量就达五十四万五千九百石，可见赈济数量之多，这里发放的仓粮都是国家各地正仓的税粮。

漕粮漕运，见证朝代兴衰

元代曹州府（现山东省菏泽市）地处水陆交通要冲，金末元初，黄河南徙，菏泽城东黄河旧道成为黄河不断北决的行洪河道，史称黄河北支，由东北流入梁山境内运河，往北通元大都，沿河商贸活动逐渐兴盛。菏泽元代沉船出土的铜权、青花瓷等印证了当年曹州河段沿线码头的经济繁荣，现今菏泽地名中还保留着与当时漕运相关的码头及村镇名，如定陶区的金堤，牡丹区的双河集、打渔店等。元朝疆域面积辽阔，“东尽辽左西极流沙，北逾阴山南越海表，汉唐极盛之时不及也”（《元史·志·卷十一》），京杭大运河的开通促进了元帝国在广袤疆土内的南北资源和物产的大跨度运送调配和交易，其绵延的航道直接带动了直沽、济宁、扬州、苏州等地的繁华，而洛阳、宁波又分别是陆上丝绸之路和海上丝绸之路的起点，是与世界交往的重要窗口。《马可·波罗游记》第151章记载，“车船运货络绎不绝，运来之货无不售者”，“其地有船舶甚众，运载种种商货，往来印度及其他外国”，“因其殷富，而征收之商税甚巨，其额之巨，仅闻其说而未见其事者，绝不信之”，“而其财富为世界其他诸城所不及也”。

元代京杭大运河的开通是为了漕粮北运，“元都于燕，去江南极远，而百司庶府之繁，卫士编民之众，无不仰给于江南”（《元史·卷九十三》），由各项消费无不仰给于江南，可见对南方漕粮的依赖。元代有蒙古本部、北方和南方三种不同税制共存的独特的赋税体系。赋税尤以南方最重，江浙行省居全国之首，加上江西、湖广两个行省，江南三省合计占全国税粮的60%以上，故有“江南税粮甲天下”之称。“江南民田税石，依例每石带收鼠耗、分例七升”（《元典章·卷二十一》），除征收正额税粮之外，还有鼠耗、分例等名目繁多的附加税粮，有的数量甚至经常超过正额税粮。随着元代人口增长和官僚机构、军队的日益庞大，赋税不断翻倍，如盐课增加20倍，茶课增加240倍，加之官吏的贪赃耗损使江南民众不堪重负，元末“贫极江南，富称塞北”的畸形现象，导致江南地区农民起义广泛爆发。

铜权铭文上的“至正四年曹州水患”，系当年（1344年）20余日暴雨引发河水上涨，导致曹州、汴梁和金堤等决口，冲毁会通河，严重影响漕粮漕运。继后黄河多次决堤，阻断了南粮北运河道，元顺帝强征民工15万人，派2万士兵监督疏通黄河。元末灾害频发，且“赈粜粮多为豪强嗜利之徒，用计巧取，弗能周及贫民”，而河堤修复中，贪官污吏中饱私囊，不顾劳役民工死活，修堤工地“死者枕藉于道，哀苦声闻于天”。元顺帝治河虽然成功，却引爆了治河民工起义，“石人一只眼，挑动黄河天下反”，各地纷纷揭竿而起。最终，以朱元璋为代表的大规模农民起义直接葬送了元帝国。

水能载舟，亦能覆舟，悠悠大运河浮沉着一个个王朝的兴衰更替。

供稿单位：南京税收博物馆
撰 稿 人：江晓彤　邵怡凡

参考文献：

［1］宋濂. 元史［M］. 北京：中华书局，1976.
［2］邓拓. 中国救荒史［M］. 上海：上海书店，1984.
［3］危素. 元海运志［M］. 台北：广文书局，1972.

明代吉永丰五十两银锭

明代吉永丰五十两银锭现藏于中国财税博物馆，是明代后期江西、福建和两广地区的银锭造型。该锭铸造规范，通面细丝纹显示成色上佳，镌刻铭文字迹清晰工整，内容详尽，为明代银锭中的精品。通过大运河，这样的银锭由地方上解至中央，发挥它们在税收体系和经济活动中的重要作用。

吉泰民安　永丰永福

——明代吉永丰五十两银锭背后的白银税史片段

大运河两岸，城市繁华商业发达，可能在大多数人的想象中，古人怀揣银锭在酒肆、旅社、估衣铺、当铺、草药行、医馆等场所进行日常交易，但事实上这样的场景在中国古代很晚的时候才出现。明中叶以后随着商品经济发展，白银在经济活动中出现的频率才越来越高。

熠熠生辉：白银成为国家货币

与其他国家和地区相比，古代中国可开采的白银矿藏远不够支持银作为主要货币形式进行流通。直至明代中叶以后，在国家行政和市场的双重推动下，白银通货才逐渐成为国家赋税收入和各项支出的唯一货币，此后白银一直是国家货币，到了明末清初才成为民间广泛流通的货币。但是由于贵金属本身的物理性质和金融属性，不同于历史上其他种类的金属货币，白银货币的再铸、银的重铸以及市场流通原因使得存世的明代银锭非常稀少，已知的官铸银锭也仅有百余件。这件明代吉永丰五十两银锭现藏于中国财税博物馆，它承载的史料价值非常珍贵，是明代漕粮运输中典型的轻赍（jī）银。由于当时江南漕粮由官军兑运，向百姓加征耗米，部分折银，取其轻便，故称为“轻赍银”。

作为明代赋税体系中折纳粮食的白银货币种类之一，轻赍银是税粮、漕粮、马草等折收银两的部分。在古代汉语中，“赍”本意是指拿东西给人、送给，虚指凭借、借助，作为实词意思是持、携带。“轻赍银”中“赍”字既有“携带”的含义，同时包含了“依靠”的意思，非常贴切。该银锭规格长12厘米、宽8厘米、高3.5厘米，重1.827千克，整体铸造规范，略呈方形，是明代后期江西、福建地区的银锭造型，正面布满细丝纹，成色上佳。铭文“吉永丰县解纳崇祯二年分三六轻赍银五十两正崇祯三年四月□日解官葛应秩银匠刘□□”。“吉永丰县”即明代吉安府永丰县（现江西省吉安市永丰县）。

汇通南北：白银代替漕粮在运河中解送至京

白银作为货币流通之前，民间普遍使用铜钱或纸币。民间缴税既用铜钱，同时也交纳实物，如布帛、粮食、各类特产等。长距离的转运非常耗时耗力，在市场需求的推动和政府的许可下，白银作为税赋中的大额等价物开始登上历史舞台，成为赋税征收环节中流转使用的半货币，如本文介绍的明崇祯二年（1629年）的“轻赍银”。

明正统年间，白银被正式认可为货币，可以用来缴税，明中叶以后的民间交易小额用铜钱、大额用白银，白银在民间开始频繁流通使用。银锭的凹面上通常刻有铭文，标明地点、用途、分量等。在凹面的地方，有些有一圈一圈的细丝纹，清代也有表面光如镜面的，这都表明银锭的成色。越细越亮说明成色越好，银锭的价值就是由成色和重量两方面决定的。大多数银锭的底部也不如我们想象中平整、平滑，几乎都有蜂窝状的孔洞，这是铸造工艺中无法避免且不伤大雅的缺陷。熔铸时银液内含有氧气，在底部形成气泡，冷却后就成为我们所见的蜂窝状孔洞。《明史·食货志》中明确记载："州县起解银两，每锭皆凿官吏、银匠姓名"。这件吉永丰五十两银锭布满细纹，证明它的成色上佳，银锭上刻有"崇祯三年四月□日解官葛应秩银匠刘□□"的字样，非常明了地记录了这次运解税银的官员叫作葛应秩，铸造银锭的工匠则是一位刘姓师傅。这件银锭与浙江、江西、福建等邻省"迟到"的税粮银一同，通过大运河被解运至京城，成为国家财政收入的一部分，随后被分配到各项支出活动中，保障政权的有效运转。

明朝初期，征收农业类赋税主要有夏税和秋粮，但主要以实物来进行缴纳，运输起来十分困难，损耗也巨大，并且官方出于推行钱钞的目的，也基本禁止民间直接使用金银进行交易，违者将受到惩罚。然而到了洪武后期，大明宝钞贬值严重，导致民间陆续转向使用白银作为流通媒介，白银在民间的使用日趋合法化。至正统年间，民间使用白银纳税正式合法化，官方规定"收赋有米麦折银之令，遂减诸纳钞者，而以米银钱当钞，弛用银之禁。朝野率皆用银，其小者乃用钱"，粮食可以折成银两支付。

《明史·食货志》中的"米麦一石折银二钱五分。浙江、江西、湖广、福建、广东、广西米麦共四百余万石折银百万余两入内承运库谓之金花银。其后概行于天下"。就详细记载了由于税粮转运不便，朝廷允许浙江、江西等省份的米麦按比例折银，把400余万石粮食折为100余万两金花银进行征收。

中国财税博物馆还收藏有唐宋以来各个历史时期代表性的银锭。如唐代五十两船形银铤，光素无文，体积较大，为携带存放方便，将其两端敲扁。这样形制的银铤出现于晚唐，至五代、北宋仍有使用，主要是一种支付手段和储存手段，用作大额支付或纳税折变物。又如南宋霸东街南重二十五两银锭，系南宋京销铤银——京城银交引铺销铸的铤状白银，金银交易交引铺是宋代财政制度下产生的官方认可的民间金融机构，主要经营金银买卖、兑换，金银器饰、金银铤铸造等业务。再如元至元十三年（1276年）扬州五十两银锭，元相伯颜销银铸锭进献世祖，在银锭背面铸“元宝”，枚重五十两，此为最早錾刻有“元宝”字样的银锭，发现于上海，后世的元宝就由此得名，而“宝”其实就是指代“宝钞”“通宝”。还有一件清扶风地丁银锭，清代田赋收入主要是地丁，用银两征收的叫地丁银，包含地税和丁税两部分。清康熙五十五年（1716年）摊丁入亩赋税改革后，两种税收合并增收。在存世的清代银锭中，地丁银数量极其庞大。自唐以降，直到明清，白银一直在我国财政税收中起到重要的作用，影响深远。

大国之基：白银作为货币促进税收制度发展

据《明太祖实录》的记载，洪武九年（1376年），太祖“令民以银、钞、钱代输今年租税”。《大明会典》记载，洪武十八年（1385年），（太祖）令两浙及京畿官田凡折收税粮钞，每五贯准米一石，绢每匹准米一石二斗，金每两准米十石,银每两准米二石，棉布每匹准米一石，苎布每匹准米七斗，夏税农桑丝每十八两准绢一匹重十六两。这是折色比价的定例。

明初，为稳定田赋征收，实施了“夏税秋粮”两税法。长年战乱使得明代开国时面临户口失落、田地荒废、百姓四处逃散的不利局面。为了重新建档、整理田赋，确保赋税征收，朱元璋开创了户帖制度、黄册制度、粮长制，丈量田亩绘制鱼鳞图册，使用两税法按亩分夏秋两次征收田赋。每年夏季征收在八月以前，秋季征收在次年二月前，征收粮食之外兼用钞钱、金银、绢布等折纳，麦米交纳称“本色”，折纳称为“折色”。

随着明代社会日渐富庶，特别是江南作为鱼米之乡，良田万顷、物产丰饶，加上市场经济的发育，税收、田赋从明初到明中叶、中后期经历了从混乱到统一再到混乱的变化。膨胀的人口和新开垦的土地使得洪武年间的土地清丈数据失效，出现了赋税不均和大量的赋税拖欠问题。由于白银货币参与市场活动的深入，米银比价和各级政府之间的会计核算体制难以完全对应，加重了征收工作的负担以及上解钱粮的难度。但是这样的社会发展现象和短暂的弊端反而促进了明代中央政府和地方之间的会计核算体系改革，明确了米银二元制的核算办法，使得白银越来越自由、健康地参与经济循环，直接推动白银在清代成为主流货币，同时更好地为税收制度服务。

供稿单位：中国财税博物馆

撰 稿 人：傅欣荣

参考文献：

[1] 梁方仲. 明代赋役制度[M]. 北京：中华书局，2018.

[2] 梁方仲. 明代粮长制度[M]. 上海：上海人民出版社，2001.

[3] 傅衣凌. 明清农村社会经济/明清社会经济变迁论[M]. 北京：中华书局，2007.

[4] 李剑农. 中国古代经济史稿[M]. 武汉：武汉大学出版社，2011.

[5] 陈明光. 中国古代的税与应役[M]. 北京：商务印书馆，2013.

[6] 李晓萍. 明代赋税银锭考[M]. 北京：文物出版社，2013.

[7] 上海博物馆. 熠熠千年——中国货币史中的白银[M]. 上海：上海书画出版社，2019.

[8] 申斌. 明中叶米银双元核算下省级粮料再分派探析[J]. 中国经济史研究，2023（2）：5-17.

[9] 陈锋. 清代财政管理体制的沿袭与创新[J]. 人文论丛，2017，28（2）：290-304.

临清运河钞关遗址仪门

临清运河钞关，也称临清钞关，坐落在山东省临清市穿城运河西岸，是明清朝廷及民国政府派驻临清督理运河税收的直属机构。始设于明宣德四年（1429年）六月，宣德十年（1435年）升为“户部榷税分司”，1931年元月裁撤。钞关前后存续500多年，是明清时期“八大钞关”中开设最早、闭关最晚、税收贡献最多的课税衙署，也是目前唯一留有遗址的大运河钞关。

盛衰兴废五百年之临清钞关

疏钞法设税关 裕国通商

钞关之名源于明代的钞关税。钞关税是商品货物在流通过程中以纸钞（大明宝钞）缴纳的关税，始于明宣德四年（1429年），是明政府为疏通钞法新增的商税税目之一，初设时因征税只收大明宝钞，故名钞关。明政府在沿运河及长江要地皆“置署命官，以榷其利”。沿运河的主要钞关自北而南有崇文门、河西务、临清、淮安、扬州、浒墅、北新等7处，而沿长江则有九江关一处，史上合称“八大钞关”。钞关税初行时，只对受雇载货的过往船只征税，按受雇船只装载商品货物的数量多寡及路途远近征税，这种税称船料钞或船税，唯有临清、北新两关除征收船税外，还对船只所载货物征收货税。

临清钞关由户部直接派员监管，间由地方官管理。明代出任钞关的差官一般是户部主事（正六品）或员外郎（从五品），任期一年。明代钞关官员多为进士出身；清代出任钞关的差官前期多为专差官员，由司官（即监督）和笔帖式两部分人组成，多为满汉并莅，并由六部官员轮流掣签出任。朝廷将“税收定额制”作为考核税收官员的重要内容，规定差官“倘征收逾额，则破格优录”“若解不如额，则不准考核”，还要根据差额的多少或降级，或留任，或赔补等给予不同的惩罚。1913年钞关划归财政部直辖。

从钞关陈列的明代主事官员列表中可以发现，全国各地多有来此任职的差官，包括福建、云南、广东等地，但是山东人很少，基本是异地任职。通过列表我们还可以看出当时官员的更换频率很高，如明嘉靖朝总共45年，钞关差官竟更换了50人，即一年半载就得调任，此举是为了防止户部差官与钞关吏员及地方官员相处日久，通同舞弊。

钞关内部职能分工明确。钞关内部人员分工明确，衙署差官主要负责税收簿籍的请领和奏报、刊刻税则、督率关役、委员稽查巡视口岸、税银解缴、协调地方衙门等；所属各分关关役负责税收册档登记、填单书算、税银征缴、管理关卡、河上稽询等。人数不下数百人，最多时在1500人以上。

钞关衙署形制颇大，初建时系一建筑群，自运河而西依次建为南北三进院落，有正关、阅货厅、牌坊、玉音楼、正堂、后堂、皂隶房、舍人房、仪门、巡栏房、船料房、小税房、仓库、后关、官宅等建筑。明隆庆元年（1567年）房舍达400余间，占地面积约4万平方米。现存有仪门、正堂、南北穿厅、船料房、券房、舍人房等建筑遗址30余间，面积6000多平方米，内存明清涉税石刻数通。

严税则善管理 声名显赫

临清户部榷税分司置署之初，建有玉音楼，楼上刊刻宣德皇帝专为各地钞关颁布的圣旨，规定“南京至北京沿河船只，除装载官物外，其一切装载人口物货，或往或来，每船一载按其料数若干，程途远近，照现定例纳旧钞。着有风力御史及户部官，分投于紧要河道处所监收。如有隐匿及恃权豪势，不纳钞者，船没入官，仍将犯人治罪。若空过船只，往回不系揽载者，不在纳钞之例”。

明宣德四年（1429年），政府规定各钞关要照钞法例监收船料钞，临清、北新两关除征收船料钞外，还兼征货税。所谓船料，是船只大小的一种计量单位。船料钞是以载运商货的船只为征课对象，按估料定税，对船户所征的税。规定南京至淮安、淮安至徐州、徐州至济宁、济宁至临清、临清至通州各段均每一百料纳钞一百贯；自北京与南京间的全程，每一百料纳钞五百贯。后又以估料难核，改为计算梁头广狭定税。货税是以船载货物，包括衣、食、用物及杂货等项为征课对象，对货主所征的税。商税则例规定从价计征，即对过关货物，先由钞关验货定价，再对照朝廷颁发的定价则例计价征税，三十而税一。

为防止商户偷逃税款，明万历十一年（1583年），朝廷议准货税在临清钞关实行“预税制”，即在临清预先征收部分到其他地方发卖货品的税款。所有的商货，如在临清发卖者，要纳全税；在四外各地发卖者，临清先税六分，至卖处补税四分。特别地，对于赴河西务、崇文门卖货者，临清先税二分，然后即发红单，注明某处发卖，给商人执至河西务、崇文门，再税八分，共足十分之数。

货船入关，船户要填写船单，列明船户籍贯姓名、船只类型、梁头广狭、所载货物名称等。商户要填写货单，列明货主籍贯姓名、货物名称数量、发货地、经由地、销货地等。船主呈交船单，胥吏核实后发给“小票”，而后先赴船料房写单，再赴钱柜缴纳船税，钞关根据船的类型、梁头广狭发给木筹，作为出关凭证。货主呈交货单，胥吏登船核验无误后计价定税，填写税单，内衙审核后，便可在大堂缴纳货税，关方发给货主“印票”，凭票过关。同时，商人留宿的客店主人以及船埠头等也要将商人的货物列单呈报，几处核验，以防隐漏。钞关一日两次收税放关。为防越关逃税，钞关在阅货厅前的河内设置铁索直达两岸，开关时则撤之。明万历二十四年（1596年）又于关前建浮桥，并另设7处分关和16个大小口岸，分别稽查水陆船货。

临清钞关机构完备、税则严密、榷税丰盈。据史料记载，明万历时期，户部核定临清钞关征收船税、货税年定额为纸钞21600千贯，白银83800两，制钱25200千文，纸钞、制钱折银后共计125200两，占七大钞关（河西务、临清、九江、浒墅、淮安、扬州和北新）定额总数379122两的1/3，高居各钞关榜首。万历二十四年（1596年）实际征收税银117861两，是同时期山东全省一年征收税银8860余两的10倍多，足见临清钞关的显赫地位。

钞关所收税银的用途，一是作为军饷由朝廷直接调拨边关；二是作为赈灾之款，救济因天灾人祸而缺衣少食的百姓；三是从中拨出一些税银去修治河道、养护运河；四是部分税银解运京城，由户部的太仓库与后宫的内帑分别依照本色钞和折色银的比例入库。

明清时期，临清作为中国南北交通大动脉——大运河上的经济文化重镇，文人学士、达官贵人、赶考举子等，由南方进京或由京师南下，多经此地。不少文武官员、文人墨客在其著述中留下了对临清钞关的记载。

文学名著《金瓶梅》《寿玑闲评》《三言二拍》等对临清钞关多有描述。《金瓶梅》一书中，第四十七回、第五十八回、第五十九回都写到了临清钞关。如西门庆的伙计来旺去杭州织造一批衣物，给蔡太师的生辰做贺礼，在经过临清钞关时，有办理纳税的记载；西门庆的伙计韩道国、来保等人多次往南方贩卖丝绸货物，也有在临清钞关完税的记载。

临清钞关，也出现在多位外国人的记载中。如意大利传教士利玛窦带着准备献给皇上的贡物，途经临清，与临清钞关主事马堂见了面，马堂为他准备了丰盛的宴席。对此次宴会，利玛窦在其所著《利玛窦札记》中写道："场面富丽堂皇，足以与人们所能想象的最高君主相匹敌。"

自明宣德四年（1429年）临清钞关初置，正统及成化间曾两次罢废，景泰初及弘治又两次恢复，临清钞关作为明政府沿大运河设置最早的钞关之一，在经历了500多年的风风雨雨之后，于民国二十年（1931年）遵令裁撤，是最后一个关闭的运河钞关。时至今日，临清钞关已成为目前国内唯一留有遗址的大运河钞关，2001年6月被确定为全国重点文物保护单位，2013年5月被列入世界文化遗产名录。著名学者王汝梅先生在参观临清钞关遗址之后，以"天然的明代历史博物馆"誉之。临清钞关文化内涵积淀丰厚，是大运河文化的重要载体，是研究大运河经济、文化、漕运、榷税、吏治等不可或缺的重要文化遗产。

供稿单位：国家税务总局聊城市税务局
撰 稿 人：张士国
供　　图：徐延林

参考文献：

[1] 吴兆莘. 中国税制史[M]. 上海：商务印书馆，1937.

[2] 祁美琴. 清代榷关制度研究[M]. 呼和浩特：内蒙古大学出版社，2004.

[3] 井扬. 居天下之首的临清运河钞关[M]. 北京：中国财政经济出版社，2010.

计部李公德政序碑

计部李公德政序碑，1993年在原临清钞关署前房建工地出土，除两字漫漶外，保存完好。碑额篆书“计部李公德政序碑”八字，周饰线画刻祥云纹，云中左右饰两只仙鹤展翅翱翔，意寓为政者清廉高标。顶端居中减地阴刻“太极水火匡廓图”，意将官与商、税赋收缴中的征与避、执法中的公正与阴私隐喻为阴阳两极。该碑刊刻于明万历二十五年（1597年），距今已有400多年历史，颇具历史、文物、艺术价值，对于丰富临清钞关历史资料具有重要意义。

法省而商至，法烦而商离

——计部李公德政序碑

在全国重点文物保护单位——临清运河钞关藏有十多通碑刻，其中，明代计部李公德政序碑，颂扬了时任户部（又称计部）钞关税使李养宇的德政，探讨了钞关、赋税、国计、民生、市场、时政及其相互间的关系。此碑由秦大夔[万历七年(1579年）进士]撰写，曹楷[万历十一年（1583年）进士]篆额，汪应泰[万历十四年(1586年）进士]书写，三人均为临清人，习称“三进士碑”。碑文高屋建瓴，笔锋犀利，剖析磊落，直指要害，通过临清商市表象，阐述税法与商业、民生、国计之间的普遍规律，立论高远，阐发服人，颇具警世之意；碑刻书体爽利飘逸，疏密得体，笔法直追二王及晋代书法大家的手札书风，俊逸中蕴阳刚，舒和中有雅道，跌宕中见高古，具有浓郁的书卷气和极高的审美价值。

其碑文加标点后抄录如下：

大夫养宇，李公者，秦君子也。望重海内。天子下命以国计属大夫，出督清源关。大夫至，嫩政不可殚述。而出税一蠲，商民成利之，国计且易盈焉。今事竣，将驱车长安。清人以大人之去也，不能更之，絜愿以嫩政勒之石，并垂不朽。

以文嘱余，余曰：夫持筹盖亦难哉。盈额而缩下则怨策，宽下而减额则縻共。商收利于民，法欲则商去；民财利于商，商去则民贫，此不可不察也。

商航流秭岭以游，而民则株守。商去此则宜彼，坐使商民抱膝而处，货积如阜，始欲出入无征而客，且无所征，此又不可不察也。

事若益下而实利上，若便商而惠民。显有所束而阴散之，显有所宽而阴聚之，此又不可不察也。

去留之情，聚散之机，非秉衡慕义之君子，安能洞若观火，少涉自营之心毋□为。法不欲则利不厚，利不厚则国不足。余曰：察之难，即察矣。曰：出征苦商，苦商苦民也。欲罢之，左右有不以成法，故事陈说于前，故可中更，即一旦骤更之；有不因枝与起疑百利一害之心，踌躇而莫者乎？即不然，当涂者未睹其利，逆推其害。倘执法迹让已，已其何辞？余曰：行之难，此非抱析徽之智，敢当之勇，不能察，且不能行也。

大夫甫下车，厘弊剔蠹，悬鉴以照，无微不激且也。掾方冰壶，即米盐锜釜之赀，不取于下民，以故中殁清肃。行商无口售其巧，愚民无所肆其诈，而法愈明饬。大夫坦然曰：征法所以足国，创自皇祖，谁得而易之。独令布帛、玄黄、骨角、毛羽之物，彼商携金钱栉风沐雨以至此，业有定额，其居民货焉。不过未危危之，未冥冥之，犹然昔之物耳。察之，何复征出？令民扼腕呻吟而莫敢诉也，此增法者之过也。遂下令，一切罢征，且试尝之，而徐闻当涂俟其便，以为今典行之数。越月，即风及远近，天下商贾皆欲藏市出涂。是蠲一征，而所征者且十百于前，此其明效大验也。乃上书大司农，大司农拜嘉之，大夫遂以定法矣。

当出关之未去也，商若游鱼，出纳而羡饵。天下熙熙，皆为利来，贾且识之国计入度。出不得已而之四方。大夫甫下令，而商踵至，商至则左右执事手不烦画，而征额盈矣。

夫商之鼓槌转辕以抵清源关，民利耳。商且般聚市门，而民卒收商之利，是内外大通，去往两利也。昔人酌盈计虚，以足国计，故入征而出复征，其谁不以为此匮则彼昌，以值之无忧常□而卒告匮。何者？法烦而商离也。今严入而宽出，狡昔之法，灭其反，金帛聚而用饶。何者？法省而商至也。

商曰：“盖归乎来，有吾大夫。”民曰：“货囚不售，有吾大夫。”大司农曰：“国计易盈，有吾大夫。”噫嘻！大夫岂专持筹者耶？其贻惠百姓，当不在子产下矣。余闻子产，节良大夫也。始则制，封洫辫章，服以精明严饬，临长百姓行之，既久，百姓安之，卒播与人之颂，名显诸侯，政冠春秋。则知李大夫之德政哉。

万历二十五年岁在丁酉仲春之吉。

明中叶后，朱明王朝由盛而衰，国家由局部稳定走向全面内乱，土地兼并现象日趋严重，寿宫营建支度豪繁，河工用费巨大，再加上北方蒙古贵族及南方沿海倭寇骚扰，国库财政耗竭，危机四伏。万历初年张居正出任首辅大臣（宰相），受命于危难，革除弊政，从政治、经济、军事诸多方面推行了一系列改革。针对官僚机构臃肿腐败，贪赃枉法成风，张居正大胆提倡“立贤无方，唯才是用”，注重在一般官僚士大夫瞧不起的下层去发现人才，即使是和尚、道士、衙卒，只要有才能，也破格提拔重用，不受资历、毁誉、爱憎的影响。他严厉施行“锄强戮凶、剔奸厘弊”，反对宽容姑息、玩忽职守，形成上尊朝廷、下守法制的政风，致使吏治顿变，政治清明，国库充盈，正像史书所记：“自正（德）、嘉（靖）虚耗之后，至万历十年（1582年）间，最称富庶。”李梓正是在这种社会背景下督税临清钞关的。

李梓是首辅大臣张居正的学生，别号养宇，陕西泾阳人，生卒不详。仕官户部，官加少保。作为朝廷所御派特使监理临清钞关，在几百年间记录在案的有301人之多，但俱为进士出身，官至四、五品，像李梓以官生出身的资浅位卑之官，可谓破格中的破格，个例中的个例。他在临清钞关任上，秉承张居正“扫无用之虚词，求躬行之实效”的务实之风，整理吏治、重法绳赃、剔奸厘弊、清律规范，竭尽“辑濯之官，侦巡之率”之责，使其“狼贪者、鼠窜者、与夫泽麋而蒙虎者，俯首揖志”。

李梓通过对市场的调查研究，审时度势，下令罢免一切不合乎法律规章的“土税法”，对某些税制进行调整和尝试，听取商民的呼声，并随实际情况进行增减，最后形成固定税额予以颁布施行。最重要的是他坚持依法征税、诚信管税、执法必严，给商人创造了一个良好的经营环境，受到广泛欢迎和认可，天下行商坐贾闻风而动，“鼓棰转辕以抵清源（临清）关”，所征税收“十百于前”。

李梓还在卫河广济桥东建阅货厅，减少商船绕道关前查阅之苦，在税关又建浮桥以防越关漏税，使“市行其便，货流其通”，取得了“商民生息安市、税吏不愁烦划、国库帑金不忧无本”的成效。其间，临清关税额达到117861两，居运河“八大钞关”之首，占钞关总税额的1/4强。

一场繁华终有时，几多故事成云烟。随着首辅大臣张居正去世，新政改革随即废除，支持改革的官僚逐渐被罢官、贬谪、致仕。李梓于万历二十五年（1597年）致仕归乡，他前脚走，后脚太监马堂就到了。阉党税监马堂与地痞流氓、恶棍劣绅勾结在临清反复征敛。有的船行一日纳税多达五六次，有的商人不得不把货物全部充作税款。百姓凡有舟车庐舍、米麦菽粟都要受到勒索，稍有怠慢和抗拒，遂被诬指为“违禁”，立遭毒打，甚至残害身死。他们甚至另建税署，私设公堂，把临清搅得乌烟瘴气，天无宁日，工商交困，无计为生，最终引发了反税监的斗争，“远近为之罢市，州民万余纵火焚堂署，毙其党三十七人”，这一历史事件被刊刻于临清钞关的“王朝佐烈士神道碑”。两通碑刻相映衬，一反一正，一辱一荣，强烈的历史反差，引人回味，令人遐思。

“法省而商至，法烦而商离”。400余年光阴转瞬而逝，大夫李梓身影却犹在眼前，给我们以深深启迪与思考。特别是对税务部门充分发挥税收在国家治理中的基础性、支柱性、保障性作用，更好服务中国式现代化有着积极的借鉴作用。

供稿单位：山东省临清市博物馆
国家税务总局聊城市税务局
撰 稿 人：马鲁奎 郑 斌

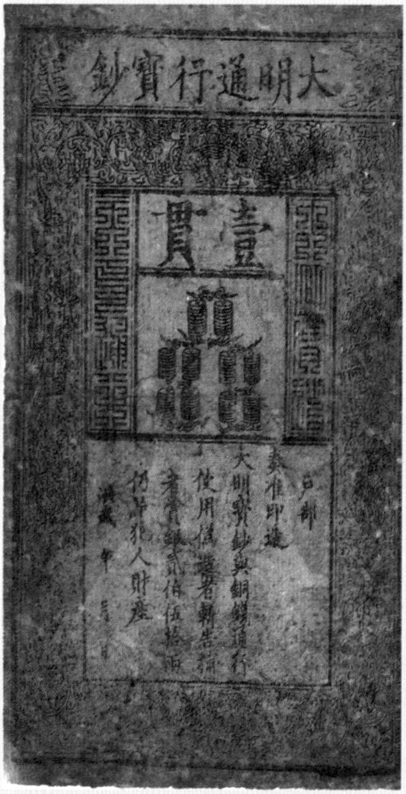

（正）

（背）

大明通行宝钞

大明通行宝钞，也称大明宝钞，是明朝（1368—1644年）政府发行的流通纸币，面额从十文到一贯，共有11种。一贯相当于铜制钱一千文或白银一两，四贯相当于黄金一两。明宣德四年（1429年），政府以“钞法不通”为由，在运河沿岸设立关卡，对往来船只和货物征税，规定税款只能以“大明宝钞”缴纳，“钞关”名称由此而来。

运河钞关与大明宝钞

便民之策　始发明钞

明初，政府发行的法定流通货币是铜钱，由于元末长期战乱，矿冶业遭到严重破坏，造成铸钱铜料锐减，铜钱供给出现困难，影响了生活和市场正常需求。于是明政府下令限制民间使用铜器，还让老百姓向政府提供铸钱铜料，引起百姓的不满，造成民怨较多。同时，随着商品经济的发展，贸易用钱量大增，可是铜钱本身受到量重、价轻的限制，不便于大量携带，铜钱日益成为商业周转的障碍。朝廷看到这种现象，决定推行便民之策，也就是发行纸币。

为了解决明初币材短缺的问题，同时也为了适应商业发展的需要，明洪武八年（1375年）三月，明太祖朱元璋下诏印造大明宝钞。该钞票面上端为“大明通行宝钞”六个字，中部顶端为“壹贯”钞额，其下为十串铜钱图案，每串代表一百钱，共计一千钱。这种图形表示的方法，可以照顾到不识字的老百姓，便于其知晓宝钞价值。两侧分别为篆书“大明宝钞”“天下通行”字样。再下端注文曰“户部奏准印造大明宝钞，与铜钱通行使用，伪造者斩，告捕者赏银贰佰伍拾两，仍给犯人财产。洪武　年　月　日”。大明宝钞发行的面额分为一贯、五百文、四百文、三百文、二百文、一百文、五十文、四十文、三十文、二十文、十文共11种，其中以一贯钞票幅最大，尺寸为33.8厘米×22厘米。

钞法阻滞　设关纳钞

大明宝钞发行初期，由于纸币本身具有方便携带等特性，明政府便大力推广使用大明宝钞，不仅规定宝钞与官方制钱、历代钱兼相行使，同时还规定禁止民间以白银以及物货交易，违者治其罪。这一举措有效地统一了民间的货币流通，使其与国家所规定的合法货币保持一致，并逐渐形成了以宝钞为主，铜钱为辅的货币体系。

明政府发行的大明宝钞，由于没有钞本，也就是说，国库中没有实际的金、银、铜等发行宝钞的等价储量，并且随意滥发，致使老百姓想用宝钞兑换银钱时，却无法兑现，导致在民间实际商贸交易中，宝钞遭到民众的不信任与抵制，因此行之数年就开始贬值。明洪武二十三年（1390年），钞一贯已只能折钱二百五十文，钞值仅为官方定价的四分之一。正统初年（1436年）则降至银一两当钞千余贯，一贯纸钞的市场价值已不足官方定价的千分之一。商人易货、平民买物均已拒绝使用，而改用金银交易，宝钞流通出现严重阻滞。

针对这种情况，为了阻止宝钞的贬值颓势，明政府一则严申银禁，不许拒钞，另则企图用大量征收税钞的办法来达到回笼滞留在市场中的过量宝钞，实现货币发行量与回收平衡，阻止宝钞继续贬值的目的。明宣德四年（1429年），便以“钞法不通”为由，在南北贯通的运河沿岸设立税关，计有漷县关、临清关、济宁关、徐州关、淮安关、扬州关、上新河关7处，对往来船只和货物征收船税和货税，规定缴纳税款只允许使用大明宝钞，对因一时没有宝钞的缴税人，可就地以白银或铜钱换取宝钞。从南京至北京的运河沿线对于受雇载货的船只，以计其载货多少，路程远近征收船税，标准则根据装载货物的多少以及路途的远近征收一百贯至五百贯的大明宝钞。此后不同的时期标准又有所调整，由一百贯逐渐减为六十贯、四十贯、二十贯、十五贯。临清、北新两关除征收船税外，还对船只所载货物以收取大明宝钞的形式兼收货税，大明宝钞遂成为过关唯一的缴税货币，由此人们便把这种只收取大明宝钞的税关称作“钞关”。明成化年间，规定船税可以宝钞和铜钱各半兼收，明嘉靖八年（1529年）规定船税货税可以用白银缴纳，原每钞1贯，折银5厘；每钱5文，折银1分。后期虽历经变革，船税货税可钞、钱、银俱收，但“钞关”这个特指的称谓却一成不变地沿用了下来。

据《明会典》所记，宣德四年（1429年）初始设关之时，有漷县关、临清关、济宁关、徐州关、淮安关、扬州关、南京上新河关7处，其中6处位于江北运河沿岸。正统四年（1439年），因存在重复征收过往商船的船税，户部奏请革去了济宁关、徐州关。正统十一年（1446年）将漷县关移至河西务。景泰元年（1450年）开始，在长江、淮水和江南运河沿线，明政府又先后下令增置了苏州浒墅关、杭州北新关、九江关、湖广金沙洲关4处，成化八年（1472年）又增置了凤阳正阳关。嘉靖六年（1527年）将南京上新河关废去。崇祯三年（1630年）则又增置了芜湖关。

钞关设置之后，各朝税钞收入多寡不一，如成化十六年（1480年）的奏章中称“各处钞关每年大约收钞二千四百余万贯”，弘治十五年（1502年）户部会计天下税粮记载“钞关船税大约三千七百十九万三千六百一十一贯”等。这对回笼宝钞，减少市场上宝钞的流通量，具有显著效果，遂钞法逐渐得以疏通，此举对明政府的财政与社会均产生了深刻影响。

大明宝钞作为明朝货币的代表，不仅具有深厚的历史背景和文化内涵，也在社会经济生活中发挥了重要作用。它的出现和流通，不仅促进了明朝经济的发展和繁荣，也为我们提供了研究明朝时期钞关税征收管理制度的重要窗口。

供稿单位：国家税务总局聊城市税务局
撰 稿 人：张士国

参考文献：

[1] 赖宋存. 大明宝钞与明代财政研究[D]. 南昌：江西师范大学，2019.

[2] 张欣. 从“大明宝钞”的行用与崩溃看政府与市场的博弈[J]. 安康学院学报，2019，31（1）：101-104.

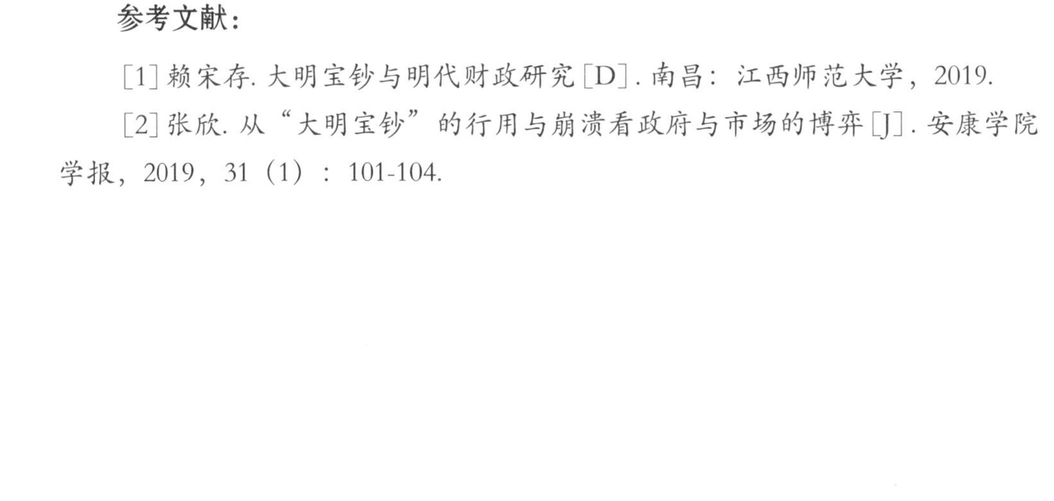

萬古長春

金滩镇卫河故道

金滩镇以“漕粮兑运，商贾云集”闻名，紧邻卫河东岸渡口，是中国古代漕运主要线路的中转地之一。岁月轮转，沧海桑田，昔日奔腾而来的卫河改道，留下一段故道和一座码头，见证了历朝的漕运史，是研究卫河变迁和古代漕运历史的重要资料。

回眸金滩：一段卫河道　千年漕运史

金滩镇原名小滩镇，《大名县志》记载，这里是河渠渡口上的一个村落，后因漕运通济，聚集为一个大集镇，成为一方聚金之地，清同治年间，礼部侍郎毛昶熙亲笔将“小滩镇”更名为“金滩镇”。民间有诗：“大河滩湾平，商漕舣舟停。帆樯憬波凌，日进斗金盈。”可见当年盛况，如今已不见千帆过境的景象，但带着历史的目光回眸金滩，河道上的白沙层仿佛犹在叙说跨越千年的漕运往事。

发轫：大河之源

漕运起源于先秦时代，所谓“漕运”，东汉许慎编著《说文解字》解释：“漕，水转谷也。一曰：人之所乘及船也。”唐代司马贞所撰《史记索隐》记载：“车运为转，水运曰漕。”可知漕运是中国古代社会官方利用运河等水道转运官粮、物资的一种经济活动。漕运与中国古代的政治、经济、军事、文化、社会生活联系密切，推动了大宗商贸交易，缩短运输时间，促进南北东西货物流通，为古代中国注入了重要的经济动力。

秦汉时期，国家统一，南北各地钱粮运输往来频繁，开凿运河、保障漕运意义重大。公元前214年，秦朝在湘桂的湘水和漓水之间开凿的灵渠通航，沟通了长江和珠江两大水系，连通了中原和岭南地区，方便了南北交流。

时间来到汉朝，由于王朝连年征战，漕运任务加重，运河军事价值凸显，汉武帝下令开凿漕渠。《史记·河渠书》记载："天子以为然，令齐人水工徐伯表，悉发卒数万人穿漕渠，三岁而通。通，以漕，大便利。其后漕稍多，而渠下之民颇得以溉田矣。"漕渠运河开通后，渭水与黄河进一步联通，山东一带钱粮可直达长安。

东汉时期，建安九年（204年），曹操为北征袁尚，利用黄河故道开凿白沟，即卫河前身。《三国志·魏书》载："武帝纪：建安九年（204年）春，正月，遏淇水入白沟以通粮道。"这条河道起自今河南淇县，东北流经今滑县、浚县、内黄、魏县，在大名县境中部穿过，经馆陶至威县东下接清河，是当时河北地区的水运干道。在白沟东岸，北部一带既地处拐弯处，又背靠古黄河大堤，是一个优良的避风港，遂成为渡口码头，在这一带从事劳动和提供各种服务的人们在附近定居下来，逐渐形成村落。因是河运渡口码头，为区别于海运渡口码头，又因地处黄河古道沙地较多，故称此地为"小滩"村。

飞腾：大河之兴

汉末至魏晋南北朝时期，国家分裂，漕运开凿事宜转由地方承担，在南北之间开凿了数条运河渠道，而随着江淮、江南地区农业商业繁荣发展，中国经济中心南移，这些发展条件为隋唐大运河开凿、漕运商贸兴起奠定了坚实的基础。隋炀帝历时6年，经过3次大规模的开凿，建成连通南北的大运河，全长约2700公里，沟通了海河、黄河、淮河、长江、钱塘江五大水系，以洛阳为中心，大运河成为南北漕运的大动脉，极大地促进了中国古代南北方在经济、社会、文化等方面的交流。

《隋书·炀帝纪》记载："诏发河北诸郡男女百余万，开永济渠，引沁水南达于河，北通涿郡。"隋炀帝下诏将白沟进一步疏浚开凿，并更名为永济渠，使其成为京杭大运河的一部分，从此小滩村一带河运繁忙，舟船辐辏，逐渐发展为一个大集镇。店铺林立，商业繁荣，农历每月的一日、三日、六日、八日为集市之日，可谓两天一小集、三天一大集，被称为一方聚金之地。

唐代在隋代大运河的基础上进一步疏浚，各河段走向无大变化。安史之乱爆发后，大运河漕运功能受阻，漕运制度虽然经过改革，但年运输量仅有110万担，是巅峰时期的六分之一，唐宪宗后，战乱使得大运河水路多处决口，难以通航。宋代则继承了唐代的分段运输漕运制度，对隋唐大运河进行了河道整治，详细规定了漕粮征集的数量、时间、地点、分工等内容，经过改革，宋代的漕运事业得到极大发展。北宋时期，将大名府升格为陪都北京，永济渠更名为御河，河运更加兴盛，小滩镇商贾云集，市镇繁荣，一直持续到元代，始终兴盛不衰。

元朝定都大都（今北京）后，要从江浙一带运粮到大都，为了缩短航线，1283—1293年，先后挖通了北京到通县的通惠河、山东临清到东平的会通河、东平到济宁的济州河。此后，漕船可由南方经大运河北上直达京城附近的通县，元代纵贯南北的大运河全线贯通，这就是后世所称的京杭大运河。这条大运河全长1797公里，沟通了钱塘江、长江、淮河、黄河、海河五大水系，规模之大、工程之复杂可谓世界运河史上之最，极大地便利了南粮北运。

元代后期，漕运中相当一部分需要绕道海运。明代初期，南北大宗货物运输也多走海运，到了永乐时期，明朝首都迁至北京，北上漕运任务日益增多。在此期间，河海兼运，京杭大运河漕运渐趋繁重。永乐年间，废海运、行漕运，永济渠改称卫漕。因小滩镇“南襟河洛，北通燕赵，东接齐鲁，西拱嵩行，舟行辐辏，民物阜殷，俨然一都市”，于是成为漕运的重要枢纽。明朝在小滩镇设立户部分司，督办河南、山东东昌府（聊城）、德州等地的漕粮兑运。后又相继设立巡检司负责维持治安、税课司负责征收税收。因河道淤浅有碍漕运，又增置元城县主簿一员驻小滩镇专职疏浚河道。元代初创的京杭大运河，在明代经过多次大规模疏浚，重新贯通，形成了北京至杭州贯穿南北的大运河漕运系统。

寂灭：大河之殇

清代，因卫漕发源于春秋卫地，终止于天津卫，遂取其首末两端的“卫”字，而将其更名为卫河。同治年间，水运发达、商业繁荣，礼部侍郎毛昶熙奉命赴河南督办团练事宜，行至大名府小滩镇，被小滩镇的繁华景象所触动，提笔写下“金滩镇”三个大字，流传了下来。自同治十一年（1872年）开始，改用轮船运漕，至同治末年（1874年前后），只有江北、河南和山东等地保留了部分运河漕运，大运河漕运功能逐渐衰败。光绪二十七年（1901年），光绪帝下旨“漕政日久弊生，层层剥蚀，上耗国帑，下朘民生。当此时势艰难，财用匮乏，亟宜力除糜费，切实整顿，著自本年为始，各直省河运、海运一律改征折色”，将漕粮改为现钱征收。光绪三十一年（1905年），漕运总督撤废，漕运在历史舞台上落下了帷幕。

民国初期，津浦铁路建成营运，旅客、货物逐渐转入铁路运输。1979年以后，卫河大名段航运完全中断。途经金滩镇的运输转向国道106线、县道三顺线、丛峰线和乡道金奉线，金滩镇的中心地位也随之转移。

追溯历史，大运河的开凿兴盛极大地便利了南北商贸，加强了全国的经济联系，小滩村因运河而聚，发展成为集镇，更因运河而兴，富裕一时，明清时期贸易繁荣，商业发达，特在此设立户部分司，督办漕粮兑运、税收事宜，促进了当地税收的发展。

自隋大业元年（605年）至元至元二十年（1283年），大运河流经金滩镇长达673年，元代之后，大运河虽改道，但卫河仍是运河重要支流之一。金滩镇现存的卫河故道，是历代留下的重要水文遗产，它是我国大运河千年来发挥漕运价值的见证和记忆，弥足珍贵。金滩镇现存卫河故道遗址已由当地政府划定了保护范围，以让更多的人能够领略到它独特的历史韵味。

供稿单位：国家税务总局大名县税务局
撰 稿 人：李雯娜
鸣　　谢：大名大运河博物馆

参考文献：

[1] 大名县地方志编纂委员会. 大名县志（1979—2005）[M]. 北京：方志出版社，2018.

[2] 默公. 说文解字教本 [M]. 北京：中华书局，2019.

[3] 李波，李晓光. 史记索引 [M]. 北京：中国广播电视出版社，2001.

[4] 司马迁. 史记 [M]. 弘丰，译. 北京：中国文联出版社，2016.

[5] 陈寿. 三国志 [M]. 北京：中华书局，2011.

金滩镇户部分司（新建建筑）

自明代起，为了高效地收取漕运税银，以及便于粮食的收取和运输，官府在全国设立6个户部分司。其中，金滩镇户部分司衙署便设立于永乐年间，为研究明清漕运兑换制度提供了实物见证。现为新修建筑，由政府划定保护范围。

一座衙署见证的“漕银三变”

——明永乐年间金滩镇户部分司

重现：一座衙署连接一段运河史

《大名府志》（正德本）记载：“镇濒卫河，民居稠密，舟车辐辏，巡检司在焉，明岁河南京仓粮充运于此。”故而永乐年间在金滩镇设立户部分司，置主事一员，称分司主事或分司监督，督办河南、山东东昌府（聊城）、德州等地的漕粮兑运。户部分司裁撤后，经修葺，先后做过大名道公署衙、山东临清道署衙等。旧址位于金滩镇金北村西卫河东大堤十字街口西北角，现为新建建筑。

明代在金滩镇设立户部分司后，又相继设立巡检司负责维持治安，税课司负责征收税收。金滩镇也被称为“衙署小镇”，有“三街六路九衙门”“南闻北商中衙署”之称。

铭记：一座衙署见证一段变法史

《元城县志》记载："小滩镇，府东北三十五里卫河滨。自元以来为转输要道，又东北三十里而达山东冠县。今河南漕运以此为转兑之所，有小滩巡司。"永乐年间在此设立户部分司，主责是监管办理卫河流经大名府、东昌府、德州一带的漕粮兑运事宜。明代，因定都南京，物资由东南各省沿海输送，实行海运较为方便。在明成祖迁都北京后，"南粮北运"运输复杂，海运负担加大，明成祖继位后，尝试使用海河兼运之法，永乐九年(1411年)，会通河重新开凿，京杭大运河重新贯通，漕运再次兴起并进入鼎盛时期。自此，明代漕运制度发生了一系列变革，《明史·食货三·漕运》记述明代漕运云："自成祖迁燕，道里辽远，法凡三变。初支运，次兑运，支运相参。至支运悉变为长运而制定。"

明代支运法，也被称为转运法，始于永乐十三年（1415年），当时会通河及江淮河道已经修通，漕粮运输由海运改为河运。在支运法下，各地的漕粮首先就近运至淮安、徐州、临清、德州四个仓库，随后，由卫所官军分段接运这些漕粮至北京和通州（今北京通州区）的粮仓，这种一程一程转运的方法，即被称为"支运法"。每年这样的转运过程会进行四次，运送的漕粮总量达到三百余万石。这一制度的特点是，农民参与运粮即可免除当年税粮，反之，若纳当年税粮则免除运粮的义务，而运费则会计算在支运的漕粮内。

然而，支运法在实施过程中也暴露出一些问题。农民运粮至各地粮仓的往返时间较长，经常会影响农时，对农业生产造成一定的干扰，正所谓"民有往复之劳，军无脚耗之利，诸仓既收，支放经费无益"。因此，随着时间的推移，渐渐改制为"兑运法"。

《明史·食货三·漕运》记载宣德六年(1431年)，平江伯陈瑄奏请"令民运至淮安、瓜洲，兑与卫所，官军运载至北，给与路费耗米”。这就是“兑运法”，是一种更为灵活的运输方式，各地的漕粮运至淮安和瓜洲（今属扬州）后，会与运军进行兑运，即农民将漕粮交给运军转运，而运军的费用则由农民承担。这一制度的实施，进一步提高了漕运的效率，明朝漕运进入了“支运、兑运相参”阶段。

明成化年间，朝廷再次改革漕粮兑运之法。《明史·食货三·漕运》记载：“今宜免民远运，就同本处兑军粮运赴水次与官军领运，仍作支运之数。”具体操作办法是，将原本需要民运至淮安、徐州、临清、德州等运河沿岸大型水次仓（水次，意为交兑漕粮的沿河码头），再由官军领运的支运粮，改为由官军在州县水次领运。这意味着纳户不必再行远运，而军队过江的费用则由纳户承担。这就是长运法，这一变革免除了农民长途运输之劳，使漕运任务主要由官军承担，同时也增加了军队的收入，提高了运军的积极性，适用于当时的漕运情形，一直沿用至明末。

明代漕运三次改制对充分发挥大运河沟通南北的作用意义重大，不仅使粮食运输更加便捷，也带动了其他商品的流通。南方的丝绸、茶叶、瓷器等商品通过漕运运往北方，北方的煤炭、铁器等商品也得以运往南方，促进了南北经济的互补与发展。从政治上看，明朝政府能够更好地掌握和控制粮食等战略资源的运输和分配，防止地方割据势力的形成从而巩固中央集权。明朝时期，金滩镇位于卫河一个转运渡口，商业活动发达，户部分司旧址是当时“田畴弁麦时难稔，旅客帆樯日易曛。魏博提封连四域，汉家转饷急三军”繁荣景象的见证，更是明朝运法变更史的遗留一粟，静默叙说着漕运往事。

还原：一座衙署溯源一段税收史

除设置户部分司专职漕粮兑运外，后又在金滩镇增设税课司负责税收征缴。税课司是明清时期的官署名，前身为京师的宣课司，后于府、州、县置通课司，最终改为税课司或税课局，主要负责征收商贾、刽屠、杂市捐税及买卖田宅税契。各税课司局所收的商税，“钱钞金银布绢等物不动原封，年终具印信文解明白，分豁存留、起解数目”，逐级解赴上司。然后由齐布政司于第二年三月以前汇总解交京师承运等库收纳，以备国用。

1364年以前，朱元璋一度“设官店以征商”，又称为“官店钱”。后明代商品经济有所萌芽，为了加强对市场的管理，从明朝中央政府到地方都建立了相应的管理机构，主要包括：工部、城市及各级地方府州市司。税课司就是地方业务机构，负责征收商税。《明史》记载：“税课司，府曰司，县曰局。大使一人，从九品，典税事。凡商贾、侩屠、杂市，皆有常征，以时榷而输其直于府若县。”

明代无论是漕运改制，还是设立商业管理机构，都是商品经济发展的结果。户部分司和税课司在明漕运改革中扮演了重要角色，这些机构的设立和职能调整与当时的税收政策变革密切相关。研究这些机构，有助于我们深入了解古代税收制度的具体运作，包括税收的征收、管理、分配等方面，为深入研究历代税收制度提供重要的历史资料。

供稿单位：国家税务总局大名县税务局
撰 稿 人：李雯娜
鸣　　谢：大名大运河博物馆

参考文献：

[1] 吴滔，张春芳. 明代漕运“运法三变”新探[J]. 史学集刊，2023(4): 35-44.

[2] 刘德岑. 元明时代会通河的沿革[J]. 西南师范学院学报，1957(0): 93-104.

[3] 谢静. 明代漕粮征运法研究[D]. 广州：华南理工大学历史学院，2020.

[4] 曹振禹. 明代湖广漕运的运法与漕额[D]. 武汉：武汉大学历史学院，2019.

[5] 吴滔，张春芳. 军代民差：从“论粮加耗”透视明代运法改革[J]. 史林，2023(3): 99-110.

[6] 孟祥晓. 从运漕到停漕：“保漕”视域下明清卫河地位的变迁[J]. 南开学报：哲学社会科学版，2020(3): 173-182.

[7] 徐鹏. 明代江南漕粮改折与地方社会[D]. 上海：复旦大学人文学院，2012.

油坊码头

油坊码头始建于明朝弘治年间，距今已有500余年的历史。油坊码头地处京杭大运河卫运河左岸，通体由青砖砌筑而成，总长933.8米，高达10.2米，是大运河河北段保存最为完整的砖砌码头群。2006年5月，油坊码头被列入全国重点文物保护单位。

油坊码头：大运河畔的水陆集市

“拉大船，�哟！拽长纤，喂哟……”

长河落日，水天一色。油坊码头矗立在大运河西岸，河道上帆樯如林、纤夫盈堤，船工们起锚出仓时吼出的号子声不绝于耳。高亢雄浑的船工号子，从弘治中兴唱到康乾盛世，由繁花似锦直至归于沉寂，500年间响彻大运河两岸。

码头：大运河孕育的黄金口岸

“泛舟大河里，积水穷天涯。天波忽开拆，郡邑千万家。”诗人王维泛舟行经清河，对大运河烟波浩渺的景象发出由衷的赞叹。清河因大运河而得名，亦因大运河而兴盛。京杭大运河对清河的重要贡献之一，便是兴起了一座油坊码头。

油坊码头始建于明朝弘治年间，距今已有500余年的历史。它地处京杭大运河卫运河左岸，通体由青砖砌筑而成，总长933.8米，高达10.2米，是闻名天下的古驿要冲。码头建成以来，至明末而臻于兴盛，南及江淮，西到长安，北通幽燕，河北、山东、河南、江苏等9省漕粮皆经大运河输送到北京。明清以降，油坊凭借南通北达的漕运优势，成为大运河上饶有名气的水陆码头和物资的集散交流中心，被誉为“北方小上海”。

后来，由于铁路、公路等运输方式日趋发达，运河航运逐渐衰落，油坊码头商贾云集、桅影林立的往日风光不再。目前，油坊码头仅存有6处遗址，由北向南依次是煤炭码头、百货果品码头、粮食码头、运盐码头、渡口码头、客运码头。2006年，作为大运河河北段保存最为完整的砖砌码头群，油坊码头被列入国家级文物保护单位。2014年，油坊码头维修保护展示工程开工，经过精心修缮，原有的码头和险工逐步被还原出来，但热闹繁华的市集图景已成明日黄花。

油坊：大运河催生的水陆集市

京杭大运河卫运河段在河北省清河县境东南部，南经油坊镇二哥营村入境，北至油坊镇渡口驿村出境，总长18.89公里，途经12个村庄，粼粼河水为清河增添了许多灵动。

流水潺潺，繁华渐起。据《中国大运河》记载，清河县古称贝州，唐宋时期曾是北方重要的交通枢纽和物资储备地，有着“天下北库”的美誉。《资治通鉴》记载，开元年间贝州存有“布三百余万匹，帛八十余万匹，钱三十余万缗，粮三十余万担”。北宋时贝州古城“城池高阔，地方繁荣”，可谓盛极一时。关于油坊古镇的由来，要追溯到明朝时期。《清河县志》有载，建文四年（1402年），山东寿光县王充德迁居清河，在王家庄（今油坊镇北王庄）村南开设榨油坊，油坊便由此得名。随着明朝中期漕运发展，处于水陆要道的油坊商贾云集，发展成为2000多人的大集镇，油坊村因而被称为“油坊集”。

“舟车所至，络绎联云；骑步相兼，往来如织。地称名胜，而险壮京华。路通吴越，轴舻帆影达三江；壤接燕齐，鸡犬声喧闻四境。”明代清河县令卢士杰如是描述，油坊水陆集市盛况可见一斑。明代至民国初年，油坊舟来舟往、贸易辐辏，往来商船把煤炭、食盐、日杂百货运到油坊，把粮食、棉花等农副产品运往南北各地。

一声声高亢响亮的号子，一艘艘载满物资的商船，喧闹声中迎接着时代的落幕。号子声音渐悄，往来船只渐稀，20世纪70年代只剩下周边数县仍在油坊转运站装卸货物。一段时间以来，卫运河水源日渐枯竭，干旱季节经常断流，其运输功能几近丧失。直到如今，清河县打造大运河综合文化长廊项目，对油坊码头进行保护性展示，昔日的水陆集市才重新焕发了勃勃生机。

钞关：大运河税收文化的实证

“商人嗜利暮不散，酒楼歌馆相喧阗。”大运河南北贯通，往来商贾络绎不绝。明清两朝设有八大钞关，其中便有临清钞关，系中央设在大运河沿岸的税收关署，用以征收过往船只、货物的关税，一直延续至民国年间才被裁撤。

《明史・志・卷五十八》记载：“舟船受雇装载者，计所载料多寡、路近远纳钞。钞关之设自此始。倚势隐匿不报者，物尽没官，仍罪之。”由此可见，其时钞关是根据过往船只载货数量、航程远近来确定税款的，对于偷逃税款的商户，没收全部货物且要依律定罪，足以见得当时朝廷对钞关税极为重视。清朝则将税收定额制作为考核钞关官员的重要内容，规定钞关长官“倘征收逾额，则破格优录”“若解不如额，则不准考核”，可见其时征管力度之大。

明清时期的油坊码头盛极一时，白天桅帆不绝，夜间渔火闪烁，成为远近闻名的水陆码头和物资集散地。其时，往来于油坊码头的商户都在临清钞关缴纳税款，为钞关税收作出巨大贡献。明代钞关征税的原则是“量舟大小修广而差其额，谓之‘船料’，不税其货；惟临清、北新则兼收货税”。也就是说，一般钞关只征收“船料钞”，临清钞关还要根据货物本身的价值收取“货税”。据《明会典·钞关》条记，万历年间临清关钞1260万余贯，钱2520万余文，银83800余两，全部折成银两约为125200两，已占全国榷关课税额的1/3。清顺治年间，钞关岁额24300两，至乾隆时期，岁额大体保持在五六万两，在全国各税关中仍居中等地位。

随着大运河漕运的兴盛，明宣德初年设立“油坊河防厅”，清代设“县丞衙署大堂”，以专门管理运河河务。特别是后者，更是被称为“二衙门”，县丞来此办公，并兼任河丞，其主要职责便是“治理河道，防止水患”“管理漕运，征收税赋”“组织河工，查办私盐，防止税款流失”等。凡是与运河治理与运输相关事宜，均由“二衙门”负责管理。光绪年间，漕运停止，运河航运不通；宣统年间，津浦铁路通车，大运河更失其价值，油坊经济日渐式微，码头车船一去不返。直至民国时期，“二衙门”逐渐被废弃，新中国成立前后，被改建成学校（当时称作“完小”），“二衙门”也就在历史的舞台上正式退场。

“拉过来了呗，哎嘿哟。蹬住了呗，哎嘿哟……”夕阳西下，水波不兴。油坊村史馆门前，沉寂百年的船夫号子再度响起。两位表演者弯腰弓步、一唱一和，再现当年在河边拉纤的情景。几处码头错落有致地排布在昔日的交通要道上，向各地游客诉说着曾经的兴盛景象。

号声落定，余响飘散。油坊码头往日繁华不再，只留下这几座码头默然矗立，守候着不舍昼夜静静流淌着的大运河。

供稿单位：国家税务总局清河县税务局
撰 稿 人：顾志华
鸣　　谢：清河县油坊镇人民政府

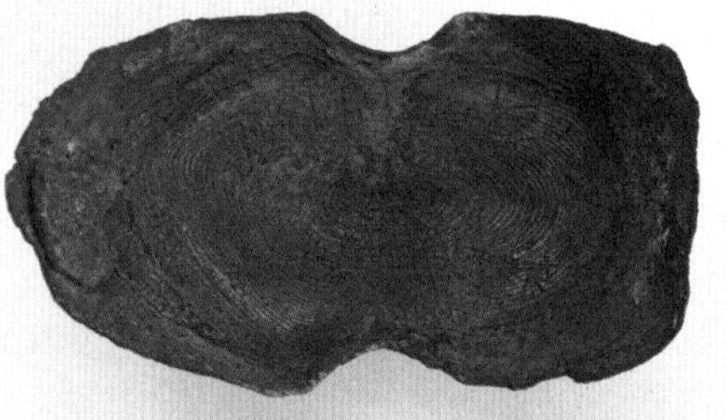

（正）

（侧）

明代苏州府吴江县万历十三年（1585年）金花银银锭

1977年，北京市海淀区八里庄明代武清侯李伟及其妻王氏墓出土了4枚形制相同的银锭，银锭上刻有内容相近的铭文，其中有“吴江县万历十三年”“金花（银）”及“五十两”等字样，表明它们是吴江县铸造的万历十三年（1585年）五十两金花银。金花银原指成色较好的银子。明代以金花银为税银标准，久之演化成折粮银的代称。《明史》记载，正统元年（1436年）“南畿、浙江、江西、湖广、福建、广东、广西米麦共四百余万石，折银百万余两，入内承运库，谓之金花银”。金花银由京杭大运河解运至京城内承运库，成为皇帝御用银，主要供给皇宫后妃制作器物及赏赐之用。李伟夫妇墓出土的银锭来自皇家赏赐，作为随葬品，它是地位和荣誉的象征。金花银是明代税粮折银的历史见证，反映了明代万历时期赋税银的铸造与管理。

明代金花银银锭中的一段税收往事

北京大运河博物馆展览中有4枚金花银银锭，它们体量较小，也没有光鲜的外观，在展厅里毫不起眼。但它们是明代万历时期的赋税银，距今已有400多年的历史。

明代皇亲墓发现银元宝

1977年，北京市文物管理处在海淀区八里庄发现一座大墓，墓主是明代武清侯李伟及其夫人。李伟，字子奇，正德五年（1510年）生于顺天府漷县永乐庄（今属通州区），万历十一年（1583年）病故，终年74岁。其妻王氏，顺天府东安县人，生于正德八年（1513年），死于万历十五年（1587年），终年75岁。李伟身份显赫，他是隆庆皇帝的老丈人，也是万历皇帝的外祖父。1550年，李伟年逾四十，为避难举家迁至北京。不久，他的女儿入选裕王府（裕王即后来的隆庆帝），于嘉靖四十二年（1563年）生朱翊钧（即万历帝），三年后隆庆帝即位，晋位贵妃。同时，李伟被授锦衣卫都指挥佥事，并赐给庄田七百顷。1572年，朱翊钧即皇帝位，尊李贵妃为慈圣皇太后，李伟加中军都督府都督同知，晋爵武清伯，十年后封武清侯。李伟死后，赠太傅安国公，并封谥号，赐其家族子孙世袭侯爵，墓志铭由著名大学士申时行撰写，可谓生荣死贵。

李伟家族重视丧葬。万历三年（1575年），李伟向工部申请经费，提前为自己建造坟墓，工部拟给价银二万两，万历皇帝批示“该部折价太薄，从厚拟来”，最终“折价（银）三万两，自行营造”①。李伟夫妇死后，墓中随葬较多珍贵器物。虽然其墓早年被盗，但仍发现很多精美的金、银及玉器等，如象征身份、地位的玉带和御用监监制的慈宁宫款银盆和银洗等。此外，还发现大、小银元宝（即银锭）各4枚，其中大银锭出自王氏墓，制作精整，属于官方铸造的银锭。

王氏墓出土的银锭呈船形，两端圆弧状,起高翅，束腰。底面中心凸起，底及其周边有较多小蜂窝，蜂窝口小腔大，是铸造银锭时释放大量气体所致。锭面较平、中心内凹。银锭通体锈蚀，锭翅略有残缺。银锭正面均錾刻铭文，分别为“吴江县十三年分京库五十两金花知县江钟廉吏冯应祥银匠金仙”“吴江县万历十三年米折五十两金花银知县江钟廉吏冯应祥银匠沈伯”“吴江县十三年分京库五十两金花银知县江钟廉吏冯应祥银匠顾德”“苏州府吴江县万历十三年京库金花银五十两正解知县江钟廉吏冯应祥银匠孙德”。

李伟夫妇墓出土的银锭形制相同，铭文内容与风格相近，是按统一的形制和重量铸造而成的。银锭铭文有“万历十三年”“金花（银）”等字样，

① 黄彰健校勘：《明实录附校勘记》，中央研究院历史语言研究所校印，1984年版.

以及地名和官吏姓名，表明它们是吴江县官方铸造的万历十三年（1585年）金花银。

为什么御用金花银成为武清侯墓随葬品

金花银原指成色较好的白银。元代，“花银”是成色十足的白银，其他依次有九成色银、八成色银、七成色银等。明初，开始出现“金花银”之名，代表足色银，其名称缘于银锭绚丽的外观。李伟夫妇墓出土金花银其貌不扬，外观黝黑，是表面被氧化所致。各地出土的金花银检测结果显示，含银量多超过97%，有些达到99%以上，成色普遍较高。有趣的是，金花银中还检测到金，含金量超过1%。鉴于当时白银提纯技术有限，金花银是明代成色最好的白银，即当时的“足色银”。

明中期以后，金花银演化为明代特定税赋的名称。《明史·食货志》记载，正统元年（1436年）“以太祖尝折纳税粮于陕西、浙江，民以为便。遂仿其制，米麦一石，折银二钱五分。南畿、浙江、江西、湖广、福建、广东、广西米麦共四百余万石，折银百万余两，入内承运库，谓之金花银”。金花银就是将征收的税粮折合成白银，即折粮银。该银主要来自浙江、江西等省，总额一百余万两。折粮银之所以称为“金花银”，可能与明政府税银成色规定有关。《大明会典》记载，“凡收受诸色课程、变卖货物，起解金银，须要足色”。各省交纳的折粮银，均是成色较好的金花银。久之，金花银便成了这种折粮银的代称。金花银运解宫廷的内承运库，“除折放武俸之外，皆为御用”。明代王世德的《崇祯遗录》一书记载较为详细，“钱粮解承运库者有二：一曰金花，二曰轻赍。金花银所以供后妃金花，宫人、宦官赏赉，轻赍银所以为勋戚及京卫武臣俸禄，随发”。因此，金花银多供宫廷制作器物及赏赐之用。

李伟夫妇墓金花银是明代苏州府吴江县交纳的折粮银。据《吴江县志》记载，正统二年（1437年），“吴江输内库银三万一千二百七两，准米一十二万四千八百二十八石”[①]。此米一石折银二钱五分，与金花银折粮价相同，银锭输送内库，且自铭“金花（银）”，显然就是金花银。吴江县每年额征金花银多达31207两，李伟夫妇墓出土的4枚银锭（约计200两）就是吴江县交纳的万历十三年（1585年）金花银。

这些金花银出现在李伟夫妇墓中，与明代葬俗及李伟的特殊身份有关。明代有随葬钱币的习俗。上至帝王权臣，下至平民百姓，无论贫富贵贱，墓葬中大多随葬钱币。由于各阶层地位、财力不同，随葬钱币种类、数量有较大不同。其中，皇帝及后妃身份尊贵，随葬金、银锭和铜钱数量较多。如定陵出土金锭103枚、金钱117枚、银锭65枚、鎏金银钱192枚，另有万历通宝铜钱1792枚。王公贵族及高级官吏随葬铜钱和金银冥币，少数墓中有金锭和银锭。低级官吏和平民墓随葬钱币较少，主要是流通铜钱，个别有金银冥币。银锭作为贵金属货币，价值较高，只有地位高、家资雄厚的权贵墓才能随葬银锭。

李伟父以女贵，利用职务便利，迅速积累大量财富，如其曾包揽军需采购，竟让家人“揽纳布花，多所乾没，军士大哗，内使以闻，上命取布一匹，验之，不堪”。万历皇帝无奈，将此事告诉其母李太后，太后闻言大怒，也未照顾父亲颜面，谕令内阁按律处置。同时，李伟作为万历皇帝的外祖父，平时得到皇帝赏赐也较多。万历十一年（1583年）李伟去世时，赐“营葬银”多达三万两；其妻王氏死时，“复赐开圹重修银五千两”。此外，李伟妻子王氏经常被女儿接到慈宁宫去居住，还将宫内使用的贵重器物赠与母亲。李伟夫妇墓

① 陈纕，丁元正：《吴江县志》卷十二《税赋》。

中出土制作精美的银盆、银洗等，器底刻有“慈宁宫大明万历壬午年御用监造”等字样，是宫廷御用监为慈宁宫制作的银器，应是李太后所赠礼物。万历母子赐予李伟家族的物品除了珍贵的金、银器皿，应该还有较多金花银。

李伟夫妇地位较高，家资丰厚，死后随葬银锭也在情理之中。这些金花银应来自皇家赏赐或赠品。王氏墓随葬金花银，与随葬大量宫廷御制金银器一样，不仅代表了财富，也彰显其地位的尊贵。

金花银上的“补丁”和铭文是怎么来的

李伟夫妇墓出土的金花银都是大银锭，形制相同，锭面上刻有文字。奇怪的是，4枚银锭翅上各有一个“补丁”。此金花银为什么要刻字、补铸呢？这还要从明中前期赋税银征收的弊端说起。

明代，民间可以自由铸造和流通银锭。市场流通中的银锭大小、成色各不相同，交易时需要检验银色和称重，使用方式烦琐。嘉靖朝以前，明政府对赋税银的形制、重量无具体规定，仅要求其足色和足重。各地赋税银锭的铸造很随意，容易滋生弊端。一是盗取白银。银锭形状、重量不同，还有较多散碎银子，管理及解运人员常偷盗小银锭、银块，还有的偷减银锭边翅，造成税银的流失。二是偷减白银成色。有的银匠铸造银锭时，加入铅、铁等贱金属，甚至还有在银锭腹部加黄土的。

嘉靖初年，为革除以上积弊，明政府开始规范赋税银的铸造。嘉靖八年（1529年），户部尚书李瓒奏陈仓场事，“谓各处解到库银率多细碎，易起盗端。乞行各府州县，今后务将成锭起解，并纪年月及官吏、银匠姓名”，嘉靖帝当即应允。此后，明政府多次细化和重申此项政策。如万历四年（1575年）五月，巡视太仓银库给事李盛春等“议将各省直解银，俱五十两一锭，用鞘装，以免侵克剽剋……上然之”。这项政策很有针对性。各地交纳的赋税银统一铸成五十两银锭，注明银锭锭数与重量，这使得解运官吏难以偷盗税银。同时，锭面錾刻官吏、银匠姓名，一旦出现低成色白银或假银，方便追究责任。

李伟夫妇墓金花银铸于万历朝，银锭均重五十两，锭面錾刻官吏、银匠姓名，严格按照赋税银重量及制作规定铸成，反映明政府赋税银规定起到一定作用。

从银锭重量看，李伟夫妇墓金花银铭文中有“五十两”，按照明代重量标准，每两约重37.3克，“五十两”重1865克。经实际测量，这4枚银锭重量在1842.7克至1867.9克之间，基本达到明代五十两标准重量。此银锭都有“补丁”，说明银锭初铸成时是不足重的，后经加铸“补丁”才足重五十两。此“补丁”即是补铸的银块，且补铸方法一致。先在锭翅凿一个孔洞，再浇注熔化的银液，待其冷却，在孔洞两侧形成一个相连的银块，与原银锭结合在一起，不易脱落。这也是明代铸造赋税银的常见做法，相关文献中对此也有记载。如明代嘉靖中期，山东规定“今后解纳银两，俱要五十两为一锭……如有不足者，随令滴珠其上，并不分外加收分毫零碎银两，致滋奸弊”。这一现象说明税银的铸造有重量校准程序，侧面反映明政府对税银重量要求较为严格。

从银锭铭文看，其内容规范，文字数量较多，内容包括地点、时间、重量、用途、官吏及银匠姓名。这些铭文就是一份鲜活的史料，反映该时期税银管理及征解情况。铭文中有官吏和银匠姓名，可以看出吴江县金花银的铸造与管理分为银匠、吏和知县三个层级。银匠具体负责铸造银锭；吏是直接管理者，监督银锭制作与征解；知县是吴江县税银总责任者。其中，4枚金花银的银匠姓名各不相同，分别是金仙、沈伯、顾德、孙德，说明它们是由不同银匠铸造的。知县、吏的姓名完全一致，知县为江钟廉，吏为冯应祥。据此可知，这批银锭是江钟廉任吴江县知县期间，由冯应祥监督铸造的金花银。

此外，李伟夫妇墓出土的4枚金花银都錾有“万历十三年”字样，但并不是万历十三年（1585年）铸造的。《吴江县志》记载，江钟廉是四川南充人，万历十四年（1586年）进士，同年任苏州吴江县知县。此银锭出土于李伟夫人王氏墓葬中，王氏死于万历十五年（1587年），因此这些银锭最早铸于万历十四年（1586年），至迟为万历十五年（1587年）。由此可知，吴江县万历十三年（1585年）额定金花银并未完成，知县江钟廉上任后还在补铸以前的金花银的欠额。可见，万历时期吴江县已有拖欠金花银现象。

李伟夫妇墓出土的4枚金花银铸于明代万历朝，由大运河解运至京城内承运库，最后成为随葬品而得以保存至今。它们是明代税粮折银的历史见证，反映了明政府金花银的铸造与管理情况。

供稿单位：首都博物馆
撰 稿 人：王显国　徐　涛

参考文献：

[1]《通州方志集成》编委会.（康熙）通州志二（通州方志集成第三册）[M]. 北京：北京联合出版有限责任公司，2017.

[2] 黄彰健校勘. 明实录附校勘记 [M]. 台北：中央研究院历史语言研究所校印，1984.

[3] 张先得，刘精义，呼玉恒. 北京市郊明武清侯李伟夫妇墓清理简报 [J]. 文物，1979 (4)：54-63.

[4] 戴学文. 银货考 [J]. 中国钱币，1996 (3)：26-30.

[5] 张廷玉，等. 明史[M]. 北京：中华书局，1974.

[6] 邬红梅. 试谈明墓中随葬钱币的使用制度[J]. 中国钱币，2006（3）：32-36，95.

“抚按酌定赋役规则”碑

这块于1998年在浙江省桐乡市崇福镇发现的“抚按酌定赋役规则”碑系明万历十六年（1588年）三月所制，距今已有430余年历史。碑文详细记载了当时嘉兴府崇德县田、地、荡滩等耕地面积以及需纳税粮、银数据，真实反映了“一条鞭法”在当地的落实情况。该碑于2008年2月送至中国财税博物馆，是当时中国财税博物馆收藏的唯一一块税务碑。

刻在青石上的“税收史书”

——明万历年间“抚按酌定赋役规则”碑

一条大运河，半部华夏史。大运河水流淌出了稻花香桑叶绿，因为它的牵引，八水汇聚的嘉兴成为一方通江达海、转运南北的活水码头。运河绵延生齿蕃盛，嘉禾大地成为天下粮仓和皇朝钱库。

重现：一块青石碑再现一段税史

1998年，浙江省桐乡市崇福镇原崇福皮毛厂厂区内，发现了一块有着悠久历史的石碑。根据碑文所载，该石碑系明万历十六年（1588年）所制。历经400多年的风雨沧桑，整块石碑已断裂成4块，最大的一块足有两三吨重。将这4个石块拼接起来后发现，上面刻满了繁体字，仔细端详，其字迹依然清晰可辨。

该碑标题横式右读：抚按酌定赋役规则。碑文竖式右读，全文为：

嘉兴府崇德县田丁粮银总数

平土实田地荡滩伍千壹拾玖顷叁拾叁亩捌分叁厘内

田肆千叁百柒拾玖顷玖亩伍分捌厘伍毫

地陆百贰拾叁顷贰亩伍毫

荡滩壹拾柒顷贰拾壹亩陆分捌厘

人丁陆萬陆千肆百肆拾柒丁

额征本色米陆萬玖拾石贰斗柒升肆合肆勺陆抄陆撮壹圭叁粟陆粒贰粿叁糠捌秕

税粮平徭马壮兵银肆万贰千捌百柒拾柒两叁钱肆分肆厘贰毫柒丝叁微伍尘伍渺叁漠叁沙玖纤叁埃

万历拾陆年叁月□□□□□□□□日立

碑文共计181字，通篇言简意赅，却详细记录了当时嘉兴府崇德县（今属嘉兴桐乡市）土地、人口、赋役等方面的具体信息：如包括田、地、荡滩在内的可耕地面积共有五千一十九顷三十三亩八分三厘（合334.62254平方公里），其中田四千三百七十九顷九亩五分八厘五毫、地六百二十三顷二亩五毫、荡滩十七顷二十一亩六分八厘，人口有六万六千四百四十七人；共需缴税粮六万九十石二斗七升四合四勺六抄六撮一圭三粟六粒二粿三糠八秕，需纳税银四万二千八百七十七两三钱四分四厘二毫七丝三微五尘五渺三漠三沙九纤三埃。这些数字中包含了许多中国古代的面积、体积计量单位如合、勺、抄、撮、圭等，以及货币计量单位如丝、微、尘、渺、漠等，对习惯了使用阿拉伯数字科学记数法的现代人来说，几乎都是闻所未闻。

从内容来看，碑文所载内容反映的是明朝万历十六年（1588年）嘉兴府崇德县的赋役情况。这也在清光绪年间修撰的地方志——《石门县志》中得到了印证。在《石门县志》[清康熙元年(1662年)，为避皇太极“崇德”年号，崇德县改名为石门县]卷三“食货志”一篇中，确有立碑的记载：“万历九年，奉旨丈量……十六年，奉旨勒碑，扒平丈宝田、地、荡、滩五千一十九顷三十三亩八分三厘。”“万历十六年，奉旨勒碑：额征本色米，六万九十石二斗七升四合四勺六抄六撮一圭三粟六粒二粿三糠八秕。税粮，平徭，马、壮、兵银，四万二千八百七十七两三钱四分四厘二毫七丝三微五尘五渺三漠三沙九纤三埃。”其数额与碑上记载的崇德县田丁粮银总数及税粮总数完全符合。

经查证，碑文标题中的“抚按”实为“巡抚”与“巡按御史”之连称。按明代官制，巡抚品级为从二品，至嘉靖后，已由中央派出大员转化为地方军政长官；巡按御史品级虽仅为正七品，但其代天子分赴各省巡视，考察吏治，大事奏请裁决，小事即时处理，事权颇重。碑文所载内容即为当时省级最高军政长官和中央派驻的监察御史一道，根据全县土地、人口情况，制定一个县的赋役规则，并计算出应缴粮食和需纳的赋税。

透过这些文字，400多年前崇德县的社会经济状况以及赋役情况跃然“碑”中。此刻文立碑之举增加了税赋征收的公开性和透明度，既维护了中央权威，又顾及了地方利益；既利于实际操作，又利于士民监督。

还原：一块青石碑见证一段税史

嘉禾大地，以其优越的地理位置揽江河湖海之胜，素称江南水乡、丝绸之府。论经济实力，古时嘉兴在整个浙西可谓举足轻重，历朝历代均被誉为“天下仓廪府库”。到了明朝一代，嘉兴更是成了“国家财赋”之区，正所谓“天下赋江南居十九，浙东西居江南十九，而嘉禾半之”，作为嘉兴府辖之一的崇德县无疑也是当时“国家财赋”的重要贡献者。万历十六年（1588年）的这一

"抚按酌定赋役规则"碑文所述，生动展示了崇德县的赋役落实情况。

明代初年，嘉兴府仅领有嘉兴、海盐、崇德三县。这一时期是嘉兴有史以来，可与南宋时期媲美的发展最快、最好的时期。史籍称当时的嘉兴"饶稻禾、蚕桑、织绣工作之技，衣食海内""生齿蕃而货财阜，为浙西最"。明宣宗宣德四年（1429年），以时任大理寺卿兼浙江巡抚胡槩为首的巡视组在对嘉兴府及所辖三县巡视后向朝廷上奏了当地"齿众、赋繁、地广"的特点，进而提出了"增设县治、建官分理"的建议。次年，也就是宣德五年（1430年），明廷正式下诏，同意"析嘉兴地为秀水、嘉善，析海盐地为平湖，析崇德地为桐乡"的分县改革方案，彼时的崇德县亦将东北部分置桐乡县。上述碑文所指是为析县后的崇德县。翻阅《光绪桐乡县志》，其卷六"食货志上"亦有"勒碑"的相关记载，"万历九年丈量，十三年奉文改正，十六年郡守龚勉奉旨勒碑……"可见，明万历十六年（1588年)的"勒碑"事件，并非崇德一县的特有行为。然时至今日，放眼整个嘉兴，乃至全国，仅有崇德县的这一块石碑得以保存，是为其珍贵之处。

《石门县志》称："顺治十四年，纂《赋役全书》。所载田地荡滩原额，皆以明万历年刊本为准。原额田四千三百七十九顷九亩五分八厘五毫，原额地六百二十三顷八亩分七厘四毫，原额荡滩一十七顷二十四亩四分八厘一毫。康熙六年，清查各省田地。石门丈缺……"可见，明万历十六年（1588年）到清康熙六年（1667年）的近80年时间里，崇德县均以碑刻中田、地、荡滩数为依据赋税。

碑刻是历史的见证，更是税史文化的载体。这块明万历年间的残碑有幸保存下来，正在用它自己的方式向世人诉说着这一段尘封的税事。

追溯：一块青石碑考古一段税史

“赋税制度”乃立国之本。税收作为支持国家一切生产活动的物质基础，与国家的发展密切相关、相辅相成。我国古代税制大抵经历了以下几个时期：从夏商周以降的贡、助、彻徭役地租制，到秦汉的田租、口赋、力役制，到魏晋南北朝至中唐的租庸调制，到中唐后至明中后期的两税法，再到明后期至清的“一条鞭法”，最后到清雍正时期的“摊丁入亩”。上文所说的明万历十六年（1588年）的这块“抚按酌定赋役规则”碑则是明后期“一条鞭法”在嘉兴府崇德县落实情况的真实写照。

《石门县志》卷三“食货志”中记述：“邑当孔道，差烦役重，民不堪命。嘉靖末，庞巡按尚鹏灼议裁革，令民出条鞭银，雇役稍得息间”。明万历九年（1581年），内阁首辅张居正在全国推行“一条鞭法”，将原来的田赋、徭役、杂役并为“一条”，折成银两，按人丁和田亩的多寡来征收。此举简化了赋役征收手续，除政府必需的米麦仍缴纳实物外，其余均以白银折纳，确立了银两在赋税征收中的主导地位，是我国封建社会赋役史上的一次重大改革。

赋役征银，是商品经济发展的结果。“一条鞭法”删繁就简，变多次征收为一次征收，将赋役合并，大大提高了税收体系的效率，节约了征税的成本开支。虽然实施不久便遭到阻挠，最终未能彻底落实，但用银两代替实物收税的办法被保留了下来，为后世的税收改革奠定了基础。

大儒顾炎武在《日知录》卷十中记述：“嘉靖二十六年，嘉兴知府赵瀛创议，田不分官民，税不分等则，一切以三斗起征。苏、松、常三府从而效之……”待张居正推行“一条鞭法”时，江南大部分地区，基本已经完成了官民一则改革。“抚按酌定赋役规则”碑碑文内容，无论公布的格式，实施的内容，完全依照“一条鞭法”规定，正是这次重大的税收制度变革在嘉兴地区的反映。

文物是历史的产物，它不仅是历史的见证和载体，更是历史的记忆和遗产，明万历“抚按酌定赋役规则”碑即为这一段税收历史的真实记忆，它是嘉禾大地税事演进的产物，经历400多年的风霜雨雪，依然屹立不倒，更显弥足珍贵。

该碑已于2008年2月送至中国财税博物馆，是当时中国财税博物馆收藏的唯一一块税务碑，浙江省桐乡市乌镇税史陈列馆现存有税务碑的拓片和仿制件。

供稿单位：国家税务总局桐乡市税务局
撰 稿 人：林月芬

参考文献：

[1] 余丽元. 石门县志[M]. 北京：中华书局，2016.

[2] 严辰. 光绪桐乡县志[M]. 北京：中华书局，2013.

[3] 国家税务总局嘉兴市税务局编写组. 禾税史话[M]. 北京：中国税务出版社，2020.

[4] 方联翩. 桐乡市财政税务志[M]. 北京：中国人事出版社，1998.

[5] 边俊杰. 明代的财政制度变迁[M]. 北京：经济管理出版社，2011.

顿庄古船闸

顿庄古船闸，位于京杭大运河台儿庄段，修建于明万历年间，是明代泇运河上八闸之一，距今已有400多年的历史。山东凭借大运河的运输便利，在明代便设立了运河钞关，成为国家赋税体系的重要组成部分。顿庄古船闸作为临清和淮安两大钞关之间受委派而设置的征税卡点之一，不仅是大运河水利工程的重要组成部分，为研究古代船闸提供了极其宝贵的资料，也是古代大运河税收的历史见证。

“税”月映照古船闸

沉眠水下的顿庄古船闸

江南北国脉相牵，隋代千年水潆涟。京杭大运河是我国南北水上交通大动脉，京杭大运河台儿庄段位于鲁苏两省接壤处，西起微山湖东口，穿越台儿庄区全境，入江苏境与中运河交汇南下，全长42.5公里，常被称为台儿庄运河，又称韩庄运河。

京杭大运河原先不流经台儿庄，而是从济宁沿南阳、独山、昭阳、微山南四湖之西侧，经徐州与黄河交汇，然后借不老河转入邳县，利用徐州至淮安一段的黄河行运。但黄河时常泛滥，导致漕运常常受阻，埋下了严重的安全隐患。明隆庆三年(1569年)，黄河在沛县决口，运河河道淤塞，南北漕运大受影响。都御史翁大立倡议开通泇河，全长260里，可避开330里的黄河运道。此后总河尚书舒应龙一马当先，总河刘东星前赴后继，总河李化龙圆满收官，历时

30多年，于明万历三十二年（1604年）泇运河全线通航，台儿庄运河自此形成，成为南北走向的京杭大运河上唯一一段东西走向的河道。此后，京杭大运河上的粮船皆行于泇运河，每年通行船只达7700多艘，台儿庄运河成为当时关系国计民生的重要交通命脉。明朝河道总理于湛在《运河题铭》中说："国家定鼎燕京，仰借东南朝税400万担，以资京师，为此漕渠一脉，为之咽喉。"这句话足见台儿庄运河的历史地位和经济作用。

为此，明清均在台儿庄运河进行了许多航运设施建设，并加强了对航道和闸坝的管理。在泇运河竣工当年，明代李化龙就曾主持建有韩庄、德胜、张庄、万年、丁庙、顿庄、侯迁、台儿庄8座斗门式船闸，各闸开挖越河一道，以备泄洪和蓄水，利于通航。2008年，在京杭大运河台儿庄段拓宽加深的施工过程中，位于台儿庄区泥沟镇顿庄村马兰大桥西侧约10米处，一座距今约400年的石闸浮出水面。经考证，这正是明代泇运河上的顿庄船闸，是泇运河八闸之一。《山东运河备览》卷三记载："由侯迁闸八里至顿庄闸。明万历三十二年建，乾隆三年修金门宽二丈一尺六寸，高二丈一尺。"这座古船闸全部由条状块石和大块黑砖垒砌，船闸最窄处就达8米。这些船闸的设置，让船只、货物滞留的时间较长，各地客贾云集，使台儿庄逐渐热闹起来，侧面反映出当时百舸争流的漕运繁忙景象。

临清古钞关与台儿庄的兴盛

青山无言，碧流有声。京杭大运河自修成之日起，便随着历史风云变迁，见证着税制的演变，从隋唐的租庸调制到唐中后期的两税法，从北宋的募役法到明代的"一条鞭法"，再到清代的"摊丁入亩"，展现了中国古代赋役制度随着生产关系和生产力的发展状况而演变的进程。到了明清时期，商品经济空前繁荣，大运河过往船只和商品的关税，成为税收的重要来源之一。当时，政府在沿江和沿运河要地设征税关卡，对“舟船受雇装载者，计所载料多寡、路近远纳钞”，所征之钞或银，称为钞关税。据明代有关资料，从运河沿线征收的税金曾占全国税收的九成以上。

位于台儿庄顿庄船闸上游的临清运河钞关，是目前全国仅存的运河古钞关遗地。它是明代宣德四年（1429年）设立的内地征税关卡。因当时政府为疏通大明宝钞，准许商人在商运中用大明宝钞交纳商货税款，民亦称“钞关”。其隶属户部，税收多用以支付军事抚赏费用。临清钞关征收船税，也兼收货税。谈起临清钞关，就不得不提及一段李梓清廉治税的故事。明万历二十年（1592年），户部主事李梓奉命前往临清管理钞关，李梓深知钞关赋税与国计民生、商贾之间的关系，针对临清钞关管理、征税等存在的种种弊端，他因地制宜采取了一系列恤商惠农举措。他秉承其师张居正“扫无用之虚词，求躬行之实效”的务实作风，反对迂腐空疏、只尚空谈的理学禁锢，将严厉的法规像明镜一样高悬对照，连细微的枝节也查以透彻，不留死角。他明确“米盐锅灶生活之资，一丝一毫不许勒索百姓”的主张，将过去征税中所得不义之财统统清肃归公，并以法度约束税官与商贾的行为。经一段时间治理后，临清钞关税法严明畅通，行商坐贾依规缴纳税金，小商小贩诚信经营之风盛行。

在李梓等一批官员的开明治理下，临清商贸往来愈加繁忙。到明万历年间后期，临清钞关征税居全国“八大钞关”之首，占全国运河钞关税收的四分之一。应“运”而生的临清，在明朝时发展至鼎盛。在这个当时拥有百万人口的大城里，南来北往的货物都要在这里中转，临清也与苏州、杭州并列，成为天下闻名的大商埠。当时，放眼望去，大运河上漕船、鲜船、快船、供船、河巡船、盐巡船及民间商船往来如梭，运河码头“帆樯如林，货物如山”。

临清商贸的兴盛，也带动了其附近区域运河沿岸服务业的迅速兴起，码头店铺林立，商贾络绎，台儿庄也迅速崛起为赫赫有名的城镇，成为万商往来、舟船四达之衢。明末清初时，地处京杭大运河南北要冲的台儿庄已相当繁华，“北跨琅琊，南控江淮”，“土地膏腴，五金煤炭诸矿脉质佳”，“炭窑时有增值，而漕运数千艘，连樯北上，载煤动辄数百万担”，枣庄的煤，利国的铁，皆通过台儿庄运河行销南北。台儿庄店铺林立，庙宇栉比，商贾辐辏，船舶迤逦，税钞收入递增，居峄县40个集镇之首，入夜一河渔火，歌声十里，夜不罢市，时称“天下第一庄”。清乾隆皇帝“南巡”时曾在此得意地留下了“韩庄水气照楼台，雨后斜阳岸不开，人在长亭深处好，风帆一一眼中来”的感慨。

从陈家大院到运河税史馆

京杭大运河上的钞关曾存续了数百年，因其为历代政府提供了重要的财政支持而备受重视。商贸的繁荣也带动了台儿庄税收的发展，台儿庄的富商陈扶清就曾被委以重任，在台儿庄运河顿庄闸口收税，现如今台儿庄古城内的三恪堂西厢房,俗称“陈家大院”，是他处理公务的地方。陈家大院取名“三恪堂”，有两层意思。一是不忘先祖。台儿庄的陈姓，先后从福建和安徽迁来，是帝舜的后人。据《左传》记载，周武王灭纣之后，把商之后封于宋，夏之后封于杞，帝舜之后封于陈（也就是今天的河南淮阳），称为“三恪”。表示他们是周朝的客人，不是臣子。台儿庄的陈姓，用“三恪堂”为堂号，表明他们是帝舜的后人。二是表明为人处世态度。在西周时期，“客人”的“客”和“恪守”的“恪”相通。恪守的“恪”，作为形容词，意思是尊敬、恭敬，“三恪”就是敬畏天、地、人，这既是陈家传承的家风，也是陈扶清为官做人的准则。

到了晚清时期，运河沿线的商贸业也随着国运低迷等诸多因素而走向萧条，但台儿庄的商业依然红火，这在一定程度上得益于陈家营造的良好商业环境。陈家当年在福建漳州是纳税大户，迁居到台儿庄后，在生意场上童叟无欺，不越行规，拒绝不义之财，树立了良好口碑。陈家的“陈万祥”商号，从清代延续到民国，一直经营到今天，可谓“百年老字号”。此外，台儿庄虽然没有设置专职收税的钞关，但每到年底，陈家都主动把应交的税银送到淮安。在台儿庄生意最兴盛的20多年里，陈家一共上缴税银达16000两。负责管理淮安钞关的御史，路过台儿庄时，不到台庄驿下榻，而是住在陈家大院，这也成为陈家祖辈相传的荣耀之事。

如今在陈家大院原址建成了中国运河税史馆，每年吸引了大量国内外参观考察团体和游客参观游览，使得越来越多的人了解到京杭大运河千年税收发展史和大运河税收文化灿烂文明史。如果有一天，你来到中国运河税史馆，可以稍微驻足停顿，试想一下陈扶清的日常。那一天，风和日丽，陈扶清来到顿庄船闸，迎接黎明的晨曦，他静立远望，只见过往商船如织。这时候万家粮铺装的商船满载着货物缓缓驶来，陈扶清挥手示意商船停靠。他跨步来到船头，商船主大腹便便，戴着圆顶毡帽，笑容满面地迎了上来。身后的两名税吏对货物进行认真盘点。陈扶清与船主人寒暄一番，将票据递给了商船主，然后返回码头，继续抽查盘点过往商船。陈扶清的一天是万万千千运河古税官的缩影，在船夫的号子与浪涛拍岸声中定格了中国古老的税收史。

京杭大运河台儿庄段因自明代以来从未断流，被誉为“活着的运河”。在抗日战争时成为抵御日军入侵的疆场，之后运河两岸活跃着我党领导的运河支队，也因此被誉为“红色的运河”。运河悠悠，历经数百年，“千帆竞发，帆樯如林”的漕运盛景早已消失不见，只留下古老的船闸在无声中述说历史的沧桑。顿庄船闸作为京杭大运河少有的保留完好的古代船闸，是古运河重要的历史遗存，对于研究京杭大运河枣庄段的历史地位和作用，探究运河税收历史和古代水利建筑发展史，都具有十分重要的参考价值。这座船闸和古税官陈扶清物与人的故事交织在一起，数百载的岁月洗礼使其历久弥新，已成为大运河税收历史不可磨灭的印记，引得无数人思绪飘飞，畅想着那一段古老的“税”月。

供稿单位：国家税务总局枣庄市台儿庄区税务局
撰 稿 人：李长海
鸣　　谢：中国运河税史馆

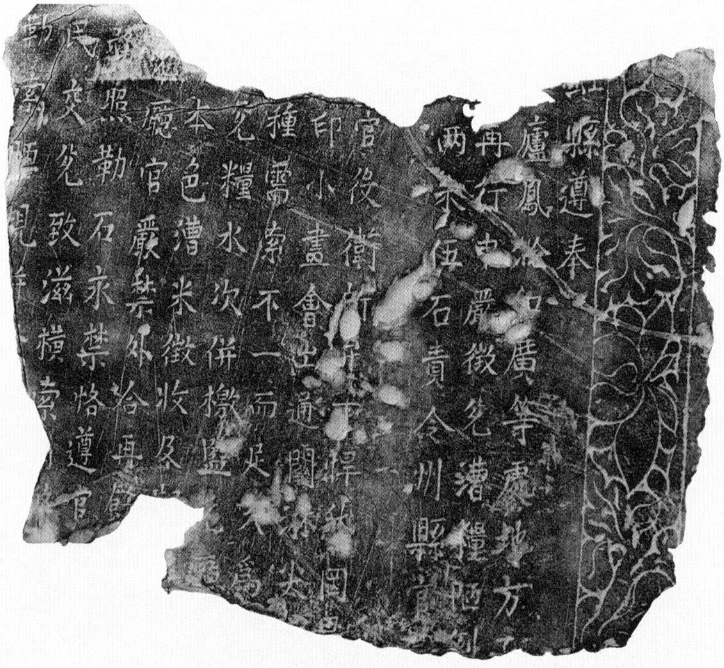

清初漕粮征兑残碑

2013年3月，安徽省泗县运河遗址发现的清初漕粮征兑残碑，记载了当时虹县（今泗县）遵奉朝廷谕令，谕示地方征收漕米及贴银数量，严禁漕粮征兑陋例，用以昭告百姓，警示官吏的奉训内容。

岁月失语，惟石能言

——清初漕粮征兑残碑

大运河安徽段是隋唐大运河通济渠的咽喉之所，是我国古代大运河漕运的交通要道。通过对清初漕粮征兑残碑碑刻内容的解读，能够考证明清时期漕粮征收过程中的漕银加耗数量、漕粮征兑方式、漕粮征兑陋例等相关信息，有助于进一步了解明清时期的安徽大运河漕粮征兑制度，对安徽大运河税收历史的研究具有重要价值。

重现天日：一块残碑再现漕粮征兑历史

2013年3月2日上午，在安徽省泗县东二环路桥东侧的运河河道清淤过程中，施工人员于河底淤泥中发现了一块谕示虹县（今泗县）漕粮征兑制度的残碑。从碑文内容来看应是虹县为遵奉朝廷关于庐州、凤阳、滁州、和州、广德等地方征兑漕粮、漕银标准的谕令，用以昭告百姓的谕示碑，以此警示官吏，严格遵守漕粮征兑制度，不得徇私舞弊。虽然该碑刻已残缺不全，但通过碑文残存内容的考释仍可大致窥测其谕令内容。作为泗县运河遗址出土的重要文物，它是了解我国古代漕运制度的重要实物资料，尤其对研究安徽地区漕运历史具有重要价值。

泗县运河漕制碑刻系青石材质，发现时碑刻已残缺不全，残碑高36厘米，宽41厘米，厚9厘米，据分析，其碑身整体形状应为方形，碑刻右侧外围刻有缠枝花草，内侧撰以碑文。残碑现有13列文字，文字竖排，其中标题1列，正文12列，共计107字。碑文内容抄录如下：

……虹县遵奉……庐凤滁和广等处地方子……再行申严征兑漕粮陋例……两米五石责令州县官……官役卫所弁丁悍然罔畏……印小画会出通关淋尖……种需索不一而足又为……兑粮水次并墩监兑厅……本色漕米征收及……兑厅官严禁外合再余……务照勒石永禁恪遵官……民交兑致滋横索……勒索陋规并……

根据碑文所载和史料推定，该碑刻的年限可能为清初的康熙、雍正年间。

娓娓道来：石碑诉说的漕粮征兑制度

在中国历史上，漕粮征运一直是保证官僚机构和军队正常运转的国之大计，历来都备受统治者的高度重视。清承明制，其漕粮征兑方式、内容、数量很大程度上都延续了明代。明清时期，由于漕运体制和运河水利等原因，漕运成本不断增加，为保障国家漕粮的征收和运输，统治者采取了漕粮加耗之法，在定额漕粮征收之外，以加收漕粮或折银等方式，弥补漕运征运过程中所产生的开支和损耗，是为“耗米”和“轻赍银”。“轻赍原系耗米，以备沿途僦雇水陆车脚之用，折收银两以轻运船”[①]，漕粮加耗本意是供给漕运官军途中雇募车船的耗米，折银也是为运输轻便，用于沿途易支，“收贮在官，各总掌管，以备到京车脚等项之费”[②]。但实际操作过程中，漕运官吏为保障自身利益，不断设立各种名目的苛索陋规（私贴）进行漕粮加增，漕粮加耗的数额和名目也日渐繁多，及至清初，即有随船正耗、轻赍银、易米折银、行月钱粮、赠贴银米、造船料价等众多名目，以至民不堪其苦，军民之间、吏民之间纷争不断，矛盾日深。

为了缓解军民矛盾，清朝统治者开始将漕粮私贴不断额定化，顺治十年（1653年）“覆准江南随漕耗赠，每百石加银五两、米五石”[③]，顺治十四年（1657年），苏松巡按秦世祯疏奏漕粮官收官兑之法，“令各府州县印官照派定区图， 贮收在仓，验依准单，交兑每正粮百石，除正耗外，加米五石、银五两”，得到朝廷允准。顺治十六年（1659年），巡按御史马腾陞向朝廷提出整顿交兑秩序的奏疏：“悍军刁弁积相沿，蠹役奸徒表里滋弊，以致纵军巧立名色，每米一石除赠耗外，杂费滥觞，几不可问。请自今民户各照应纳粮米并赠耗及五两五石尽数交纳收粮官，粮官随收给串，即发归农，不许停留时刻，额外多需，俟旗船到次，卫官竟与印官、粮官交兑，军民两不相见”[④]，而后的江、安、宁、池、太、庐、凤、淮、扬、广、徐11府州俱按银五两、米五石的规额进行漕粮加耗。至此，清初漕粮百石加耗“银五两，米五石”渐成定制。由此推之，碑文第三列内容或是康雍时期，朝廷沿袭顺治年间的漕粮加耗的定

---

① 杨宏:《止扣解羡余疏》，《皇明经济文录》卷七《户部下》，《明代经济文录三种》，第2册，第208—209页。

② 张学颜:《万历会计录》卷三十五《漕运·耗脚轻赍》，《北京图书馆古籍珍本丛刊》，第53册，第1084页。

③《大清会典》卷二十六《漕运二·优恤运丁》，第20页。

④《古今图书集成》经济汇编，光绪十年（1884年）印本，食货典第一百六十八卷，漕运部汇考之十四。

制，规定漕粮征收百石所加耗的银五两、米五石的数额，勒令州县官员予以遵守，防止出现漕运官吏任意加征，盘剥百姓的情况。

碑文第二、十、十一、十二列是为警示官吏，申明需严格遵守漕粮征兑，防止进行漕粮舞弊，盘剥百姓之举的内容，用来警示各级官役、卫所弁丁及监兑厅官严格遵守漕粮征兑的规章制度。碑文第四、五、六列列举了漕运陋例，其中，碑刻正文第五列“……印小画会出通关淋尖……”则具体列举了漕运陋例的舞弊手段，亦与碑文第三列所考释清初漕粮加耗无度，而规范漕粮加耗数额的谕令内容相衔接。

明清时期，漕运任务日益繁巨，而由于明代漕运体制等诸多原因，以致明中后期漕运官吏往往在朝廷制定的规制之外，横征暴敛，巧设名目，及至清初漕弊丛生。漕运官吏贪污横行、营私舞弊、勒索运丁、敲诈百姓，“因事受财，动辄千万”[①]，以至于“运军以粮长为奇货，奸棍以仓场为利薮，平日民户之有身家而称良善者，皆深自逃匿，唯恐为人鱼肉”，“自州县任意浮收，无所顾忌，遂致舆情不服，屡酿事端”[②]。而这些陋例之中，穷苦百姓除缴纳正常的漕粮赋税之外，较为常见的还要遭受“淋尖、踢斛、抛剩、漫筹、脚米”[③]等种种敲诈手段，碑文所提到的“淋尖”即是漕运官吏对百姓的一种盘剥方式。碑文提及“印小画，会出通关”，可能是漕运官员胥吏在漕粮征兑过程中，私自印发漕粮征兑的票据，使其所交漕粮通行顺利过关的一种舞弊手段。清初由于赋税图籍多有损毁，征收漕粮等赋税一时头绪纷杂，不仅百姓无从缴纳，官员们更是任意征收。清顺治时期，为规范漕粮征收，朝廷制定了一种叫作“串

① 《清史列传》卷七十九，《贰臣传·吴惟华》。

② 陈岱霖：《请严革征漕积弊疏》，王延熙、王树敏辑：《皇朝道咸同光奏议》卷三十三《户政类·赋役》，清光绪二十八年（1902年）上海久敬斋石印本。

③ 任源祥：《漕运议》，《皇朝经世文编》卷四十六。

票”的漕粮银征收之法。据《清史稿·食货志》载：“截票者，列地丁钱粮实数，分为十限，月完一分，完则截之，钤印于票面，就印字中分，官民各执其半，即所谓串票也”。由其可知，清初的串票分为两联，一联交给纳粮户，作为完纳漕粮税赋的凭证，一联为官府留存备查，故也称为二联串票。但在实际操作过程中，地方胥吏或虚填数目，或伪造票据，或私自加戳，串票的弊端日渐显现，“不肖有司与奸肯通同作弊，借名磨对稽查，将花户所纳之票强留不给，遂有已完作未完，多征作少征者”[①]。“征收钱粮，向用三联串票……然奸猾书吏，因活串系伊等随时填写截给，又数无定准，随乘机舞弊。于票内收一两之大数而填为一钱之小数，以多填少。迫送验后，将发给花户执照，仍改大数截交，以少改多，大头小尾，假串私侵，种种弊窦，不一而足”[②]。

故而面对清初“官役、卫所弁丁，悍然罔畏”，“（种）种需索，不一而足”的漕运征兑的局面，统治者一再制定措施，多次勒碑训示、谕令地方，“再行申严征兑漕粮陋例”，让“（交）兑厅官严禁外合”，遵守朝廷制度，“务照勒石永禁”，借以整治漕粮征兑过程中的不法行为，以缓解官民矛盾，防止“（官）民交兑，致滋横索”，出现“勒索陋规”等不法现象。碑文内容中的“再”字表明政府之前已经对此进行谕令，结合顺治朝曾多次整饬漕弊，并勒碑以示的情况，此碑则可能是康熙朝对前朝整治漕弊的再次谕令。

承旧图新：碑文再现漕粮征兑细则

清初漕运制度多因袭明制，其漕粮征兑过程和方式在明代漕运制度的基础上稍有完善，但却未有实质性的改变。碑文第四、七、八、九、十一列提及了

① 黄六鸿：《福惠全书》卷六《钱粮部·催科》。

② 参见《江苏省明清以来碑刻资料选集》第605页、第647页，转引自洪焕椿《明清苏州农村经济资料》第568页、第571页。

漕粮征兑过程中的相关官员、场所、征缴内容及方式，大致可还原清初漕粮征兑情况。现对碑文所及的“卫所”“水次”“监兑”“交兑”“本色漕米”等重要内容，加以考释。

卫所

碑文第四列“官役卫所弁丁”，提及了清初漕粮征兑过程中所涉及的主要机构和人员，其中“卫所”在漕粮征兑、发运过程中扮演了十分重要的角色。

明成化七年（1471年），国家在漕粮征运上改行“长运法”，由漕运官军直接到江南、南京附近州县直接进行漕粮交兑，并进行转运，此法一直沿用至清代。在此过程中需要大量的漕运官军，为保障漕运兵源充足，利用卫所进行漕运渐渐成为规制。清代沿袭明制，“凡卫所钱粮、职掌及漕运、造船事务，并都司、行都司分辖，皆宜照旧”，顺治四年（1647年），又正式以诏书形式规定了卫所的屯田与漕运职能，漕运也成为清代卫所的主要职能，是为“漕运卫所”。

清初，漕运卫所的主要任务是将东南八省的400万石漕粮运抵通州，“粮户输之州县，州县兑之旗丁，而旗丁领运于南，斛交于北”，即地方官吏将漕粮征收至各州县仓库，由漕运卫所到各州县进行漕粮兑运，漕粮兑竣后，再由卫官将漕粮运抵北京、通州交兑。清代漕运卫所除了承担屯田和漕运职能外，通常还会协助维护地方治安、漕粮征兑等事务，具有一定的地方行政管理职能。因此，在漕运征运过程中，卫所官军在漕粮征兑过程中具有十分重要的职能，所以该碑刻朝廷谕令中把“卫所弁丁”作为主要警示对象。

水次、交兑、监兑

清代漕粮征兑实行“长运”之法，由漕运官军直接到地方漕粮仓所进行兑运，在此过程中，为便于漕粮征兑，各地州县一般都会设立专门的兑运粮仓，是为水次仓，而在水次仓进行漕粮征收交接的过程，则称为“交兑”，此即碑文中所提及的“水次”“交兑”之内容。《漕运通志》记载：“（宣德） 七年（1432年），令管军运粮各于附近府州县水次交兑，江南府州县民运粮于瓜洲、淮安二处交兑，河南所属民粮运至大名府小滩，兑与遮洋船官军领运……是年，议处诸府州县各于附近水次，盖设仓厫”。同时，为防止漕粮交兑过程中的舞弊行为，朝廷在漕粮交兑过程中也建立了一系列监督制度，是为“监兑”。碑文中“水次”“交兑”“监兑”则反映了清初漕粮征运过程中的场所和方式。

本色漕米

漕粮作为“天庾正贡”，一直是维持国家正常运转的物质基础，是以“国不可一日无漕”。在漕粮征收过程中，由于运输困难、地不产米、自然灾害等现实原因，漕粮征兑有时会存在诸多困难，有的地方也会采取折银的方式进行漕粮征收。其中以漕粮实物交兑的方式即为“本色漕米”，而以折银抵纳漕粮交兑的方式则为“折色漕米”。清初，为了获得原额漕粮充实京储，国家一直采取严格的漕粮本色征收制度。顺治初年即规定“起运漕粮，例不改折”，该规定一直都作为朝廷定制，可以说，“本色征收”的漕粮政策，长期作为清初的一项国家制度，而予以严格要求。碑文中提及的“本色漕米”，应是康熙时期，在漕粮征兑过程中，要求地方征兑漕粮需以交兑实物的方式进行，而不得采用折银等其他方式，这也是清初漕粮征兑中的一项基本要求。

泗县出土的漕制残碑反映了清初运河漕运制度情况，是大运河安徽段非常重要的文献资料。从中可以了解清代初期我国漕运制度的变革和漕运征兑情况，充实清初漕运历史的研究，补充清初漕粮征兑相关文献的缺失，是研究清代早期漕运历史重要的实物资料。同时，作为泗县大运河故道遗址出土的重要遗物，泗县运河漕制残碑也间接反映了该地作为运河漕运重镇的重要历史地位，对安徽地区漕运历史的研究具有重要价值。

供稿单位：安徽大学历史学院
国家税务总局宿州市税务局
撰 稿 人：张 甦 朱雁鸣

参考文献：

[1] 孙琬，王德茂修. 道光武进阳湖合志：卷10［M］. 北京：国家图书馆藏，1843.

[2] 贺长龄辑. 皇朝经世文编：卷46［M］. 台北：文海出版社，1966.

[3] 清世祖实录：卷28［M］. 北京：中华书局，1985.

[4] 贺长龄，等. 清经世文编：卷48［M］. 北京：中华书局，1992.

[5] 光绪. 清会典事例：卷201《户部 · 漕运》［M］. 北京: 中华书局，1991.

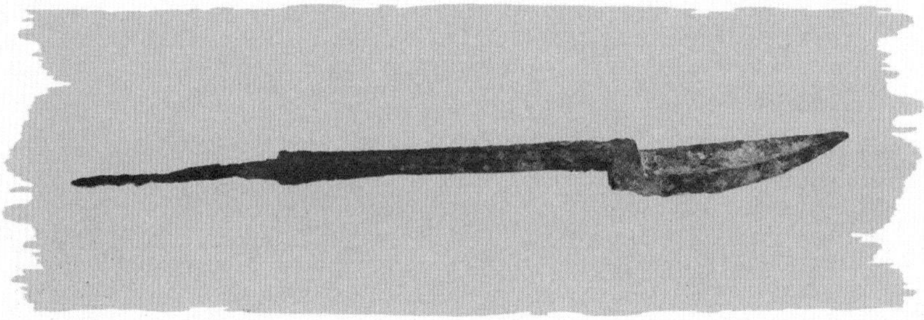

明清“粮探子”

“粮探子”（明清），为古代官方驿站中用以检验漕粮（我国古代由东南地区漕运京师的税粮）质量的工具，现收藏于河北省东光县大运河谢家坝水工智慧博物馆。

“窥见”中国古代财税体制运行的一角
——明清“粮探子”

“一条运河，千里通波”，如玉带般牵引串联起颗颗沿线明珠，小城东光便是因运河而兴、缘运河而盛。

溯源：大运河也是“税收之河”

连镇镇，古称连窝镇，是河北省东光县著名的大运河古码头之一。明代连镇设有驿站，称为“连窝驿”。据清光绪年间《吴桥县志》卷四《建置志下》记载：“连镇渡在县城西北四十里，临运河，接东光，明设驿丞。”明代已在此设置官员，专管此段河务。

清高宗乾隆皇帝在其诗作《时霖即事》中提及有关东光的内容：

月之朔翼逢时霖，此实屡沾忆关内。
何期次第报佳音，王大臣先报兴耒。

河臣继奏沾临清，齐之北亦武城暨。
仓场津镇正督运，澍逢水长漕称瑞。
齐之抚臣先覆奏，无须截漕仓储备。
各属颇有沾膏者，待查明以陈详细。
直督则称大旋转，河间天津透沾最。
只南三府尚欠优，取道亲勘周恤事。
大抵灾较暵前年，十之中幸减三四。
帑银漕粮拨以多，用之有余无不逮。
幸哉稍以慰旰宵，敢论货之出入悖。

乾隆的诗中，描述了官方督运漕粮行至东光境内，是时天降甘霖，山东、河北等地的旱情得以缓解，运河涨水、航运稍畅，粮船得以快速北上。乾隆大喜，下旨允准部分灾情严重的州县可截留部分漕粮，用以赈济灾民。

清代官员邢澎也有诗写连窝驿河段船只商旅往来之盛况，内容摘录如下：

发连窝镇泊安陵遣闷作次韵（节选）

邢澍

功令仲夏前，全漕出淮口。
八月燕齐间，粮艘讶犹遘。
为言发西楚，今年行最后。
沿缘数千里，衔尾势难骤。
行台檄如星，武吏纷迎候。
连日卫河中，始得趋顺溜。
客舟畏首舸，望影避道右。
……

邢澍的诗作，非常形象生动地展示了来往商船、客船对官方运粮船慌而避之不迭的景象。乾隆皇帝和邢澍的诗作，都侧面印证了大运河及沿河而设的官方“水驿”的主要功能之一就是服务于官方的漕粮运输。

从这个意义上讲，大运河也可以说是一条“漕河”“运粮河”。又因古时多以粮缴税，所以大运河直接关系着封建王朝的经济命脉，是名副其实的“税收之河”。

考证：保障漕粮运输的官方“水驿”

“试问南京至北京，水程经过几州城。皇华四十有六处，途远三千三百零……河西和合归潞河，只隔京师四十路。逐一编歌记驿名，行人识此无差误。” 这是明代《士商类要》一书中“水驿捷要歌”的部分内容。明代的漕运初承元代的故有做法，以海运为主，河、陆兼运为辅。永乐年间，因迁都北京，粮食需求日增，而海运艰阻，遂整治大运河，即从杭州湾通往北京的漕河，沿河开辟水路驿站41处，明末增至46处，每处设驿丞专管。当时漕运繁忙，水驿兴旺，驿站传递军报公牍及接送官员，络绎不绝。

清代的漕运方法基本承袭明制，其制度更为严谨，基本实行官收官运，承运者是卫所军籍中较殷实的军丁（也叫运丁），同时为确保漕运无误，朝廷于淮安、济宁、天津、通州运河沿线设置巡漕御史，稽察本段漕运。

古代驿站分走水路和旱路。旱路用马、驴、骡、牛等为驿递工具，所以此种驿站被称为马站或马驿；水路则用船，故称水站或水驿。作为朝廷设置的官家水驿，一般具备漕粮运输、课征商税和维护河段水运安全的三大职能，其中漕粮运输居于首要，而驿站之于漕粮运输的作用也大致可概括为三点：

一是漕粮存储。运河沿岸一般设有水次仓，作为漕运中漕粮的中转之地，连镇也设有水次仓。《清高宗纯皇帝实录》卷之五百九十七记载：“乾隆二十四年（1759年）九月下（30日），江苏拨运麦十万石，遵旨限于冻前到直。查顺、广、大名一带偏灾，宜筹来春粜助。拟于清河县之油坊镇拨贮五万石，其余分贮景州之安陵、交河之泊镇、吴桥之连镇等处，听候酌拨。”由此可知，连镇水次仓担负着漕粮的分储与收存。

二是漕粮转运。乾隆五十年（1785年）六月，漕船因运河水浅受阻，行走稽迟，较往年迟了两月，大臣刘峨上奏皇帝，请求先将漕粮存贮于北仓，其余仍令趱行，抵连镇、泊头等处，以次起卸。由此可见，连镇是漕粮转运之处。

三是漕粮截剥。截剥，是一种漕运制度。就是如果漕运受阻，沿途可将大船上的漕粮分装在小一些的漕船上，化整为零通过淤阻之处，从而得以继续北上南下运往目的地。明清两代，连窝驿也多有截剥的情形。如《清文宗显皇帝实录》卷之十八记载："道光三十年（1850年）九月下，谕内阁讷尔经额奏筹办迎剥南粮情形一折：本年南粮重运，因在途节节耽延，现抵山东境内，节候已晚，自应筹办截剥，以免回空迟误。惟此次杨村剥船除已分遣迎剥外，余船一千五百只已尽数解赴临清。若在连镇、安陵一带截剥，又须添雇民船，难期应手。著漕运总督、山东巡抚仍照仓场侍郎原奏，在于临清截剥，迅调东省小米军船并官民剥船，将江西后六帮、湖南三帮粮米装运抵通，毋得互相推诿，致误回空期限。"

探究："小"物件发挥"大"作用

漕粮是当时税收的主要形式之一，其质量自然被高度重视。在漕粮征收过程中，小小的"粮探子"得以"大显身手"。

据有关专家推断，此次在京杭大运河东光段发现的"粮探子"，为明清时期文物。该物件长约37厘米，由前、中、后三部分结构组成，前端细长而尖锐，中端为中空导管，末端宽深而容积大。

在漕粮的存储、转运和截剥过程中，为防止以次充好、保证漕粮质量或在运输、装卸过程中被别有用心之人调换，驿站的验粮官会将"粮探子"前端深插入袋中，粮食经由中端导管流入末端容器中，从粮食袋深处取样。验粮官再根据个人经验判别或将样品与标准样进行比对，以此确定漕粮质量是否达标，验证通过后再进行入库存放或继续向北运往京师。

这样做的好处，一是深处取样防止漕粮“表里不一”，表面为合格粮掩饰内里次品粮；二是“粮探子”前端取样，细长的结构对袋体的破坏最小，完成取样的同时不会导致粮食外漏，充分体现了古代劳动人民的智慧。除此之外，还有一个有趣的发现，官方水驿维护水运安全的职能，通常由军丁（也叫运丁）承担，他们沿河巡视，严防匪徒或不法之徒等的侵扰和盗抢行为，以保障税粮安全和国家利益。

此件税收文物“粮探子”，现藏于河北省东光县大运河谢家坝水工智慧博物馆。“粮探子”的发现和对古代驿站功能的探讨，揭示和印证了中国古代封建王朝部分的经济财税运行机制，对中国财税史的研究也有极高的史料意义和参考价值。

供稿单位：国家税务总局东光县税务局
撰 稿 人：张方旭
鸣　　谢：东光县大运河谢家坝水工智慧博物馆

参考文献：

[1] 吴桥县地方史志编纂委员会. 吴桥县志[M]. 北京：中国社会出版社，1992.

[2] 翟玉忠. 中国商道——中国商人的长生久富之路[M]. 北京：中国书籍出版社，2018.

[3] 清实录：第九册高宗纯皇帝实录[M]. 北京：中华书局，1985.

[4] 大清文宗显（咸丰）皇帝实录[M]. 武汉：华文书局，1963.

[5] 康德真. 指尖上的大运河文化带 | 第37期：水驿寻踪[N]. 北京晚报，2017-11-08（33）.

“冯斛”

“冯斛”最早由清朝官员冯景夏在雍正朝创制，距今已有近300年历史，其口径为五寸五分（约18厘米），底广一尺六寸八分（约56厘米），高一尺二寸五分（约42厘米）。“冯斛”改变了“淋尖踢斛”口大底小的制式，减少了漕粮的浮收，推动积弊渐除。图中所示“冯斛”由嘉兴税务博物馆收藏，制作年代不详。

冯景夏创制“冯斛”减少漕粮浮收

运河流波浮帝祚，阅尽徭役赋税事。古老的京杭大运河，见证了中国南北地区的繁荣与变迁，促进了丰富多彩的文化交融，留下了大量赋迹税事，除却趣味，亦有教益。

斛里乾坤大　斛口变虎口

斛（hú），民间也称“斛子”，是一个现代人不太熟悉的汉字，其实，它是古代的量器名称，也是计量单位。

《史记》记载秦朝“平斗斛度量，十斗为一斛”。一斛在汉唐时期等于十斗，宋代开始改为五斗。斛是用来称量粮食的工具，形状一般是平底方筒，由木板制作，接缝处以铁皮包裹、铁钉固定，内部装满谷物便记作“一斛”。

漕运过程中，粮食在粮仓、船只之间转运，需要进行数量核对。考虑到粮食受潮对重量影响较大，人们就用斛等量具进行核对。只是此等小物，竟会让百姓既恨又怕，简直成了“谈斛色变”。何以至此？原来都是“苍蝇”惹的祸，斛沦为征粮小吏搞隐形腐败的伎俩。

清道光元年（1821年），江苏学政姚文田在《敬陈漕运情形疏》中痛陈：“书吏等先以淋尖、踢脚、洒散多方糜耗，是其数已不敷。”粮食在斛里堆成尖尖样子，装在斛中。这样会有尖尖一部分超出了斛壁。此时，官吏会突然对准斛猛踹一脚，使超出斛壁的粮食洒落在地上，这便成了所谓的粮食运输过程中的损耗。更为过分的是,管征粮的小吏看到斛满之后，随手抓一把米，以各种理由如米里有虫有沙子，或者米发霉了，摇头宣称粮食“不合格”。老百姓对此束手无策，只能苦苦哀求，等到“公差老爷”大发慈悲，说打个七折吧，意思就是这些米就折算七成了，还得回家再拉三成大米过来！要想不被刁难，只能拿血汗钱给小吏送礼。被刁难的大多都是贫民，有的大户“人情熟络”，小吏们甚至会少收粮食，而少收的部分自然由贫民来承担了。晚清时左宗棠曾愤怒地说：“以小户之浮收，抵大户之不足，以闾阎奉公之款，徒为吏胥中饱之资。”

从中我们可以看出古代“小吏虐民”的现象是何其严重，斛口在贪腐小吏的操控下，变成了吞噬百姓血肉的虎口，百姓焉能不“谈斛色变”？封建朝廷也并非完全不重视这一问题，本文介绍的“冯斛”便成就了清朝历史上兴利除弊的一段佳话。

“冯斛”终问世　除弊去沉疴

“冯斛”是一种小口铁斛，把一个人的姓氏冠于其上，是件不常见的事情，这也说明“冯斛”的发明者必定是个非凡的人物。这位发明者正是冯景夏（1663—1741年）。他是桐乡人，字树仁，号伯阳，生于康熙八年（1669年）。桐乡冯氏自冯景夏起，四代人出了四个进士，历康熙、雍正、乾隆、嘉庆四朝，前后达百余年之久，政声卓著，名震朝野，成为桐乡乃至嘉兴一带罕见的书香门第和显贵世族。

冯景夏出身贫寒之家，少年丧父，后设馆授徒，奉养祖母和母亲。康熙三十二年（1693年）中举，但直到康熙五十三年（1714年），才被选授为陕西长安县知县。也许正是这样的人生阅历，让他在任职地方官时，能够体察民间疾苦，为百姓做了不少实事。

准噶尔部叛乱时，康熙亲征，急需大量粮草，冯景夏奉命在肃州嘉峪关外督民垦边，因有功而升为山东胶州知州。胶州地处滨海，多水患，冯景夏率民筑堤以防潮溢，深受百姓爱戴，堤坝被命名为“冯公堤”。雍正五年（1727年），58岁的冯景夏奉召进京，由吏部引见，面觐雍正皇帝，雍正对他的印象和评价是：“人着实去得，有良心人，可升用要缺道员。可惜少老些，尚健。”特授他为庐州知府。次年五月，雍正又御制《朋党论》一篇，墨刻上谕三道，赐予冯景夏。清代雍正一朝，受皇帝接见并加朱笔御批的桐乡籍官员，只有冯景夏一人。

不久他升任苏（州）松（江）常（州）镇（江）太（仓）督粮道。这四府一州一直是江南粮仓，有“苏常熟，天下足”之称，但粮政向来混乱，奸弊丛生，官吏从中牟利。清代在漕粮上的浮收很多，最著名的就是前文所述“淋尖踢斛”。所谓的粮食运输过程中的损耗成为官吏的合法收入，装进了官吏的私家粮袋，老百姓敢怒不敢言。

冯景夏到任后，小舟微服，深入民间调查，决定改革粮政。他从收粮量器着手，由大口铁斛改为小口铁斛。原铁斛口大形方，口径达八寸五分，收粮时难以划一，往往高出于斛口，就有了“淋尖踢斛”的空间，粮吏浮收严重。冯景夏改制小口斛，口径五寸五分，使得收粮时，粮吏作弊的空间大为缩小。但这一良法上报漕运总督，居然三次上报都被驳回。这自然是因为触动了既得利益，断了人家的财路。冯景夏据理力争，坚持不懈，后终于在江苏巡抚彭维新的支持下得以试行。再后，又奏请朝廷，户部按小口斛改铸铁斛，颁各省统一改制实施，通行全国成为“官斛”，十年后，积弊渐除，后世因而称此斛为“冯斛”。

冯景夏此后升任安徽按察使、江宁布政使、都察院左副都御史，直到70岁时才告老还乡，以书画自娱。史载，他去世后，受过“冯斛”恩惠的苏松乡民闻丧来哭者达数百人。

往事越千年　廉风吹古今

如今，沿用数千年的“斛”已成为安放在博物馆中的一件藏品，然而历史的教训却仍然值得深思。

在承平之世，小吏贪酷已成习惯，到了乱世，仍然保持其腐败的惯性，不收敛不收手，其危害性则暴露无遗。即便“冯斛”出现，仍难禁绝，例如有些官吏在斛身上做手脚，斛是木制的，斛头为了多收粮食，就用刨子把斛帮斛底削薄，或用铁棍将斛撑大。单验一斛，可能只多出一两升米，但南方来的漕船交纳粮米，每次“过斛”何啻几千上万次，这样积少成多，数目相当可观。由此可见古代征收漕粮时，弊端之多。

运河本身并无害，问题在于清王朝的漕运制度。由于制度的腐败造成运输成本昂贵、漕运徭役过重，也极大地加重了民众的负担。到了咸丰五年（1855年），因黄河改道，引发水患影响运河，加之随着商品经济的发展，漕运已经不敷京师及北地粮食之需，到了清末，漕运制度废除。清代的漕运制度下暗藏一股“潜流”，胡燏芬在光绪二十一年（1895年）的一道奏疏中一语道破漕运的弊端：“南漕自催科征途，督运验收，经时五六月，行路数千里，竭百姓无数之脂膏，聚吏部胥无数之蟊贼，耗国家无数之开销，运至京仓，至每石之值，通扯或十两或五六两不等，而其归宿为易银一两之用，此实绝大漏卮。徒弟以冗官蠹吏，中饱所在，积习不改，此真可为长太息者也。”由此可见，到了晚清，漕运已是积重难返，病入膏肓。

当时有人算过，漕米一石从南方运至北京，如果本值五两，而把那些组织机构人员的俸禄、车船运费、偷盗损耗、税收走私等合计起来，比米的原价要高三倍，而且这还不包括官吏贪腐的部分。不难想象漕运给江南百姓带来了何等沉重的负担，而且这种负担年复一年，比起天灾有过之而无不及。因此，“冯斛”虽实现一时之治，却已是强弩之末，难挽倾颓之势，竭泽而渔、横征暴敛最终导致封建统治堤坝的彻底崩溃。

供稿单位：国家税务总局嘉兴市税务局
撰 稿 人：郝锦华

参考文献：

[1] 嘉兴市志编纂委员会. 嘉兴市志[M]. 北京：中国书籍出版社，1997.
[2] 李振民. 嘉兴市财税志[M]. 北京：中国书籍出版社，1997.
[3] 国家税务总局嘉兴市税务局编写组. 禾税史话[M]. 北京：中国税务出版社，2020.

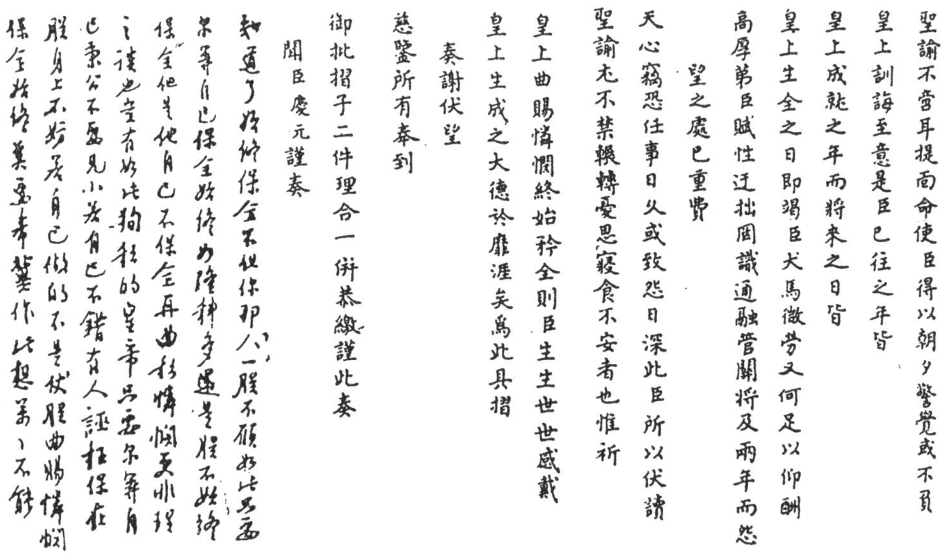

聖諭不啻耳提面命使臣得以朝夕警覺或不負
皇上訓誨至意是臣已往之年皆
皇上成就之年而將來之日皆
皇上生全之日即竭臣犬馬微勞又何足以仰酬
高厚第臣賦性迂拙固識通融管關將及兩年而恐
望之處已重費
天心竊恐任事日久或致愆日深此臣所以伏讀
聖諭尤不禁輾轉憂思寢食不安者也惟祈
皇上曲賜憐憫終始矜全則臣生生世世感戴
皇上生成之大德於靡涯矣爲此具摺
奏謝伏望
慈鑒所有奉到
御批摺子二件理合一併恭繳謹此奏
聞臣慶元謹奏
知道了好好保全不但你那八一朕不願如此另為
爾等自己保全好待如隆科多逼是不好待
保全他是他自己不保全再由朕憐憫更非理
之後也定有好比拘执的皇帝只要爾等自
已秉公不為見小若自己不錯有人誣枉保在
朕身上不好若自己做的不是仗朕曲賜憐憫
保全好好莫要希冀作此想萬萬不能

“光禄寺少卿监督淮安钞关税务庆元臣奏为恭谢天恩事”奏折

“光禄寺少卿监督淮安钞关税务庆元臣奏为恭谢天恩事”奏折，是距今已300年的国家级文化遗产，图片左侧是雍正皇帝在淮安钞关监督庆元奏折上的御笔朱批，右侧是庆元奏折部分内容。此件奏折共4页，发掘于国家第一历史档案馆汇编的《雍正朝汉文朱批奏折汇编》。

清宫秘档奏折珍藏的一段榷税史

——清雍正朝庆元榷理淮关的故事

距今300年的雍正二年（1724年），光禄寺少卿监督淮安钞关税务庆元上呈的奏折和雍正皇帝在此奏折上的朱批，引发了一段榷理关务的故事。

追溯：运河水运与榷关内在联系

榷关设立——是政治、地利和商业需求的有机结合体

奔腾千年的京杭大运河，是世界非物质文化遗产。据史载是先漕后榷，漕与榷的发展历史紧密联系。淮安榷关设立于明宣德四年（1429年），是大运河沿线最早设立的榷关之一。

榷关的设立并不是偶然的，它不仅是中国古代商税制度发展的产物，更是经济发展的特殊产物。明代为何要榷关收税？钞法不通是其缘由之一，但经济发展商业的需求才是其重要之因。明洪武年间，农业上，在逐步推广使用新工

具、新技术的同时，普遍发展经济作物的种植。手工业中不仅传统的丝织业、陶瓷业、冶铁业等很发达，新兴的棉织业、印刷业等也以新技术、新工艺而崛起。在此基础上，商业逐渐趋于繁荣。具有相当商业规模的城市，明初约有33座，到了明中叶以后增至57座。江苏淮安（设置府）地扼南北大运河之腹心，黄河、淮河、大运河交汇于其西北之清口地方。境内河湖交错，水路发达，自古以来，淮安为“天下之中，北达河泗，南通大江，西接汝蔡，东近苍溟”，每岁有近万只漕艘商船扬帆过淮，衔尾北上，十分壮观。四方商贾，贸贩而来。当时淮安是与扬州、苏州、杭州齐名的四大都市之一。永乐年间，水路运输是货物流转的主要渠道。因此，应运河而生的淮安榷（钞）关，是政治、地利和商业需求的有机结合体。

关税征收——商船过关数与税银征收数同向

统计归纳我们从国家第一历史档案馆收集的自雍正元年（1723年）至宣统三年（1911年）的400余件朱批榷关奏折，奏折中记载的“过关商船数与税银征收数”，可认证运河与榷关之间的内在紧密联系，也是考证乾隆盛世与道光朝之后衰败的原始史料。乾隆至道光年间淮安榷关过关商船及征收税银数统计见表1。

表1　乾隆至道光年间淮安榷关过关商船及征收税银数统计①

年份	商船过关数	征收税银数	资料来源
乾隆三十五年（1770年）	12648只	596965两	乾隆三十五年（1770年）十二月初一日淮关监督方体浴奏折
嘉庆二十四年（1819年）	2648只	441153两	道光元年（1821年）五月二十八日淮关监督达三奏折
道光元年（1821年）	705只	252211两	道光元年（1821年）五月二十八日淮关监督达三奏折
道光二年（1822年）	1162只	275389两	道光二年（1822年）四月二十八日淮关监督阿勒精阿奏折
道光三年（1823年）	1073只	238600两	道光三年（1823年）四月二十六日淮关监督广亮奏折
道光四年（1824年）	1200余只	287808两	道光四年（1824年）四月二十八日淮关监督文连奏折
道光五年（1825年）	1627只	302344两	道光六年（1826年）三月二十七日淮关监督文连奏折
道光六年（1826年）	1495只	257165两	道光七年（1827年）三月十九日淮关监督中祥奏折
道光七年（1827年）	1515只	307983两	道光八年（1828年）三月初二日淮关监督中祥奏折
道光八年（1828年）	1405只	301802两	道光九年（1829年）三月初六日淮关监督中祥奏折
道光十年（1830年）	1502只	324412两	道光十四年（1834年）正月初八日淮关监督庆琛奏折
道光十二年（1832年）	912只	232975两	
道光十三年（1833年）	471只	146987两	

① 数说：通过淮关的商船数越多，征收的关税银数额就越多；反之，商船通过淮关越少，则征收的关税数额就越少。另外，自咸丰朝军兴，南北运河不畅通，之后收集的朱批淮关奏折中无此类数据记载。

分析：乾隆三十五年（1770年）过淮关商船12648只，征收税银59万两，那么乾隆十五年（1750年）征收税银近70万两，过关商船约达15000只。

激活朱批奏折　再现雍正朝一段榷税史

朱批奏折原意

雍正二年（1724年），光禄寺少卿、监督淮安钞关税务臣庆元“奏为恭谢天恩事”奏折，共4页，奏折全文记载以下五件事：一是雍正三年（1725年）六月初四日，赍（即送）折人回奉皇上恩赐避暑金丹一匣，立即设香案，叩头谢恩祇受。二是皇上以过严已有怨，告诫微臣，因淮关地当孔道，稍不如意，则易于滋怨，应妥善处置。三是恭缴御批奏折二件（注：雍正朝制定严格的朱批奏折交回制度）。四是臣不负皇上训诲之意，臣已往之年皆皇上成就之年，而将来之日皆皇上生全之日，即竭臣犬马之劳，又何足以仰酬高厚万一。五是奏请皇上曲赐怜悯、终始矜全，则臣生生世世咸戴皇上生全之大德于縻澁矣。

雍正皇帝阅后朱批原文：“知道了。始终保全，不但你□□□，朕不愿如此；只要尔等自己保全始终，如隆科多还是朕不始终保全，再曲杀情悯更非礼之谈也，岂有如此狗杀的皇帝。只要尔等自己秉公，不要见小，若自己不错，有人诬枉，包在我身上，由我负责。若你们自己做的不是，仗着我曲赐怜悯保全始终，是万万不可能。”

此朱批主要讲了四点：一是雍正皇帝提出一个人始终保全，是靠自己，而不是依赖别人；二是雍正皇帝列举了不能始终保全的隆科多（其罪是隆科多结党营私，本人受贿，家人索贿）我再去保全他，是没有道理的，也没有这样的皇帝；三是不要见小（即贪），奉公办差，自己无错，若有人诬陷由我替你负责；四是如果自己做不好，要雍正去保全是绝对不可能的。

庆元理榷政绩

庆元，任淮安榷关监督时，年三十，但身体欠佳。他既是雍正皇帝的小舅子, 又是雍正初年重臣隆科多的弟弟。自雍正元年（1723年）七月二十六日接旨赴任，八月十九日到任，至雍正四年（1726年）七月十八日卸任，连任淮安榷关监督肥差一职三载。根据收集到的庆元二十三件“朱批榷关奏折”记载，其主要政绩有以下三点：

一是遵旨调查河臣赵世显经管淮关期间隐瞒税银四十一万三千六百七十五两，以及私费动用十三万多两的案件。

二是严查假借御用官船（即皇家使用的船）夹带货物，根据淮安关、宿迁关、扬由关（扬州）相望六百里，一关稍苛三关皆受其累，奏请三关统一由督抚委员负责宣扬皇上恤商便民之德。

三是亲赴榷税大关查验，年年超额完成淮安关额银二十万五千九百一十四两的关税收入任务，其中雍正二年（1724年）七月十九日至三年（1725年）七月十八日期间，超收三十四万七千六百九十七两；特别是节俭办公经费方面，雍正二年（1724年)仅开支四千余两，与前任河臣赵世显署理淮关二年期间，私用经费十三万多两相比，受到雍正皇帝赞扬。

因此，雍正皇帝多次御赐，如雍正元年(1723年）御赐避暑金丹、哈密瓜等，雍正三年（1725年）春节御赐大福字等。两次召见，两次晋升，总体来看是一位尽忠效力的臣子。

雍正帝朱批辐射乾隆朝官吏的历史影响

雍正皇帝朱批之言：“……只要尔等自己秉公，不要见小，若自己不错，有人诬枉，包在我身上，由我负责。若你们自己做的不是，仗着我曲赐怜悯保全始终，是万万不可能。”这是对淮关监督庆元的严格要求，也是对清王朝所有官吏的严格要求，因而培养了一些良臣，在榷关管理方面，这种严格要求同样得到体现。请看下面列举的朱批奏折中记载的淮安榷（钞）关两例：

例一，据国家第一历史档案馆馆藏档案号04-01-35-0338-002记载，乾隆朝河臣、盐臣、漕臣与淮关监督演绎了一段“官场效忠、情场友爱”的故事。盐臣普福，从扬州起程巡查泰州分司所属各盐场，途中适闻淮安关监督富贵病重，能及时到淮安关看望，正如其在奏折中所言：“不敢稍存畛域”；在富贵病故后，并没有离去，虽无谕旨，仍以榷务事关国家钱粮为重，主动暂管。驻扎淮安的河臣李弘、漕运总督杨锡绂闻知富贵病故的消息，及时赶到淮关，三人共同商量加强榷关管理事宜，保证国家钱粮征收管理仍按部就班地正常运行。河臣李弘接旨兼管后，普福与其平稳交接关库钱粮、印信和征管事宜。

例二，据国家第一历史档案馆馆藏档案号04-01-35-0309-025记载，内务府庆丰司员外郎唐英榷理淮安关期间，妥善解决人浮于事，裁减无所事事的冗役九十七人、减少经费支出四千九百七十两。从淮安关调任九江关（江西）监督后，奏请原由淮安关支付景德镇的窑工银，改由九江关就近支付，这样省去很多转运费用。得到恩准。

雍正皇帝对淮安关监督庆元奏折的朱批，严格要求收税官员要秉公执法，自身要正，不要依靠别人保全等。这对从事税收工作的后人来说，也是值得借鉴的。

供稿单位：国家税务总局淮安市税务局
撰 稿 人：高丽莉　高成华
鸣　　谢：国家第一历史档案馆

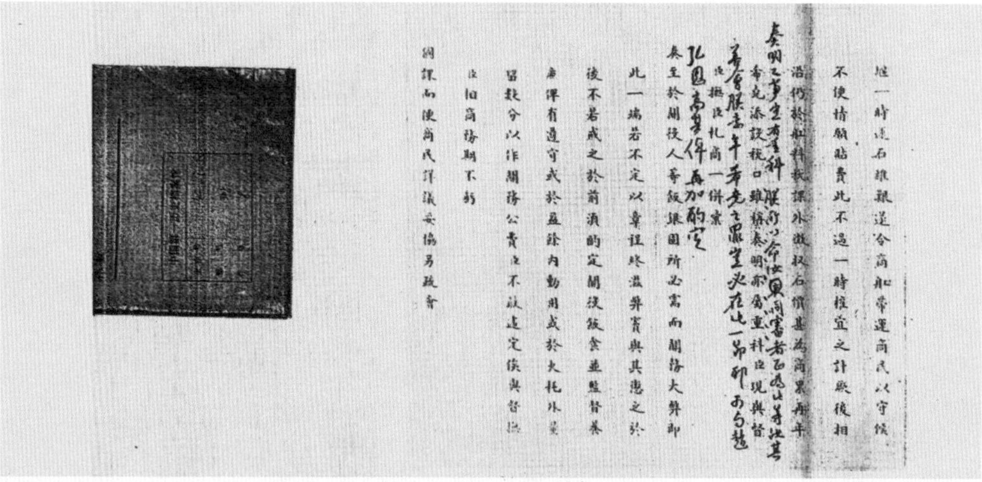

俎一時迭石雖難送令商船帶運商民以守候
不使情願貼費此不過一時權宜之計嗣後相
沿仍於船料稅課外徵收石價甚為商累再年
希允添設稅口雖據奏明亦屬重科應現與督
應擬該札商一併察
奏至於關役人等飯銀固所必需而關務大弊即
此一端若不定以章程終滋弊竇與其患之於
後不若戒之於前須酌定關役飯食並嚴督查
庫擇有遵守或於盈餘內動用或於火耗外酌
留數分以作關務公費應不致違定俟與督撫
應詳商務期不紊
詳細而使商民詳議妥協另疏會

漕运总督顾琮“奏为遵旨审陈事”奏折

漕运总督顾琮“奏为遵旨审陈事”奏折系国家级文化遗产，原件珍藏在国家第一历史档案馆，其馆藏档案号是04-01-35-0308-008-0001至0005。奏折共有5页。上图为此奏折第3页，即漕运总督顾琮上呈乾隆皇帝奏折的部分内容，行间文字是乾隆皇帝御笔朱批。

君臣共同治榷

——清乾隆帝与漕臣共同处理淮关监督年希尧案

北有长城，南有运河，从高空俯瞰，上苍巧安排，相交汇成的便是一个大大的中国字“人”！这个“人”字，是中国人勤劳勇敢的结晶；这个“人”字来之不易，是多少代、多少人付出的辛劳，是数不清的税金税银堆积的硕果。

古往今来，大运河是流动着的乐章，不仅为中国古代人们的生产、生活提供了便利，也为我们留下了丰富灿烂的文化。国家第一历史档案馆珍藏的乾隆元年（1736年）正月初三日，漕运总督顾琮“奏为遵旨审陈事”奏折里记载了一段乾隆皇帝和漕运总督等督抚大臣共同处理淮安榷关监督年希尧案的税史。

乾隆皇帝为什么十分关注淮安榷关

明清王朝在大运河沿线设置的榷（钞）关，是取财的“收银机”。淮安榷关的额定数，据《清国史·食货志·关税》清初全国各地榷关定额情况统计表中记载，全国35个户部关（其中大运河沿线的有崇文门关、临清关、天津关、淮安关、扬州关、浒墅关、北新关），17个工部关（其中大运河沿线的有宿迁关）的额定数中，淮安榷关的额定数（计划）是二十万五千四百九十七两，居全国各关之首。这是乾隆皇帝为什么关注淮安榷关的原因之一。

再据朱批淮安榷关奏折记载的康熙朝、雍正朝、乾隆朝，每年征收税银皆在五十万两上下；除额定外，年年超收都在二十万两左右，最多达到三十多万两。整理康熙、雍正、乾隆三朝征收税银最多的年份统计情况（见表1），也可以看到乾隆皇帝为什么十分关注淮安榷关。

表1　淮安榷关康熙朝至乾隆朝征收税银最多年份统计简表[①]

期间	征收税银数	资料来源
康熙五十九年（1720年）六月九日至六十年六月八日	628772两	淮关监督庆元奏折
雍正二年（1724年）七月十九日至三年七月十八日	576905两	
乾隆十四年（1749年）七月十二日至十五年七月十一日	684472两	淮关监督普福奏折

穿越时空探秘漕运总督顾琮奏折原貌

还原朱批墨宝。乾隆元年（1736年）正月初三日，漕运总督顾琮 “奏为遵旨审陈事”奏折，即审陈淮关监督年希尧案；乾隆皇帝在此折第3页的行间御

① 雍正元年（1723年）淮关监督庆元奏折来自国家第一历史档案馆汇编的《雍正朝汉文朱批奏折汇编》，原始件珍藏在国家第一历史档案馆。

乾隆十五年（1750年）十月二十二日，淮关监督普福奏折来源国家第一历史档案馆，馆藏档案号04-01-35-0308-008-0001至0005。

笔朱批："奏明之事觉有重科，朕所以命汝同审者正为此事；汝甚善会朕意，年希尧之罪必在此一节耶。可与赵弘恩、高其倬再加酌定。" 在此奏折末尾乾隆皇帝朱批："知道了，秉公办理，勿枉勿滥。"

探秘奏折原意。乾隆元年（1736年）正月初三日，漕运总督顾琮 "奏为遵旨审陈事"奏折共5页，约500字，主要记载以下5点：

其一，漕运总督顾琮跪读乾隆皇帝圣旨："年希尧参后，淮关向后光景若何，确查具奏，钦此"；臣查年希尧被参后，经督、抚二臣商定，暂委驿传道孔传焕署理关务。

其二，经查淮安关征收纳税人饭食银，虽未至加八分，已至加五；年希尧被参未经审饬之前，仍旧例征收；臣与督抚两臣商酌清厘，不敢渎陈。

其三，宿迁关石价一项，于康熙年间大修高家堰，运石维难，遂令商船带运，商民守候不便情愿贴费，此不过一时权宜之计，以后相沿于船料之外加收石价，甚为累商。

其四，年希尧添设税口，虽经奏明亦属重课。多设口岸征税，从而加重纳税人负担。

其五，针对上述存在弊端，漕臣、督臣、抚臣共同会商，奏请酌定"惩之于后、不若戒之于前"治吏治榷方略。

年希尧被参的罪责有哪些

年希尧被参的罪责主要为：

胡乱作为。据雍正五年（1727年）十月初九日，鄂善奏折记载："年希尧属下用大于官尺一二分，或小于一二分的私尺，丈量豆麦等货索贿。"（国家第一历史档案馆档案号：000473～000475）

乱加浮费。据乾隆元年（1736年）正月初三日，漕运总督顾琮奏折记载："查淮关收税饭食银，虽未至加八分，已至加五。"（国家第一历史档案馆馆藏档案号04-01-35-0308-008-0001至0004）

苛索滥征。据雍正十三年（1735年）十月二十四日，江南总督赵丹恩奏折记载："徐州知府李根云秉称，题奏有关淮安关监督年希尧属下如狼如虎咨意苛索滥收徐州府萧、丰、沛、砀四县陆税。"（《雍正朝汉文朱批奏折汇编》第613页，原始件珍藏国家第一历史档案馆）

重复征收。据乾隆元年（1736年）正月初三日，漕运总督顾琮奏折记载："宿迁关石价一项，于康熙年间大修高家堰，运石维难，遂令商船带运，商民守候不便情愿贴费，此不过一时权宜之计，以后相沿于船料之外加收石价，甚为累商。"（国家第一历史档案馆馆藏档案号04-01-35-0308-008-0001至0004）

君臣是怎样共同处理年希尧案的

年希尧被参一案，发生在雍正十三年（1735年）和乾隆元年（1736年）之间，珍藏在国家第一历史档案馆的漕运总督顾琮两件朱批奏折，再现了处理年希尧案的故事。此案是由江苏巡抚高其倬题参，乾隆皇帝谕令漕运总督顾琮会同督抚两臣一起审理。对于君臣共同处理淮安榷关年希尧一案，我们先说君王，再议臣子。

先说君王。乾隆皇帝对于年希尧案，不但先后两次对漕运总督顾琮的两件奏折进行朱批，而且在奏折行间还进行了具体朱批：

据国家第一历史档案馆馆藏档案号000578～000580，即是雍正十三年（1735年）十二月初四日，漕运总督顾琮奏折（即第一件奏折）记载的乾隆皇帝朱批（近百字）：“关税之弊，朕所素知。……年希尧被参后，淮关向后光景若何，确察具奏。”（注：雍正皇帝于雍正十三年（1735年）八月驾崩，因此朱批是继位的乾隆皇帝。）

再据国家第一历史档案馆馆藏档案号04-01-35-0308-008，即是乾隆元年（1736年）正月初三日，漕运总督顾琮奏折（即第二件奏折也是本文所列文物奏折）记载的乾隆皇帝朱批:“知道了，秉公办理，勿枉勿滥。”还有针对性地在奏折行间朱批：“……可与赵弘恩、高其倬再加酌定。”

从上述两件奏折记载的乾隆皇帝朱批，看出乾隆皇帝关注此案的焦点是原淮安榷关监督年希尧被参罢官之后，征收钱粮重地的淮安榷关是如何处理的？这表明乾隆皇帝要求顾琮，不但要会同督抚秉公、勿枉勿滥共同审理好此案，而且要尽心尽力做好案件处理的善后工作，因处理一品大员左都御史年希尧案，事关“吏治”、事关“国家税银”。

再议臣子。漕运总督顾琮对于此案，能秉公持平：遵照乾隆皇帝谕旨，会同两江总督赵弘恩、江苏巡抚高其倬，按款逐一查审核实；稳妥地处理淮关管理的善后事宜，并题奏“与其惩之于后，不若戒之于前”的治吏治榷方略。

在处理年希尧案件上，体现了“君臣同心，上下一致”。

君臣同心。乾隆元年(1736年），是乾隆皇帝继位之初，对年希尧被参后的大运河沿线征收钱粮重地的淮安榷关十分关注。而臣子顾琮已会同两江总督赵弘恩、江苏巡抚高其倬二位督抚大臣，及时商定暂委驿传道孔传焕暂时署理关务，确保淮安榷关征收税银工作正常运转，让君王放心。从而体现了君臣同心，共同治理榷务。

上下一致。臣子顾琮遵旨调查淮安榷关兼管的宿迁关之后，认为宿迁关在船料外，加征“石价”一项累商；乾隆皇帝在奏折行间朱批：“奏明之事觉有重科，朕所以命汝同审者正为此等，其甚善会朕意……”行间朱批中“其甚善会朕意”六个字，体现君王对臣子的高度信任，也道出臣子的所奏符合君王处理意见。从而体现了君臣对年希尧案件的处理态度是上下一致的。

珍藏在国家第一历史档案馆的文化遗产，即乾隆元年（1736年）正月初三日，漕运总督顾琮“奏为遵旨审陈事”奏折，见证了280多年前一段大运河沿线的榷税史，生动还原了乾隆皇帝与漕运总督等大臣共同处理淮关监督年希尧案的历史场景。历史是一面镜子，这则“君臣共同处理榷务”的故事值得深思。

供稿单位：国家税务总局淮安市税务局
撰 稿 人：徐　萌　陈　海
鸣　　谢：国家第一历史档案馆

乾隆御碑

乾隆御碑位于水北街原杭州水利通判厅（添设府）内。至民国初，府址被毁，而碑尚存，由崇裕丝厂首任厂长卢锦江建卢宅时，将碑砌入墙内，幸以保存下来。乾隆御碑通高5.45米，其中：碑额高1米，宽1.5米，额上刻有双龙戏珠的浮雕；碑高3.35米，宽1.4米，厚0.5米；须弥座出土高1.1米，宽1.8米，厚0.8米。碑正文429字，款10字，碑文四周镌有云龙纹。其内容为乾隆十六年（1751年），皇帝南巡，查得江苏、浙江、安徽三省交皇粮情况，苏皖两省积欠额巨，而浙江省未予拖欠，为表彰浙江省，特免去地丁钱粮30万两，将“圣谕”刻于石碑，晓谕官民。

散落民间的“免税碑”

——清乾隆御碑

水者，运也。运河穿塘栖而过，青石御碑、青黑的瓦、斑驳的墙、小巷深深……岁月在塘栖留下了痕迹，它拥有着千百年的历史文脉，鱼米之乡、花果之地、丝绸之府、枇杷之乡，如此多的美誉，是无数人心中理想的水乡模样。沿着宁静的京杭大运河逆向时光，依然能追溯到它曾经的富庶繁华。

循迹：触摸历史记忆

塘栖乾隆御碑位于杭州市临平区塘栖镇水北街东段，京杭大运河北岸，原杭州府水利通判厅遗址内。民国初期，府址被毁，但乾隆御碑仍在，崇裕丝厂首任厂长卢锦江在建造卢宅时，把碑砌到了墙体内，乾隆御碑才幸运地被保存到现在。1985年，塘栖文化站工作人员在文物普查时，几次爬上去观察，认出“钦此”两字，觉得不应该是界碑，于是拟文向县、镇反映。时值《塘栖镇志》刚开始编纂，镇志编纂人员立即赶赴实地考察，全文传拓碑文，再查考诸多史籍，最终才证实：这块碑是清代乾隆皇帝所题的御碑。

这块御碑是浙江省境内现存较大的一块乾隆御碑，也是杭州现存清代御碑中碑体最大、保存最好的一块,其字迹依然清晰可辨。

乾隆御碑全文为：

钦奉上谕：朕巡幸江浙，问俗省方，广沛恩膏，聿昭庆典。更念东南贡赋，甲于他省，其历年积欠钱粮，虽屡准地方大吏所请，分别缓带，以纾民力，而每年新旧并征，小民终未免拮据。朕宵旰勤劳，如伤在抱。兹当翠华亲莅，倍深轸切，用普均沾之泽，以慰望幸之忱。著将乾隆元年至乾隆十三年，江苏积欠地丁二百二十八万余两，安徽积欠地丁三十万五千余两，悉行豁免，俾吏无挂误，民鲜追呼，共享升平之福。夫任土作贡，岁有常经，自应年清年款。江苏积欠乃至二百二十余万之多，催科不力，有司实不能辞其咎；而疲顽成习，岂民间风俗之浇漓，尚有未尽革欤？朕以初次南巡，故特加恩格外，嗣后该地方官务宜谆切劝谕，加意整顿。其在小民，亦当湔除旧习，勉效输将，勿谓旷典，可希冀屡邀而维正之，供任其逋负也！其浙江一省，虽额赋略少于江苏，而积年以来，并无积欠，岂犬牙交错之地，不齐乃至是欤！此具见浙省官民敬事急公之义，而江苏官民所宜怀惭而效法者也！朕甚嘉焉。著将本年应征地丁钱粮蠲免三十万两，以示鼓励。

各该督抚，其仰体朕惠爱黎元之意，严饬所属，实力奉行，使闾阎咸沾实惠。倘有不肖官吏，以还作欠，希图侵蚀，察出，即行纠参，从重治罪。并将此通行晓谕知之。钦此。

乾隆十六年正月初二日

碑正文429字，款10字，通高5.45米，碑身高3.35米，宽1.4米，下厚0.5米，御碑上运用的浮雕、圆雕等手法，刀工精致、图案精美，代表着当时较高的艺术水平，为研究清代的雕刻技术提供了重要载体。从内容来看，碑上记载了清乾隆十六年（1751年），乾隆帝南巡，考察江苏、浙江、安徽三省交纳皇粮情况。发现苏、皖两省积欠了大量皇粮未交，而浙省却没有拖欠。为了表彰浙省，乾隆帝大笔一挥，免去了浙省地丁钱粮30万两，并把“圣谕”刻在石头上，昭告官民。

碑文所述，生动展示了塘栖古镇的赋役落实情况。乾隆御碑很多，但以蠲免赋税为内容的可能仅此一块，无论是从文物价值还是从史料研究价值来看，塘栖乾隆免税御碑都弥足珍贵。

溯源：探寻文化根脉

乾隆御碑之所以矗立在运河重镇塘栖，与一位历史人物张士诚有关。张士诚疏凿京杭大运河杭州段，将南宋以前的运河水道线，从杭州—东新关—临平—长安—崇福—石门—嘉兴—王江泾改为杭州—北新关—武林头—塘栖—崇福。自此塘栖一跃成为京杭大运河的漕运重镇、商业都会。康熙、乾隆、嘉庆帝南巡，都曾驻跸塘栖，至今塘栖还有乾隆行宫。

塘栖古镇浓缩了千年历史，鼎盛时期有“三十六爿半桥”“七十二条半弄”，著名的京杭大运河穿镇而过，使其成为苏、沪、嘉、湖的水路要津。历朝历代以来，塘栖均为杭州市的水上门户，凭借大运河的舟楫之利，商贾云集，明清时贵为“江南十大名镇”之首。清乾隆十六年（1751年），乾隆帝弘历首次南巡时，沿运河南下至有“天下粮仓”之称的塘栖古镇，赏风月，觅古迹，见国泰民安、财政充裕、民风淳朴，即在塘栖召集江、浙、皖官员颁发免税御旨，因此在乾隆帝颁御旨地矗立御碑。

明清两代定鼎燕京，岁输浙江漕米以充军国之需，著位定额，有正兑米，有改兑米，正兑入京仓、改兑入通仓。清光绪二十五年（1899年）《浙江通志·漕运》载："（清代）浙江岁额正兑米陆拾万石，改兑米叁万石，加耗肆斗；又改米贰拾伍万贰千石内，改折灰石正米壹万叁千叁百贰拾叁石柒斗，耗米伍千叁百贰拾石肆斗捌升。每石折银壹两贰钱，该银贰万贰千叁百捌拾叁两捌钱壹分陆厘……。以上共征正兑，改兑漕粮正耗米捌拾陆万叁千叁百肆拾陆石捌斗贰升，内遇闰共减征正耗米叁百陆拾叁石伍斗捌升。"

其实，每府每县岁额均有定规，清光绪二十五年（1899年）《浙江通志·漕运》载："杭州府钱塘县漕粮正耗米贰万肆百伍拾伍石捌斗叁升肆合，遇闰减征米捌石陆斗壹升；仁和县漕粮正耗米肆万陆千玖百玖拾贰石伍升，遇到闰减征米壹拾玖石柒斗叁升伍合捌勺。现今杭州所属清代严州府淳安县额征本折月粮减贡，共银玖百陆拾壹两壹钱陆分壹厘玖毫陆丝捌忽叁微伍尘，遇闰加征粮陆拾叁两贰钱捌分玖厘；绍兴府萧山县额征折色月粮减贡，共银陆千肆百肆拾肆两柒钱陆厘捌毫壹丝肆忽陆微玖渺陆漠伍埃捌纤玖沙。"

古籍记载的漕粮漕银额征极为规范详尽，漕粮的征收单位有石、米、升、勺，漕银从两、钱、分、厘至毫、丝、忽、微、尘、渺、漠、埃、纤、沙，细微至致，若不查古籍，都让人难以置信。

因为京杭大运河的滞阻，海运风险大，清代也允许以钱两抵交漕粮，故乾隆免税御碑中提及的江苏、安徽两者拖欠均为地丁银两。

乾隆御碑记录了清乾隆十六年（1751年）皇帝南巡时表彰浙江积极缴税的事件，为研究清代田赋漕粮制度提供了实物例证，也是清朝乾隆皇帝下江南到过塘栖镇最直接、最有力的证据，具有较高的历史价值。

传承：减赋利民强国

乾隆御碑是清朝减免税赋的真实写照，折射了康乾时期皇帝蠲赋养民、民足国富的治税思想。这块屹立于京杭大运河畔的古碑，是一封乾隆留在塘栖的表扬信，表彰浙江官民敬事急公、好义尚德、民风淳朴。同时，它更是惠民利民的实证。尤其是御碑中写道：浙江省历年来没有拖欠赋税的事情发生，表明浙江省官员与百姓们对赋税征缴的重视，因此乾隆特将当年应该征缴的地丁税减免30万两，以示鼓励，希望大家向浙江学习。这既反映出当时浙江官民积极按照规定的标准缴纳赋税，也体现了清朝政府通过放宽赋税要求，减轻百姓负担，树立正面典型，发挥正向激励作用的思想。

事实上，减免赋税、造福于民，历来是社会兴旺、时代进步的标志，也是古今通行的惠民政策和利民做法。我国历史上出台的减税降费政策并不鲜见，尤其是“文景之治”“贞观之治”“开元盛世”“康乾盛世”等的出现，都与政府施行减税降费政策有着密不可分的关系。由古至今，随着经济的恢复、发展和稳定，政府常常都会减轻赋役征发、放宽赋役要求。这既能放水养鱼、藏富于民，又能发展生产、休养生息，老百姓仓廪丰实，自然能够稳定国家财政收入，进而推动形成经济向前发展、社会繁荣昌盛的兴旺局面。正如近年来我国推行的减税降费政策，也是减税富民、涵养税源思想的延续和传承。

作为世界文化遗产中国大运河的重要历史文物，乾隆御碑在塘栖古镇的广济桥不远的御碑亭内被妥善保护。2009年乾隆御碑被列为杭州市文物保护单位，2011年塘栖乾隆御碑与水利通判厅遗址被列为浙江省文物保护单位。那封表扬浙江人民淳朴守信的信，被一字不落地铭刻在石碑上。它见证了京杭大运河悠悠千年舟楫如梭、漕船争雄的历史，也为今人依法依规征税收费、落实落细税费优惠政策留下许多启发与思考……

供稿单位：国家税务总局杭州市临平区税务局

撰 稿 人：楼怡璇

鸣　　谢：中国财税博物馆

参考文献：

[1] 林金木. 运河瑰宝——塘栖乾隆御碑[J]. 农业考古，2007（1）：88-91.

[2]《浙江通志》编纂委员会.浙江通志 · 税务志[M]. 杭州：浙江人民出版社，2020.

[3] 浙江省财政税务志编纂委员会. 浙江省财政税务志[M]. 北京：中华书局，2002.

清代雕漆祝寿屏风

中国财税博物馆藏有一件制作于清乾隆二十六年（1761年）的雕漆祝寿屏风。屏风是福建乡绅谢储贵的亲友和弟子门生为恭祝他七十大寿而送的贺礼。屏风正面以刻灰手法展现了气势恢宏的郭子仪祝寿场面。屏风背面通体髹红漆，中心以金漆雕填长篇祝寿文，简略回顾了谢储贵学而优则商的人生经历，并高度评价了他发家致富后不忘乡党、造福桑梓且以诗书传家的事迹。祝寿文的作者是清乾隆时期著名的漕运总督杨锡绂。大运河漕运在国家税收体系中占有举足轻重的地位，杨锡绂清正廉洁、政声卓著，是清代漕运兴盛时期的代表人物。

留在祝寿屏风上的清漕运总督

——清乾隆二十六年（1761年）雕漆祝寿屏风

乾隆年间，正是清朝的鼎盛时期。乾隆二十六年(1761年)，福建龙岩的一批官员、乡绅和士子们，正在商议一件乡里的大事。

一件特殊的生日礼物

这一年，龙岩本地的谢储贵将迎来七十大寿。谢储贵世居龙岩，据说是东晋太傅谢安的后裔。他出身读书人，一度担任州学正，后来转而从商。他经商的范围在处州象湖一带。发家致富后，谢老先生不忘乡里，热心公益，是一位极受人尊敬的长者。他的大寿，该送一份什么样的礼物呢？地方官绅名宿们几经斟酌，送出的礼物隆重、珍贵而特别：一件工艺精绝、雕填长篇金漆祝寿文的款彩漆屏风。

如今，这件礼物几经辗转，保存在京杭大运河最南端的城市——杭州的中国财税博物馆里。

屏风高2.95米，共12扇，每扇宽约0.5米。其中一扇中间曾折断，征集时已修复，基本不影响外观。另有两扇屏风的足曾脱落，略加修复。屏风以杉木作为板材，髹黑漆，光泽犹存，局部有蛇腹状断纹，整体保存状况良好。

正面屏心装饰祝寿图通景画，以刻灰手法雕填彩绘树木花卉、亭台楼阁、人物旗帜等，展现了气势恢宏的郭子仪祝寿场面。祝寿图布局紧凑，人物安排妥当，形象生动，186个人物精雕细刻，栩栩如生。武将脸部的根根髭须、身上盔甲的层层甲片、文官胸前补子的细密花纹，纤毫毕现；亭台、楼阁、山石、树木错落其间，精美绝伦。整幅作品体现出对题材良好的驾驭能力，具有极高的艺术水准。屏心祝寿图以外，有一圈小图做装饰，上层以诗文小品与花卉、博古盆景相间隔分布，底部描绘的内容包括鼎彝古器、文房陈设、香花瑞果、折枝花果、盆景灵兽等各式宝物，左右两边为开光诗文小品与松鹤童子老人图交错对称装饰。屏心大图与周围装饰小图之间以50条夔龙组成的装饰花纹带间隔。屏风最边缘一周还有缠枝花卉纹为饰。

屏风背面通体髹红漆，屏心以金漆雕填长篇祝寿文，其外装饰一周以珍禽异兽、四季花卉为主题的辅图，祝寿文和辅图之间有一周夔龙纹。最外层装饰带由96个形体各异的寿字和左右对称的一副祝寿联组成。祝寿文作于乾隆二十六年（1761年），从论述德、福、寿三者的关系入手，简略回顾了谢储贵学而优则商的人生经历，并高度评价了他发家致富后不忘乡党，造福桑梓并以诗书传家的事迹。

整个屏风色彩绚烂，两面主题纹饰和边饰层次分明。从祝寿文的书写时间算起，直至今天，两个半世纪的时光流淌而逝，祝寿文的内容为我们定格了一位年过七旬、四世同堂、商而优则以诗礼传家的乡绅形象。这篇祝寿文字出自在清代漕运史上赫赫有名的漕运总督杨锡绂之手。

大运河、税收和漕运总督

晚清政治家康有为说:“漕运之制，为中国大政。”自隋代联通大运河以来，漕运就成为封建国家之血脉，对于维持中央政府政治、军事、经济的运转有巨大的意义。大运河作为漕运干线，在我国税粮运输史上占据重要地位。到了清代，漕政设专官管理，分工明确、布局合理、奖惩有法，已经形成一套完善的漕运制度和体系。管理国家漕运事务的最高官员——漕运总督，正是这个漕运系统的核心。

漕运总督又称总漕、漕督或漕帅，最早设立于明景泰二年(1451年)，除掌管漕运外，还负责其辖地的民政、财政、水利、刑事、军事与盐课，功能类似地方上的巡抚与总督。清朝于顺治二年(1645年)复设漕运总督，但职能更趋于集中，长驻淮安，全权负责宏观调控国家漕运中的粮、船、丁，统筹直隶、山东、河南等七省的税粮征收及漕船入京事务，下辖漕标营将领、督粮道、管粮同知、押运通判等官员，管理税粮征兑、运丁检选、漕船修造、漕粮入仓、查验回空、催攒漕欠等各项事务。漕运总督为正二品或从一品，与仓场总督、河道总督以及地方督抚一起担负着部分仓储、河道、盐政、屯田、赈济、军事事务，在清代国家行政体制上的位置异常重要。

与一般田赋不同，清代漕粮被视为“天庾正供”，“不蠲不赦”。清代每年漕粮总额，基本上稳定在四百万石。漕粮征收名目繁多，大体上可分为正兑、改兑、白粮、改征、折征等五大类。正兑指有漕省份按规定直接运输到京仓的税粮。据《清史稿》记载，乾隆十八年（1753年）实征正兑粮二百七十五万石，占漕粮总额的68.8%。改兑指有漕各省按规定运至通州仓的税粮，乾隆十五年（1750年）实征五十万石有余，占漕粮总额的12.5%。以上两项，占漕粮总额近81.3%，以征米为主，在河南、山东两省也征小麦和黑豆。白粮则是征收自苏州、松江、常州、太仓、嘉兴、湖州等六府的糯米，征收数不过十万石有余，仅占总额的2.5%。改征则没有一定的成规，根据皇帝的特旨临时改变对某地征收的种类和数额。折征指因灾害无法对某地征收本色实物，或者离水道较远的县份运输不便，将原征的漕粮实物折成银钱交纳。

除了完纳漕粮正额之外，粮户还必须承担漕粮运输过程中的沿途损耗以及对京、通各仓损耗的补偿，称为随漕正耗，又称随正耗米，简称加耗。其中，运往京仓的正兑米一石，加耗二斗五升至四斗不等，运往通州的改兑米一石，加耗一斗七升至三斗不等。这种官定的加耗率，已经高至30%至40%，实际操作中加耗日增，江浙、两湖有每石加耗至七斗六升的，比官定加耗率高出1倍。

漕粮运输是清代一项重要经济活动，也是清朝政府一项重要的财政与税收制度，因此，整个清代对漕政官员的设置、考核、任免都非常重视，选任的漕运总督多为精明练达之人，杨锡绂正是其中之一。

一位政声卓著的漕运总督

杨锡绂（1701—1768年），字方来，号兰畹，江西樟树人。清雍正五年（1727年）进士，历任多个要职，乾隆二十二年（1757年）起任漕运总督，直至乾隆三十三年（1768年）病故。杨锡绂前后执掌漕运十余年，为朝廷所倚重。

杨锡绂供职勤勉，注重对漕河的实地考察。例如，他在实地调研后提出，四、五月间正是南方运粮重船北上之时，应注意掌握沿途水闸放水流量，要合理利用微山湖调节运河水位的功能。他在多篇书札中，针对河运中出现的困难，筹划了切实可行的解决办法。因此，他去世之后，乾隆赐谥 “勤慤”，评价他踏实、勤勉不倦的行政作风。

杨锡绂治理漕运谋虑宏远。自清初以来，漕运总督更换频繁。这一点，杨锡绂是清楚的。但他规划漕运并不局限于个人任期之内，而是从长远着想。乾隆三十一年（1766年），在他担任漕运总督十年以后，杨锡绂投入极大精力编成20卷《漕运则例纂》。该书综理清初以来朝廷关于漕运的法令，总结多年积累的经验，删繁归简，补缺求详，是清代漕运法令的集大成者。后经继任者黄登贤奏请刊行，颁发至涉漕八省有关衙门，使后继者办理漕运有法可依，有章可循。

除了处理漕运实务、制定漕运法规，杨锡绂非常关注民生，注意消除漕运各个环节中加重民众负担的积弊。当朝廷和民众的利益相抵触时，他常能以民生为重。他的多篇奏疏都涉及报告运丁苦况、请求减轻其负担。

杨锡绂在漕督任内，将其书斋题为“明志居”，并在《明志居偶笔》中写道：“人是生下来的，官是朝廷与我的。有不做官之时，无不做人之时。若因做官而坏人品，颠倒甚矣”。杨锡绂认为，立德是为人之本、毕生之事，禄位则是身外之物、一时之得。史书记载杨锡绂“为人宽宏乐易，待人以恕”，日常生活中“自守极严，平生于声色货利一无所好”。属吏私下以人参相馈，他严词拒绝。乾隆皇帝比照东汉名儒杨震的故事，夸赞他 “真不愧四知者”。杨锡绂亦以“四知”为堂名及文集名，以此自警。他认为，身在仕途，既不可受人恩惠，也不可有求于人，否则将无法廉洁自持。

在家风家教方面，杨锡绂注意以恭俭齐家。其妻聂氏性甘淡薄，平居衣着朴素，饮食喜家常菜，儿孙辈亦不令衣罗绮。杨锡绂后半生官运亨通，俸禄相当优厚，却无意积聚家资，平素乐于接济贫困亲族乡邻，以至于历官40年“未尝积一钱”。

行文至此，我们不禁好奇，杨锡绂，江西人，一个常驻淮安的漕运总督；谢储贵，福建龙岩人，一个读书人出身转而经商的乡绅。两人如何因缘际会，因一件祝寿屏风而产生关联？这和明代中后期开始流行的祝寿之风以及应运而生的寿序创作密不可分。寿序，即祝寿文，大多应寿主的亲友或弟子门生请托而作，创作者与寿主往往素昧平生，大多根据辗转听闻的寿主言行进行创作。龙岩的官绅士子们，请杨锡绂这样一位清廉自守、政声颇佳的重臣，为一个年届古稀、德高望重的乡贤撰写祝寿文，正是相得益彰——看着祝寿文尾部密密麻麻的参与筹办寿礼的人员名单，我们大概可以这样揣测他们心里所想。

今天，站在中国财税博物馆珍藏的这件款彩屏风前面，我们耳畔仿佛响起一首民谣：

运河水，万里长，
千船万船运皇粮；
漕米堆满舱，漕夫饿断肠；
有姑娘谁也不嫁摇船郎……

不知勤勉干练、政声颇著的漕运总督杨锡绂是否曾经也听到过？他担任漕运总督多年，当年也曾经感叹漕运“锢弊难除”，但是，他无论如何也想象不到，在他身后100年的光景，随着黄河改道北徙，山东境内运河水源枯竭，大运河逐段淤塞，不能通航，渐渐变成了一条死河。因为运输不便，国家对税粮改折的力度越来越大。道光、咸丰年间，湖北、湖南、江西、安徽、河南五省陆续停漕，光绪二十七年（1901年）税粮全部改折。光绪三十一年（1905年），存续了260年漕运总督一职裁撤，和漕运一起隐入历史，消失在轮船、火车等近代交通工具扬起的尘埃中。

供稿单位：中国财税博物馆
撰 稿 人：陈　阳

参考文献：

［1］王世襄，朱家溍. 中国美术全集：工艺美术编，8漆器［M］. 北京：文物出版社，1989.

［2］梁白. 南京博物院藏宝录［M］. 上海：上海文艺出版社，1992.

［3］朱家溍. 故宫博物院藏文物珍品大系：明清家具（下）［M］. 上海：上海科学技术出版社，2002.

［4］赵前. 明代版刻图典［M］. 北京：文物出版社，2008.

［5］何良俊. 四友斋丛说（元明史料笔记）/历代史料笔记丛刊：卷三十四［M］. 北京：中华书局出版社，1959.

［6］重田德. 清代社会经济史研究［M］. 东京：岩波书店，1975.

乾隆年间禁收落地税告示碑

江苏省新沂市窑湾镇，保存着一块立于乾隆二十六年（1761年）禁止征收落地税的告示碑。该碑高137厘米、宽52厘米，碑额题写着“德遍恩会”4个大空心篆字，碑文为正楷，右起竖排，共13行464字，详细记述了清初在正税之外开征杂税“落地税”以及从雍正十三年（1735年）起，禁止乡镇村落征收“落地税”的史实。该碑现立于窑湾镇民俗史话馆内。

清朝前期税收征管的见证

——清乾隆年间禁收落地税告示碑

江苏省新沂市窑湾镇位于京杭大运河的黄金分割点上，自古就有“东望与海、南瞰淮泗、西顾彭城、北瞻泰岱”之描述。清朝时期，这里“日过桅帆千杆，夜泊舟船十里”，是南北漕粮运输和海州盐运之要津。山西、安徽、河南、山东等8省在此建立了庄重宏伟的商业会馆，还有美、英、法、俄等10多个国家的商人和传教士在此建商号、教堂，美孚石油公司、亚细亚石油公司也落户该镇。当时，该镇拥有10条街道和1条回族街，有360余家店铺、13家钱庄和2家当铺，是苏北著名的商业重镇。

疏浚运河重见碑

据该镇志记载，乾隆二十六年（1761年）时任知县在大运河窑湾码头渡口边上，立下一块该镇禁止征收落地税的告示碑，晓谕全镇商民，严格遵照执行。后因洪水冲刷河堤而滑落河底，20世纪70年代，在疏浚大运河河道时，将其重新打捞上岸，先是收藏在窑湾镇政府中，后来随着该镇加强古镇历史文化保护和旅游开发，该碑被立在了窑湾民俗史话馆内，供游人参观，以重温古镇那段历经沧桑的税收历史。

清朝前期，这里同其他商业城镇一样，在正税之外，又征杂税“落地税”。据《清文献通考·国用考》记载，清朝前期财政收入的主要来源是田赋、盐税和关税（内地关税），分别占财政总收入的75%、10%、12%左右，杂税收入占比不到4%。康熙前期，年财政收入为白银2800万两左右，但维护国家稳定、平定叛乱的军费支出巨大，如历经8年平定“三藩之乱”、断续8年平定噶尔丹叛乱等，每年“兵饷增至二千四百万两”，财政处于极度困难的窘境。于是，康熙压低官俸和公费支出，七品官年俸银仅45两，禄米45斛（10斗为1斛），县衙年办公经费也只有15两银，公私开支都捉襟见肘，办公经费无以维持政府正常运转。于是，朝廷便默许地方州县在正税之外征收一些杂税以弥补办公经费不足，落地税等杂税应运而生。据《清文献通考·征榷考》记载，落地税起初是商人购得货物后，到店铺出售时所征的杂税，全国无统一税法，由地方官吏随时酌收，不上缴国库，留作地方公费。后来发展为无所不征、无处不征，极为扰民。“各地方官征收落地税银，交公者甚少，所有盈余，皆入私囊，雍正三年，……广西梧州一年收税银四五万两不等，止解正项银一万一千八百两。”治政严厉的雍正执政后，财政状况好转，为了缓和社会矛盾，大刀阔斧进行了一系列革新除弊的税制改革。雍正元年（1723年），开始大力推广“摊丁入亩”；雍正二年（1724年），实行“火耗归公”改革；雍正十三年（1735年）又下诏：除府州县城内人口稠密、贸易众多，且官员易于监督的地方可照旧征收落地税外，乡镇村落一律禁止征收。雍正的税制改革成效显著，但到了乾隆前期，监督松弛，有些乡镇又在变相征收落地税，窑湾镇乱征税现象也时有反弹，商民群起反对、举报。于是，乾隆二十六年（1761年）宿迁知县就在该镇立下了禁收落地税告示碑。

立碑禁收落地税

清朝时，窑湾镇隶属宿迁县、邳县两县管辖，主要商业区归属宿迁县。时至今日，窑湾镇内仍有两县分界线遗址——宿邳界牌楼“界牌口”的地名。当时，无论是从邳县码头顺运河南下，还是从宿迁运河码头北上，正常情况下到窑湾都是一日水程，而当时大运河只能在白天行船，夜间要靠岸休息。因此，当地至今还流传着“船到窑湾口，顺风也不走”之说。船家商贾夜泊窑湾，天明起航，起航前要采购必备的生活物资，这也催生了该镇半夜开张，天明罢市的“夜猫子集”。窑湾流传着“梆打三更满街灯，恭候宾客脚步声。四更五更买卖盛，十里能闻市朝声”的民谣，足以说明“夜猫子集”的盛况。夜市上也穿梭着税吏的身影，然而，夜幕下更容易出现巧立名目乱收税的现象。当时，窑湾镇作为大运河上的重镇，商业繁荣远远超过了周边的县城，但按照雍正圣谕，镇及乡村是禁收落地税的。为了严格执行这一政策，时任江南（江苏）省徐州府宿迁县知县王坤元，这位严格执法曾被朝廷考核加三级奖励的官员，就在该镇大运河码头立下了这块税务告示碑。该碑全文如下：

江南徐州府宿迁县正堂加三级王

为再行禁革以杜滋浸事照

窑湾向有落地税银，已经前任傅援例厘剔在案，不意税役。王陛凝希蒙混，禀已加惩责尔，商民各安尔业。

查得乾隆十九年前任

钦奉雍正十三年

上谕：各省地方于关税外，更有落地税之名，凡耰锄、箕帚、薪炭、鱼虾、蔬菜、果品、杂货、布匹、竹木等类，所值无几，必查明上税，方许交易。且贩自东市即以纳锞，西市又复重征。至于乡村僻远之地，有司耳目所不及，或差胥役征收，或令牙行总缴，其交官甚微，不过饱奸民猾吏之私橐，而细民重受扰矣，着通行内外各乡。凡镇市落地税银，其府州县城内，人烟辏集，贸易众多，且官员易于稽查者，照旧征收，但不许额外苛索，亦不许重复缴收。若在乡镇村落，则全行禁革等因在案。况窑湾又离城百里，稽察一有不周，弊窦难察屈指。全行出示永禁，已刻木榜，法严词详，兹无庸多赘。第恐日久弊生，税役复滋扰累合，再严行禁革。仰该镇军民人等知悉，嗣后倘有玩法之徒，借称税役名色，违禁派收，扰累商民者，许即指名禀究，议凭重惩。如敢徇隐通伺不报者，或经察出，断不姑宽，各宜禀遵。再者，木榜易于朽败，勒石可以垂久。然又非敢自谓厘奸剔弊，以邀士人之誉实，有鉴于奸民猾吏以重累商民。爰镌诸贞珉，庶可永遵之尔。

旹　乾隆二十六年三月二十五日

窑湾口合镇商民遵示公立

“照”类似今天的通知、通告文体，“为再行禁革以杜滋浸事照”，严肃指出了窑湾镇一向征收落地税，前任知县傅果［正黄旗人，乾隆十八年（1753年）任宿迁知县，乾隆二十四年（1759年)离任］于乾隆十九年（1754年）按雍正十三年(1735年）圣谕进行了整治，不得随意征收落地税。地方官吏王陛凝蒙混上级乱征落地税，已被惩治，商民安居乐业。考虑到窑湾离宿迁县城百余里，稽察一有不周，乱征税的弊端就会再生，于是向各行业公布了永禁征收落地税的圣旨，还将其刻于木匾之上，晓谕商民，如有违禁派收者，要及时举报，严加惩处。

可是，到了乾隆二十四年（1759年）宿迁知县傅果调离后，不法胥吏又乘机继续在窑湾码头、集市上巧立名目收取落地税，一时间落地税死灰复燃，扰害一方。窑湾镇广大商民据实向新任宿迁知县王坤元禀报，请求官府彻底禁革杜绝征收落地税，维护窑湾商民利益。于是知县王坤元会同窑湾镇商民，将雍正十三年（1735年）圣谕规定的有关精神，以立碑方式，再次向社会重申公布，让后人永远遵守，永禁落地税的征收。同时强调如再有乱征落地税现象，一经发现，严惩不贷。“仰该镇军民人等知悉，嗣后倘有玩法之徒，借（假借）称税役名色，违禁派收，扰累商民者，许即指名禀究，议凭重惩。”“木榜易于朽败，勒（刻）石可以垂久。然又非敢自谓厘（治）奸剔（除）弊，以邀士人之誊（写）实（放置），有鉴于奸民猾吏以重累商民。爰（于是）镌（刻）诸贞珉（石碑），庶（百姓）可永遵之尔。”落款是“旹（时）乾隆二十六年三月二十五日，窑湾口合（全）镇商民遵示公立”。

这段言简意赅颇具震慑力的告示，体现了知县王坤元对整治窑湾乱征落地税的决心，并表示不是自己说已经清除积弊就算完成了，同时，邀请地方士绅研究将禁收落地税的有关条规写详写实，并刊刻在石碑上，立于渡口处，让广大百姓都知晓，共同监督执行，确保朝廷恤商政策的落实，体现了地方政府严格执行税收政策的决心。

规范管理保繁荣

大运河使窑湾南北融汇、东西兼容。因此，窑湾商民见多识广、坦荡睿智，他们善于经营，同时又具有依法纳税意识。当地有句俗语叫“窑湾人难缠”，意思是说窑湾人不好忽悠，事事都要有根有据。正是由于该镇商民这种“认死理”的民风，使该镇长期保持着规范有序的税收管理环境，其以后又保持了一个多世纪的商业繁荣。直至民国时期，窑湾镇会馆、店铺、钱庄、当铺、茶馆等建筑林立，一派大都市的景象。外国的汽艇、国内的小货轮在窑湾码头来往穿梭，街道人流如织，有“苏北小上海”之称，是苏鲁豫皖地区屈指可数的商业重镇。《邳志补》（民国初年版）对该镇市景这样记述：“窑湾邳宿错壤，绾毂（扼制）津要，一巨镇也。昔者漕艘停泊，帆樯林立，通阛（街）带阓（市），百货殷赈，奉使过客之往来，或舟或车，胥宿顿焉，繁富甲两邑，大腹贾辇金而腰玉，倚市之女弹筝跕屣，有扬镇余风。” 据此可见当时的窑湾，在邳县、宿迁两县繁盛富足名列前茅，鼎盛时期镇上有居民3万余人，流动人口达1.5万。1938年11月日军侵占该镇前，300余名富商南撤，从此古镇走向衰败。

窑湾镇保持两个多世纪的商业繁荣，有其得天独厚的大运河交通优势，但也离不开地方政府规范有序的税收管理，现存的乾隆年间禁收落地税告示碑，虽然经历了260余年的风霜雪雨，但多数字迹仍可辨认，给我们提供了穿越时空的隧道，深入了解清朝前期税收管理制度珍贵的实物史料，也进一步印证了古往今来经济发展与规范管理相辅相成的这一事实，给新时代的税收征管工作提供了难得的历史借鉴。

供稿单位：国家税务总局新沂市税务局
撰 稿 人：伏 杰

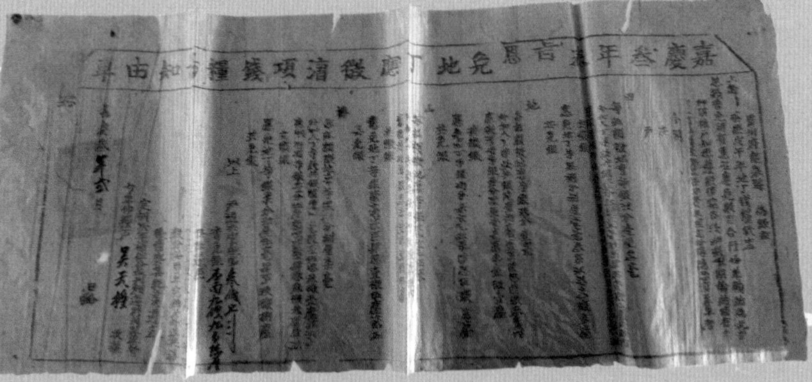
嘉慶叄年奉旨恩免地丁應徵漕項錢糧易知由單

清嘉庆三年（1798年）奉旨恩免地丁应征漕项钱粮易知由单

易知由单即古代的纳税通知单，一般在开征前颁发给纳税户，使其知晓应纳的款项和期限，在赋役征收过程中，易知由单的功能在于让纳税户清楚自己应交的赋役数额，以便杜绝横征私派之弊。

此件藏品是清嘉庆三年（1798年）浙江处州府龙泉县颁发给粮户吴天授的漕项钱粮易知由单，具体事项为缴纳戊午年地丁钱粮，具体科则分为田、地、山、塘四部分，先开亩数，后开每项分别应征免征数。它是研究清初至中叶田赋征银、漕项钱粮征收、赋税减免等不可或缺的实物资料。

从官府文书中探究清朝前期漕项钱粮蠲免

——清嘉庆三年（1798年）奉旨恩免地丁应征漕项钱粮易知由单

在北京税务博物馆藏品中，有一件清代“嘉庆三年奉旨恩免地丁应征漕项钱粮易知由单”。此份单书内容翔实，不仅描述了浙江处州府应纳漕粮田赋的科则及税额，更包含了清康乾盛世之后赋税蠲免的盛况，是研究清初至中叶田赋征银、漕项钱粮征收、赋税减免等不可或缺的实物资料。下面就让我们跟随这件藏品，从泛黄的纸张、渐褪的文字中探寻那段尘封的历史，走进处州府龙泉县官府看看这份由单背后的故事吧！

赋税工具之易知由单

从字面意思来看，“易知”即简单明白，使人一目了然，“由”就是“是由”“缘由”或一种凭证。故而“易知由单”即是政府发给纳税户征税的通知单，是官府文书的一种，一般在开征前颁发给纳税户，使其知晓应纳的款项和期限，其别称还有“由单”“易知单”“由票”等。其初步形成于宋元，成熟于明清，其推行的核心目的就是防止基层赋税征派组织利用纳税户不清楚自己所纳赋役税额而横征私派之弊。颁发由单是赋役征收具体操作流程中最重要的一环，是政府为了更好地完成赋税征收任务而推行的一种重要的票单制度，但它并不是孤立存在的，而是与其他的票单册籍制度相配合。

北京税务博物馆所藏此份易知由单，形成于清嘉庆三年（1798年），属于清朝中期的珍贵文物。由单的发展经历了康熙时期的鼎盛，但随着由单刊入的款项越来越多，弊病丛生，为此中央曾一度废止。这份“嘉庆三年奉旨恩免地丁应征漕项钱粮易知由单”是由浙江处州府龙泉县颁发的，时间为该年的二月份，涉及赋税钱粮条款部分的内容复杂，纸张篇幅也占据较多，但其特殊之处在于其内容涉及蠲免。将蠲免地丁之数刊于由单上，始于乾隆十年（1745年），《钦定户部漕运全书》记载，“令州县遇有蠲免地丁之年，将蠲免地丁钱粮之内，应征漕项每亩若干，逐细覆明，另款开入易知单内，照数征收”。此份蠲免钱粮与由单合并刊颁具有积极的意义，是清代由单的特例，在一定程度上避免了钱粮征收在前，奉蠲在后的行为。

此份由单内容首先标明了颁发的机关“处州府龙泉县”和具体事项“戊午年地丁钱粮钦”，并说明了颁发缘由“恩给普免所有应征应免数目合行补单输纳为此单”，意在告两户纳税人知悉后“开各亩细数按期输纳”“毋得隐忍”。其后是具体纳税科则，分为田、地、山、塘四部分征收，先开亩数，后开每项分别征收银数，合计该户总共应征应免的地丁漕项银数“以上户通共实征银三钱七分 实免银一两九钱九分六厘”。再随后也写明了具体要求为“凭核单数查填应免应征定数分给照单完纳此外并无浮征□□其耗羡遵奉定例次年补征合并刊颁”，亦即由单发放的目的。最后是颁发的粮户吴天授，颁发由单的时间为清嘉庆三年（1798年）二月，盖有红色印章，但印章内容无从考证，应为处州府或龙泉县官府印章。

办漕经费之漕项钱粮

从标题上我们可以得知此份由单是为了征收地丁漕项钱粮而发。清朝将丁税平均摊入田赋中，征收统一的地丁银。此外，清代除向有漕省份（山东、河南、江苏、浙江、安徽、江西、湖南、湖北）征收白正米、耗米外，还随漕征收漕项。漕项与地丁、漕粮、盐课等均被视为国家正项钱粮。“漕项钱粮”一词最早见于康熙年间制定的“各省漕项钱粮”奏销制度。乾隆年间的《浙江通志》称，清初浙江漕米有正兑米、改兑米、白粮、漕项等，其中漕项被解释为“用以征银解部而备转输诸费也”。这也是“以漕办漕”思想的集中体现，《大清会典事例》记载“向来各省漕运章程，皆系以漕办漕，止有以赢余漕项报部候拨之案，从无以司库存款（地丁银）提办漕务之案”　。

随漕征收的漕项也有折色和本色之分，折色部分称之为漕项银，本色部分一般称为漕项米（粮），故漕项统称为漕项钱粮。从康熙年间开始漕项多系折色，其征收方式为在漕粮基础上按照一定比例加征田赋。根据《大清会典》《户部则例》《漕运全书》的记载，漕项钱粮的条目构成大致可归纳为轻赍、席木、行月、赠贴等项。

漕项钱粮的征收同地丁田赋一样，也分上下两忙，由有漕州县征解各省粮道库，再由粮道按定额分别处置，或直接交付运军，或上交中央，作为办漕经费。此份易知由单由浙江泉州府颁发，浙江作为漕粮大省，其主要在杭州府、嘉兴府、湖州府征收漕粮，处州府位于今天的丽水市，距大运河稍远，故而此时应不征实物漕粮，统征地丁田赋及漕项银。

皇恩浩荡之钱粮蠲免

由上可知，处州府泉州县粮户吴天授在戊午年应征应免数目均列在由单之上，使其知悉的同时也必须遵照按期输纳，我们重点分析应征蠲免的部分。

“田有肥硗，赋有轻重”，故而分田、地、山、塘不同科则，但应征田赋的变化主要与国家的田赋蠲免政策相关。所谓蠲免，一般指官府减少税赋征收的措施，包括减免赋税、徭役等，即所谓的“轻征薄敛”。蠲免赋税在清代尤其盛行，清代厚蠲，每以蠲免为市恩之具，据学者统计，清代平均每年免灾蠲银六十四万九仟九佰二十五两。李文治、江太新《清代漕运》称“州县因遭受灾荒收成歉薄而免征漕粮为蠲免” 。

但漕粮、漕项与地丁不同，根据《清高宗实录》记载，遇灾从无蠲免之例，即使偶有蠲免，乃是特恩。故而漕项银在执行上一般是因灾分年带征，或按分数蠲免，但必须临时请旨，如康熙九年（1670年）规定灾过重州县经该省督抚查实提准得分年带征。所谓“带征”，指的是由于天灾兵灾，当年漕粮无法征解，缓俟下年或分数年征的谓之“缓征”，也叫下年带征。

除因灾外，国家对粮户积欠漕粮及漕项银两有时也进行蠲免，这里还包括普免，如嘉庆四年（1799年）曾下令普免钱粮60年以前各省积欠缓征地漕。北京税务博物馆藏的此份“嘉庆三年奉旨恩免地丁应征漕项钱粮易知由单”应为普免，因为此时处州府并无灾荒等记载。易知由单上面还列明定例次年补征合并刊颁，故也有类似如缓征、带征之意。

综上，此份“嘉庆三年奉旨恩免地丁应征漕项钱粮易知由单”，不仅仅具有简要的纳税通知书的意义，更是研究清代赋役制度，包括地丁银和大运河漕运、漕粮输纳及随之而来的漕项银征收等的重要史料，是北京税务博物馆珍贵藏品之一。

供稿单位：北京税务博物馆
撰 稿 人：张丽荣

参考资料：

［1］赵尔巽，等. 清史稿［M］. 北京：中华书局，1977.
［2］李文治，江太新. 清代漕运［M］. 北京：中华书局，1995.
［3］晏爱红.“漕项”考释［J］. 中国史研究，2014（1）：149-176.
［4］陈锋. 清代“康乾盛世”时期的田赋蠲免［J］. 中国史研究，2008（4）：131-144.

“重修金滩镇浮桥碑记”碑

“重修金滩镇浮桥碑记”碑原址位于河北省邯郸市大名县金滩镇西卫河东岸，该碑记述了清道光十四年（1834年）乡绅集资在卫河上重修了一座浮桥之功德，原有的小桥因年久失修损坏严重不能使用,给两岸居民带来诸多不便,两村乡绅集资在河上重修了一座浮桥并立碑建亭于桥附近。它为研究大运河文化提供了实物见证，该碑于1996年迁入大名县石刻博物馆。

金滩古韵：石碑铭刻的兴衰印记

金滩镇，一座历史悠久的古镇，历经时光流转、岁月变迁。在镇内卫河之上，横跨着一座古老的浮桥，它承载着金滩镇的历史与文化，也见证了这座古镇的繁荣与衰败。而今，一块青石碑静静地矗立，镌刻着浮桥的历史与重修的经过。它像是一位岁月的诉说者，用沉默的语言向我们讲述着金滩镇与浮桥的故事。

岁月流转：青石初现

大名县石刻博物馆收藏了众多石碑，“重修金滩镇浮桥碑记”碑是馆内保存较好的四面碑之一，经历了190余年风霜雨雪，碑身上的字迹仍旧清晰可辨。

该碑标题竖式右读：重修金滩镇浮桥碑记。碑文竖式右读，全文为：

金滩镇去府城东北三十五里而遥地当孔道临大河直接燕豫横连齐晋为往来

仕宦行商水陆通衢诚南北帆樯之咽喉东西输蹄之冲要而我元邑之重镇也此地无桥何以惠行旅此地有桥何以利舟楫此非造舟□桥以时求启闭其间势不□使舟车两便。则浮桥之设乌能已已然事莫难于创始尤莫难于图终创始之难攻木攻金需人甚伙时难在鸠工为柵为柁用物亡算则难在庀材任怨任劳责任匪轻则难在董事至若图终之难与创始等加之规模较大措置较精周繊志务长久则经画较艰且巨然则金滩镇浮桥之役非心存利济者期孰能造非力绪前徽者期孰能修兹幸倡修者有人勷助者有力而□当落成之时微同事陶凤清钮子武诸公其谁能胜任而愉快者乎吾见重修之久豫省粮艘临流桥际仅费篙师一□手之□遂皆鱼贯而过既不克稍停而天庾之供籍藉以无缺至东省接济甘饷桥上车马杂沓遥行无□□夏秋之交水阔数十大□鳞火□余船耳而往来过徙如履周道则边檄之军需更以允赖他如村落土著之稠密市廛侨寓之纷呶靡不熙熙而来穰穰而往难□寒溽暑之下无息轨无停趾要莫非重修此桥者至惠泽长也余宰元邑乐观厥成深嘉有其皋之莫敢废也爰儒笔而为之记

该碑文由当时本地的官员所书，除上述文字外，其余三面碑身详细记录了捐赠名册、钱数以及执事人。碑文大意如下：

金滩镇距离府城东北35里远，地处要道，临近大河，直接连接燕豫，横连齐晋，是往来官员和商人水陆交通的要道、南北航行的咽喉、东西运输的冲要之地，也是我们元邑的重镇。

河南省的运粮船只在浮桥边，仅需船夫举手之劳，船只便像鱼一样连贯通过，不会稍有停留。这种高效的过桥方式保证了国家粮食的供应无缺。到了夏秋之交，河水宽阔，船火通明，船只往来如履平地，边疆的军需也得到了保障。另外，这里的村落人口稠密，市井繁华，行人和商贩熙熙攘攘，人来人往，即使在严寒酷暑之下也没有停歇。

透过这些文字，金滩镇当时水运发达、漕粮往来、商船竞渡的景象跃然“碑”上。可以看出，漕运的发达便捷，促进了金滩镇人口聚集，令金滩镇成

为了一个集运粮运货、保障军需为一体的大集镇，为金滩镇的发展注入了活力，成为地区经济命脉的关键所在。

滩头遗梦：漕运盛景

金滩镇原名小滩镇。明朝大理寺卿张卤退休返乡时经过小滩镇，被那里的繁华景象吸引，吟咏出《泊小滩镇》："从此官程水陆分，小滩公署接河滨。田畴弁麦时难稔，旅客帆樯日易曛。魏博提封连四域，汉家转饷急三军。囊中奏牍今犹在，去国匆匆未敢闻。"此诗生动描绘出小滩镇作为一个交通枢纽的繁华景象，水陆交通便捷，商船云集，人流如织。

汉末开凿了白沟，在其湾处设立了渡口。由于小滩镇位于西来北拐的湾处，且有古黄河大凿堤作为天然屏障，这里很快就成了船只的避风港和渡口码头，村子规模逐渐扩大，商贸交易也日益频繁，最终形成了一个集市。

进入魏晋时期，小滩凭借其优越的交通位置，成为水陆交通的要冲。这吸引了南北各地的商人纷纷聚集在此进行商贸活动，小滩的商业因此日渐繁华。

到了隋唐时期，永济渠的开凿进一步提升了小滩的交通地位。河运繁忙，船只往来不绝，商贾云集，使得这里的市镇更加繁荣。小滩逐渐发展成为一个大型集镇，并在这里设立了漕粮东胜仓。《大名县志》记载："小滩镇在郡治东北，相去三十里而遥，户口近万家，水所经道也。"

宋朝时，永济渠更名为御河，其东段迁移到了大名府城中。大名府（包括小滩）被设为陪都北京，小滩作为大名府的重要屏障，其地位更加显著。为了加强防御，开始建设寨墙，逐渐发展成为远近闻名的城堡重镇。

到了明朝，府城遭受水患而西迁艾家口，由于远离了卫河，漕运功能逐渐转向小滩镇。小滩成为大名府的外港和中原地区的商贸重镇，进一步促进了这里的繁华。据村民讲述，每年在金滩镇守冻的船帮人数达到两三千人，镇内的店铺、银号、当铺、车马店、饭馆等近百家，昼夜灯火通明，被人们赞誉为“不夜城”。

经过200多年的发展，清朝时期的小滩水运更加发达，商业繁荣达到了顶峰。遂有“重修金滩镇浮桥碑记”称：“为往来仕宦行商水陆通衢，诚南北帆樯之咽喉，东西输蹄之冲要，而我元邑之重镇也！”在明清时期，每年都有几百万石的漕粮经过金滩镇转运，随后通过卫运河运至天津，最终送达京城。

然而，时光荏苒，金滩镇那古老的码头已然失去了往昔的繁华。尽管如此，透过历史的尘埃，我们仍能从户部分司、山陕会馆等历史遗迹中，窥见那段漕运盛世的辉煌。这些古老的建筑，仿佛时光的见证者，静静地诉说着金滩镇曾经的繁荣与辉煌。

繁华落尽：小滩探古

从汉末因渡口人口聚集到明清漕运进入鼎盛时期，金滩镇从聚到兴，从兴到衰，都与大运河息息相关。漕运促进了经济繁荣，自然也对当地的税收有积极影响。

首先，漕运作为古代政府组织和管理的水路运输方式，主要负责将征收的财物（以粮食为主）运送至京师或指定地点。这一复杂的物流过程需要大量资金与人力资源，从而直接推动了当地经济活动和消费水平的提升，进而促进税收增长。

其次，漕运的繁荣对相关产业如造船、运输和仓储等产生了显著的带动作用。这些相关产业的蓬勃发展，不仅增加了就业机会，也为税收提供了新的增长点。

此外，随着漕运的兴盛，商品交流的频率和范围也不断扩大，市场商品多样化，市场活跃度提升，进而有助于商业税收的增加。永乐年间在金滩镇设户部分司，专司卫河流经大名一带的漕粮兑运、漕税征收，后又增设税课司征收商税，可以看出当地税收活动的活跃性。金滩镇作为漕运历史长达700年的古老小镇，“重修金滩镇浮桥碑记”碑的发现保留，对全方位收集大运河沿岸小镇资料、了解沿岸各地漕运情况具有积极意义。

供稿单位：国家税务总局大名县税务局
撰 稿 人：李雯娜
鸣　　谢：大运河石刻博物馆

参考文献：

［1］兰考县地方史志编纂委员会. 兰考县志［M］. 郑州：中州古籍出版社，1999.

［2］大名县地方志编纂委员会. 大名县志（1979—2005）［M］. 北京：方志出版社，2018.

［3］张建斌. 清代漕运的变迁［J］. 前线，2024（3）：86-89.

［4］石超艺. 明清时期漳河平原段的河道变迁及其与“引漳济运”的关系［J］. 中国历史地理论丛，2006（3）：27-35.

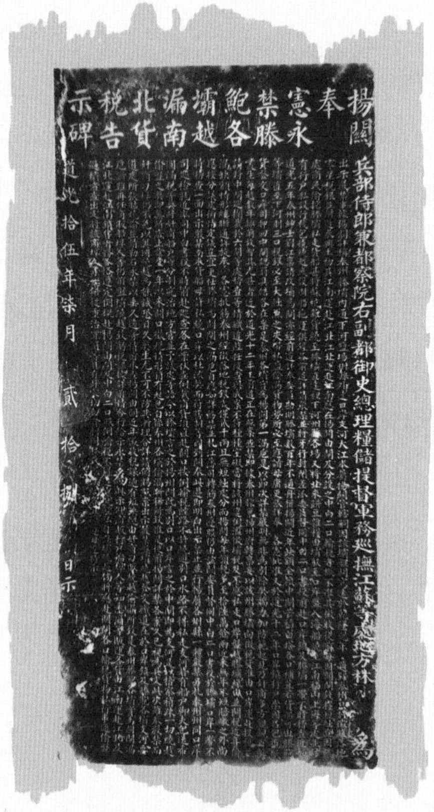

江苏巡抚林则徐所立税务告示碑

清道光十五年（1835年），江苏巡抚林则徐在泰州滕坝立下了这块税务告示碑，碑为长方形白矾石质，高147厘米，宽70厘米，厚20厘米，碑文竖式右读，共22行，每行60字，共1239字，楷书字体，碑的底部中间有一凸榫，此碑还有一个独立的底座，是供碑身嵌入的，其用材也是白矾石质，底座高39厘米，宽93厘米，底部凹槽深度为13厘米，长16厘米，宽20厘米，立碑当初碑身与底座合在一起。1984年，该碑被列为市级文物保护单位，1995年泰州市政府又在滕坝旧址建立了“税碑亭”，原任国家税务总局党组书记、副局长的金鑫题写了“税碑亭”匾额和“税亭春晓”四个大字。2002年该碑被列为江苏省文物保护单位。

加强大运河税收管理的实物佐证

——清代江苏巡抚林则徐所立税务告示碑

林则徐是人们熟知的“虎门销烟”著名的民族英雄，他自清道光十二年（1832年）至道光十六年（1836年）担任江苏巡抚，历时5年多，这在他一生官场任职中，是时间较长的任职。担任江苏巡抚期间，他在泰州立下了这块税务告示碑。作为一位封疆大吏，林则徐为什么会在扬州府下属的泰州滕坝、鲍坝颁布这样一个告示呢？告示的主要内容是什么？起到了什么作用？让我们拂去历史的尘埃，一探究竟。

历史上的扬州钞关

翻开我国关税的历史，明代是关税发展的完备时期，明代钞关制度的建立标志着关税制度进入了一个新阶段。钞关制度的完备，主要是由于大运河沿岸经济的发展。大运河畅通后的商品流通大大促进了明代经济的发展，运河两岸地区是当时经济最为发达的地区，明宣德四年（1429年）朝廷在大运河沿线设立了七大钞关，扬州位于大运河长江北岸的起点，与长江交汇，在京杭大运河中的地理位置非常重要，扬州钞关由户部直接派员征税，到了清代（1723年）才改归各地巡抚管辖。

清代，仍然沿用明代钞关制度，由于经济的发展，常关数量不断增加，到了乾隆年间全国已发展到了35个常关。不仅数量增加，常关税收也比明代钞关税收增加了10多倍。常关税收入占比由清初的4%上升到乾隆时期的11%左右，常关税已成为仅次于田赋、盐税的第三大财政收入，在清代财政中占有重要地位。清前期江苏境内三个常关征收税银情况见表1。

表1　清前期江苏境内三个常关征收税银年均数①

单位：两

年代	淮安关	扬州关	浒墅关
乾隆元年（1736年）至乾隆二十年（1755年）	416772.4	146708.2	371465.4
乾隆二十一年（1756年）至乾隆四十年（1775年）	461703.6	150277.7	513478.3
乾隆四十一年（1776年）至乾隆六十年（1795年）	396202.3	176391	547470
嘉庆元年（1796年）至嘉庆十九年（1814年）	334338.4	159314.6	359834.3
嘉庆二十年（1815年）至道光十四年（1834年）	280897.4	147094.9	387552.5

从表1可以看出，江苏三个常关自乾隆二十年（1755年）至乾隆四十年（1775年）期间，关税总额曾达到110多万两，乾隆六十年（1795年）以后徘徊在八九十万两，扬州关在乾隆四十年（1775年）至乾隆六十年（1795年）税收达到高峰，此后开始衰落，到了道光中期扬州关年额税任务为16万两。

① 廖声丰：《清代常关与区域经济研究》，人民出版社，2010年版。

泰州滕坝地理位置独特

泰州在扬州东约100里处，早在西汉时期，吴王刘濞开凿了一条西起扬州茱萸湾、东到如皋蟠溪的运盐河，这条运盐河将泰州与扬州相连，东与黄海相通，迄今已有2000多年。滕坝位于泰州城的南侧，自明初泰州开通南官河以后，从滕坝往南到达长江口岸仅有20里水程，从那时起，滕坝便成为长江与里下河地区的交通咽喉，因此碑文一开始就交代了滕坝“内通下河盐场州县，外达口岸支河大江”。这里所说“下河盐场州县”，是指两淮盐运使司泰州分司下辖的“中十场”（生产海盐的十个盐场）所在地。中十场所产海盐历史上一直占到两淮盐产量的40%～50%，沿线有东台、兴化、盐城、阜宁等地，此地盐场集中，盐民众多，因产盐甚多，对历代朝廷作出的盐税贡献也大，曾有“三居半”之说，即“天下税收，盐利居半；天下盐税，两淮居半；两淮盐税，泰州居半”。

由于滕坝独特的地理位置，早在清雍正年间，滕坝偷逃税收就已“榜上有名”，据记载，雍正十一年（1733年），两江总督尹继善上奏，“泰坝为引盐汇集之所，各场夹带私盐皆于此货售，稽查抽秤不可无妥员经理”。当时，盐税是朝廷第二大税收来源，为加强盐税管理，雍正准奏，在泰坝设立了“泰坝监掣所”，配备了泰坝监掣官。

林则徐为何在滕坝立碑？告示碑都说了什么？

林则徐在泰州滕坝立碑的时间是道光十五年（1835年）七月，此时距离雍正朝在泰州设立“泰坝监掣所”约100年，是林则徐任江苏巡抚的第四年。在林则徐立碑之前泰州滕坝究竟发生了什么？与扬州关税收有什么关系？

让我们看看碑文。

扬关详称：泰州滕坝……本属扬关管辖，嗣因该坝离关窎远，于乾隆元年题归泰州，只许征收落地零星税银并附近泰兴土物其江南运赴江北、江北运赴江南应在扬关由闸及分设之中白二口输税者，概不准其征收。

大意是，滕坝这里的税收本来应归扬州关管理，但因两地相距较远，扬州关为“照顾”泰州将“落地零星税银并附近泰兴土物”划归滕坝征收，同时强调“其江南运赴江北、江北运赴江南应在扬关由闸及分设之中白二口输税者，概不准其征收”。规定很明确，但是，泰州滕坝不听，碑文告诉我们，出现的情况是“从前，每因关闸钱粮短绌，查因该处商民偷挖滕坝，私走货船，甚将苏杭杂货绕至滕坝，直达里下河州县各场，又将北来饼豆杂粮由坝驳至口岸，盘入海船，绕至江南福山、上海等处，并访有行户私设行栈，包揽绕越，或设囤船拖运”。

原来，立碑以前扬州关税收任务连年不能完成，就是因为泰州滕坝“盘坝绕越”“私走口岸”造成的，扬州关年额税任务为16万两，究竟缺了多少税，碑文中并未说明，但点明了泰州征收落地零星税的任务年额仅为2000两，而2000两的任务泰州也完不成，却从来没有官员受到任何处分。

碑文接着告诉我们：滕坝偷逃税由来已久，且多年屡禁不止，更有甚者，早在道光五年（1825年），泰州就曾经有绅士提出要“改坝为闸”，如果那样，滕坝偷逃税将更加猖獗，故未被采纳。然后，着重介绍了林则徐到任后，对扬州关反映滕坝问题的调研、分析和处理。林则徐虽然赞同扬州关反映的“泰州各坝实为扬关第一漏卮”，但他根据调研发现，有些情况“查与成案不符”，他认为滕坝的主要问题是“违例滥征坝税及不应私走口岸、盘越滕坝”，这比扬州关反映的问题多了6个字“违例滥征坝税”。在作出立碑处理措施前，他曾提出了一些处理意见并令下属执行，如，他曾给“江藩司（江宁布政使）”写过信，还给泰州同知及口岸巡检司去过信，“各在案”。作为巡抚，肩负重任，平时日理万机，扬州关反映的问题，用信札形式要求下属去落实是完全正常的。他嘱“江藩司转饬泰州遵照，仍由该（扬）关委员督同中（闸）白（塔）二口书役，于滕坝口岸一带不时稽查；一面出示严禁南来货船，毋许私绕口岸，以杜流弊”，并叮嘱“扬属各州县一体严禁”。不仅如此，他还给泰州同知和口岸巡检司去过信，督促他们“就近率同中（闸）白（塔）书役不时前赴巡查”。多次的督查收到一定的效果，碑中是这样说明的，“兹查一年以来，关口征税情形稍有起色，自系泰州各坝偷漏渐稀所致”。经过林则徐的督导处理，滕坝偷逃税现象已经逐渐减少了。

滕坝问题必须严肃处理

如上所述，立碑前一年对滕坝问题的处理虽然已经收到一定效果，但是，为确保扬州关税收任务的完成，改变扬州关以往查禁流于形式的软弱状态，达到长治久安目的，林则徐认为必须加强处理的严肃性、权威性和永久性。经过反复考量，他决定以“江苏巡抚（还有他的其他兼职头衔）名义”颁发告示，勒石立碑，以垂久远。

林则徐此举对保证常关税收任务的完成意义重大。因为常关税是朝廷税收的第三大来源，清初常关税归户部直管，乾隆朝以后让各地巡抚代管。江苏是经济发达地区，除了扬州关，还有浒墅关、淮安关，每年全省常关税大约在八九十万两，在全国常关税收中占比较大，在他眼里滕坝问题不仅是扬州关税的问题，处理不好还可能会影响到其他常关税收任务的完成。为保扬州关税收而“勒石立碑”，让天下皆知，在当时来说，是一件影响深远的举措，其意义十分重大。

扬州关反映滕坝问题已非一日，最近一年来，由于加大管理力度，扬州关征税情形有了起色，但仍未彻底解决，碑文末尾表达了林则徐的担忧“此次虽奉严禁，而奸商刁埠仍不免以冀图绕越为能，诚恐日久弊深，尤不可不防其渐”。他在忧虑，如果久拖不决，很可能还会产生负面反应，于是定下决心：“断难再任商贩船埠人等仍前盘坝绕越”，“倘将应赴关闸各口输税货物，私行串通偷盘过坝者，查出定将该商埠人等一并从重治罪”，并依照规定将“地方官并予议处。”林则徐素以精明干练、思考周密、处事果断著称，对“老大难”问题处理的原则是迅速、准确、果断，他的魄力，他雷厉风行的工作风格由此可见一斑。

碑文末尾，林则徐要求对这个告示要“发交职道在于口岸镇及滕鲍各坝支河要道处所张贴晓谕，并请勒石永禁，以垂久远”。这个“告示”当年是交给“道台”去落实的，要求道台在口岸镇和滕坝支河要道处处张贴纸质“告示”，同时，要刻制石质的“告示碑”广为宣传，做到家喻户晓。立在滕坝的这块碑果真做到了“以垂久远”。

正是由于林则徐的远见卓识，在历经近200年风风雨雨后的今天，我们仍有幸在滕坝旧址看到他立下的这块珍贵的税务告示碑。

撰 稿 人：王申筛

参考文献：

[1] 来新夏. 林则徐年谱新编［M］. 天津：南开大学出版社，1997.

[2] 倪玉平. 清代关税：1644—1911［M］. 北京：科学出版社，2017.

清代军粮经纪密符扇

北京大运河博物馆展出的清代军粮经纪密符扇，扇面为宣纸制作，上弧弦宽52.5厘米、下弧弦宽22厘米、纵长17.5厘米，正反两面分别绘有50个密符，是清代漕运管理的重要见证物。密符扇见证了大运河的辉煌，映照了漕运码头的繁华。

从军粮经纪密符扇
窥探千年漕运税收智慧

镇馆之宝密符扇的发现背景

在日常生活中，我们的手机会经常设置不同的图案或数字作为解锁密码，以保护个人的隐私。其实，早在几百年前，聪慧的先人们就通过密符来保护运河上的运输安全。清朝漕运繁忙，为了防止有人在漕粮验收转运间作弊，便出现了军粮经纪。密符扇上的符号代表军粮经纪人的身份，由军粮经纪人按照自己的想法或是绰号所创制，上边绘的符号是符形，下边注的名称是符名。这些密符得到朝廷的认可和备案，密符一旦登记到密符扇上，不可以随意变更。当漕粮运到码头后，由军粮经纪负责查验，只有质量和数量都合格，才会被装入袋中，由查验的经纪在袋子上用“福炭”（上好的木炭）画上自家的密符，也称“戳袋”，表明这袋漕粮已由某家经纪验收完成。

在北京大运河博物馆展示着一把神秘的折扇——军粮经纪密符扇，一把看似平淡无奇的扇子，却是该馆镇馆之宝之一,它见证了大运河的辉煌，映照了漕运码头的繁华。该文物由陈乃文先生捐赠给北京大运河博物馆，为其高祖陈培芳在清道光丁未年（1847年）当军粮经纪时上坝所持用，当年由前任经纪移交给陈培芳。

军粮经纪密符扇为清乾隆时期，户部官员为整治漕粮经纪在验收转运间作弊而创制的。此扇上弧弦宽52.5厘米、下弧弦宽22厘米、纵长17.5厘米。幅面大气，比例恰当。其两面各有50个符号形状，似书似绘，见之赏心悦目。每符形下面，多以小楷横书符号名称，符形与符号合之为一组，乃一名经纪人代号，或称之为密符。在最下端符形下，隔行竖写一名，共10名竖写。整幅扇面符形、符号安排上紧下松，左右均衡。扇面上共有100个密符名称，其中有地名1个、舟名1个、车名1个、店铺名2个、花果瓜蔬名12个、兽鸟虫名17个、日常用具名16个、古人时人名称绰号50个。其符形创造类似汉字六书中之象形、假借与会意造字原则，如“通州”符名之符形，在扇面上书作双“十”字并列在一起，“十”字像两条大街交叉，其代表城市。而通州城当时是由旧城（今车站路与西海子西街以东、东西顺城街以北、故城东路西侧与北小门南北延长线以西、燃灯塔北侧东延长线及西海子公园所谓一号山连接线以南）和新城（中山大街以南、玉带河大街西段以北、通惠南路以东、公园下坡以西）两部分组成，而且朝廷的大型国仓即设在通州新、旧两城之中，因此书作“十十”密符，表示通州两城和两仓［后南仓于乾隆十八年（1753年）并入中、西二仓］。“十十”密符融合象形与会意，定其形，命其名。由于通州新、旧两城于乾隆三十年（1765年）合一，从此符形创意与定名可判断此扇应创制于乾隆十八年（1753年）至乾隆三十年（1765年）之间的某一年。故此，符形与符名之意义不仅在其艺术价值上，更在其历史价值上。

又如“小楼”符名之符形，纵书一笔自上而下渐粗，然后在笔画下端分向左、右各书画一上弧形线，由粗渐细。整体似一条鲇鱼，通州三宝之一的“小楼烧鲇鱼”，因其口感鲜美名扬南北。每年漕粮上坝，总会有众多经纪人在小楼上宴请会客，一来二去就顺理成章地将小楼饭馆的字号作为自己验收漕粮的密符了。之前人们认为小楼创自清光绪二十六年（1900年）之义和轩，则此符形、符名将义和轩小楼创建年代骤然提前到乾隆年间，最少提前135年，改写了小楼及烧鲇鱼的发展历史，其意义较大。

又如“莲蓬”符形借指“连生贵子”、“石榴”符形借指“多子多孙”、“葡萄”符形借指“子孙万代”等，均以通州当地所产作符形符名，代指某一经纪人。余者大同小异，意趣横生。

镇馆之宝密符扇的历史背景

史料记载，明朝有军粮经纪300余名，到了清雍正帝整顿漕运，精简为100名。军粮经纪的执法凭证是军粮密符扇，凭此扇可以上船验粮收粮。但这并非密符扇的主要功能，它的主要功能是执法有序、职责有据。漕粮自大运河运到通州石坝、土坝两码头，本是散装，经过军粮经纪验收并经验粮官准验后，装入布袋转运入仓，每名负责验收转运的军粮经纪均须在自己验收的粮袋上用优炭书写自己的密符。从南方来的漕粮，到了通州码头上岸，需要经过检验，除了查核数量，更重要的是检查漕粮质量。漕粮入仓，要经过查、验、运、收等重重手续，历代王朝都有专门机构司理其事。

漕粮上岸后到入仓前的整个过程中有个重要角色——军粮经纪，就是专门负责按照朝廷规定的漕粮质量要求，对照验粮厅验查过的“样米”检验漕船所载的漕粮质量，核查数量，代运军将漕粮转交京仓或通仓。这个“军粮经纪”并非政府官吏，用今天的话讲，是由官方认可的民间“质检人员”。检验船舱内的漕粮时，他们单臂插入米中，取出米样，凭手臂在米中的感觉与手攥米样时的涩滑感，就可判断漕粮是否“蒸湿”（即粮米因含水过高而发热，如同在锅内蒸过，又热又湿）。如发现有“蒸湿”情况，漕米就必须扬晒到合乎要求。如果检验质量合格，接下来还要核查数量，叫作“起米过斛”，即将米从舱内取出，用斛过量。过斛之时，要用拉长声的腔调报数，叫作“唱斛”。从前有“唱斛之声相闻，米浪之景时见”之说，指的就是过斛与扬晒漕粮时的情景。

漕粮过斛之后统一装入布口袋，由验粮的经纪用称作“福炭”的上好木炭在口袋外面画上自家专用密符，叫作“戳袋”，表示已由某家经纪验讫，由这家经纪对其质与量负责。若在入仓之前被坐粮厅官员或巡仓御史抽查出某袋漕粮存在问题，则按袋上符形查出其符号名称，再按符号名称在一本登记册上查出其真实姓名。如果漕粮收兑出了问题，便对号入座严厉惩处。这样做的目的，一是以备抽到不合格漕粮时追查问责，二是防止他人伪造，三是防范经纪作弊，可以说是一种非常管用和巧妙的安全保密措施。就这样，装满漕粮的漕船，经过一道道把关，从杭州出发一路北上，路过一个个驿站，最终到达北京，用时起码要两三个月。如果碰上洪涝灾害等特殊情况，运河不一定能正常通航，需要与陆运、海运相结合，从南到北发一趟漕粮真可谓是“历经艰辛、斑斑血泪”。后来漕运逐渐没落，光绪二十七年（1901年），清政府停办漕运，中国两千多年的漕运史就此结束。

密符扇体现的税收价值

密符扇的100个密符，反映了儒家的思想、民俗的气质与市井的气息等，它是集中了时代文化与创符人之阅历修养的综合体现。密符扇，存留历史、保存至今，是典型的漕运文化的产物与实证。且因这把军粮经纪密符扇是孤扇，故愈加珍贵。它是每位到馆参观者用心欣赏、仔细体味运河文化深厚底蕴及漕运繁华的物件。

通过运用密符扇，在漕运这种重大经济活动中明晰了登记、验收、画符各环节的权责，建立起行之有效的责任体系和监督倒查机制。密符扇，不仅是明清时期漕运管理的见证物，也是监察官员巡查经纪，迅速锁定腐败分子的“秘密武器”，在一定程度上遏制了“漕弊”行为，保障了古代军粮入库，也因此成为大运河漕运历史的一段佳话。

漕运制度作为清代经济支柱之一，对整个社会体系的稳定和发展起到了关键作用。漕运制度在南北贸易方面的推动作用使得经济在地域之间得以均衡发展，为社会的整体繁荣创造了良好的条件。漕运不仅为统治者提供了财政支持，也在经济方面实现了中央与地方的有机结合，加强了封建统治的中央集权。漕运贯穿城市，沿途商人和组织通过漕运贩卖地方土特产，促进了商品经济的流通，增加了地方经济收入。这种经济利益的共享使得漕运成为一个地方与中央互惠互利的纽带，推动了地方经济的发展。漕运制度的建设、经济影响以及对中央集权的推动，为后代提供了宝贵的经验。尤其是在今天，水运在交通运输中的作用依然十分重要，漕运制度的成功实践为现代社会提供了可供借鉴的经验，尤其是在发展内陆水运和构建经济发展的有效纽带方面。

可以说，一部运河史，镌刻了一段峥嵘岁月；一部漕运史，铭记了一段税收记忆。漕运已逐渐退出历史的舞台，唯有古老的运河遗迹及文物，仍在低声诉说着彼时的绝代风华，期盼和见证新时代的税务人不断书写崭新的税收故事。

供稿单位：国家税务总局北京市通州区税务局
北京市通州区博物馆
撰 稿 人：张会朋　范志华

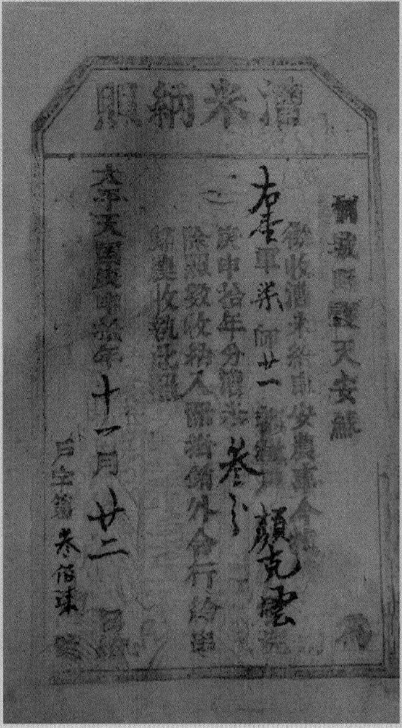

漕米納照

庚申拾年分漕米

外合行給與

太平天國庚申拾年 十一月 廿二

清咸丰十年（1860年）桐城县漕米纳照

北京税务博物馆所珍藏的“清咸丰十年桐城县漕米纳照”产生于1860年，时值太平天国运动时期。这张票据是安徽省桐城县粮户在完纳太平天国庚申十年（1860年）的漕米后所取得的纳税凭据，票上载明了实征税额，是太平天国田赋制度的重要历史凭证。

从一张漕米纳照看太平天国运动对漕运制度的影响

明朝自永乐十九年（1421年）迁都北京后，为供应京师贵族官僚及京畿兵丁的粮米，制定了南粮北运的漕运制。清朝漕运沿袭明制，并稍加变通。1851年，太平天国运动在南方爆发，历经十余年，席卷大半个中国，此种境况下延续了400多年的漕运制度又受到何种影响呢？

太平天国时期的纳税凭证

北京税务博物馆的藏品中有一件“清咸丰十年桐城县漕米纳照”，即太平天国庚申十年（1860年）桐城县发给颜克云的漕米纳照，对认识和了解太平天国时期赋税制度具有十分重要的研究价值。

此纳照上盖有两枚朱红大印，但字迹模糊已无法推断其具体内容。这份纳照是雕版印刷而成，部分内容为墨笔手书填写。上部梯形天头内为“漕米纳照”四个大字，方框内自右向左竖书：

桐城县护天安苏　　　为
征收漕米给串安农事今据
右一军七师二十一　粮户颜克云　完
庚申十年分漕米三分
除照数收纳入册挂销外合行给串
归农收执此照
太平天国庚申十年十一月二十二日给
户字第三百七号

在我国漫长的封建社会当中，大部分农民由于自身没有土地，需要租佃地主的土地来耕种，因而被称为“佃户”。佃户每年都要把土地收成的一大部分缴纳给地主，是为“租”。历朝历代都保护地主收租，地主则要从所收田租中拿出一部分缴纳给政府，这也就是向政府完粮，即向政府缴纳农业税。地主又被称为“作业主”，因其需要向政府完粮，故又被称为“粮户”。

这件漕米纳照即为桐城县粮户颜克云完纳1860年漕米后，政府发给此照作为凭证。该票上所写的实征税额“三分”，据笔者推测应为货币面值而非实物重量。因为清朝的重量单位有石、斤、两、钱、分，“分”约等于0.37克，那么三分就是大约一克，作为税粮，数量太少，有违常理。这张票据也体现了当时漕粮折征银钱的一种普遍现象。

从《天朝田亩制度》到“照旧交粮纳税”

1853年，太平天国在定都天京（南京）后，为了巩固政权，颁布了自己的纲领——《天朝田亩制度》。这是一个以解决土地问题为中心的全面的农民革命斗争纲领和社会改革方案。《天朝田亩制度》宣布废除封建土地所有制，把全部土地按人口平均分配给广大农民，以实现“有田同耕，有饭同食，有衣同穿，无处不均匀，无人不饱暖”的理想社会。在当时，这是太平天国及其领袖洪秀全革命思想的结晶，极大地鼓舞了广大农民反对封建统治和地主阶级的革命热情。但在当时的历史条件下，《天朝田亩制度》既违反了社会经济发展规律，又超越了农民群众的觉悟程度。更重要的是，当时仍处于战乱时期，随着太平军不断扩充，太平天国需要大量的粮饷，而《天朝田亩制度》根本无助于解决筹饷问题。

1853年秋，太平天国翼王石达开奉命出巡安庆。他目睹了《天朝田亩制度》对生产力的束缚及其不切实际的一面，便在安庆“易制”，颁布《训喻》，并与杨秀清、韦昌辉联名奏请在皖赣地区实行“照旧交粮纳税”，广积米粮，“以充军储而裕国课”，获洪秀全首肯。后来，在定都一年多后，太平天国终于放弃土地公有的空想，将“照旧交粮纳税”确定为太平天国辖境贯彻始终的田赋政策。这便形成了以农村供给城市，穷四方之力支撑城市特别是天京的格局。

北京税务博物馆馆藏的这件漕米纳照应为粮户缴纳漕米后官府发给的纳税凭证，也是“照旧交粮纳税”这一务实政策的产物。漕米纳照既是太平天国政权向广大农村地区征收田赋的单据，也是广大农民缴纳田赋的凭证。

清政府漕运制度的加速瓦解

由漕米纳照中的漕米，自然就要谈到漕运。在太平天国运动爆发之前的约半个世纪里，清政府的漕粮北运本就越来越困难，其原因主要是由于大运河及其水运体系和水利设施年久失修，坍塌毁坏，造成大运河的淤塞难行。而太平天国运动的不断发展，无疑使清政府的漕粮征收雪上加霜。对于当时的清政府来说，漕粮是其重要的粮食生命线，但受太平天国席卷大半个中国的影响，这条清政府的粮食生命线几近瘫痪。

再来看这件漕米纳照产生的地点——桐城县。该县自清康熙朝属安徽省安庆府，而安庆是太平天国较早开辟的根据地之一。石达开曾在安庆推行一系列革新措施，使安庆成为太平天国最稳定的城市之一。然而，安徽自漕运之始就是清政府征收漕粮的八省之一。太平天国在安徽征收漕米，势必会对清政府征漕造成影响。

清政府每年由山东、河南、江苏、浙江、安徽、江西、湖北、湖南八省征收漕粮。太平天国运动爆发于广西，但由于广西并非漕运省份，因此初期对漕运影响不大。咸丰二年（1852年）四月，太平军进入湖南，同年十一月攻陷岳阳，湖南的漕运被迫停止。咸丰三年（1853年），太平军攻下武昌，湖北的漕粮也停止解送。此后太平军沿着长江顺流而下，连克九江、安庆、芜湖，并在最终占领南京后，旋派军队攻占镇江、扬州。镇江和扬州都是长江沿岸运河的要冲，这两个城市被太平天国占领后南方的漕粮便无法经运河北上，从而加速了清政府漕粮改行海运的进程。咸丰三年(1853年）至咸丰十一年（1861年）江苏、浙江两省漕粮数量见表1。

表1 咸丰三年（1853年）至咸丰十一年（1861年）

江苏、浙江两省漕粮数量[①]

单位：石

年份	江苏	浙江
咸丰三年（1853年）	842474	596151
咸丰四年（1854年）	55334	695952
咸丰五年（1855年）	513952	760200
咸丰六年（1856年）	845300	906420
咸丰七年（1857年）	119595	253587
咸丰八年（1858年）	938000	568365
咸丰九年（1859年）	1019199	660424
咸丰十年（1860年）	814775	447011
咸丰十一年（1861年）	37390	停运

从表1可以看出，咸丰四年(1854年）、咸丰七年（1857年）和咸丰十一年（1861年）是三次低谷，相较于邻近年份明显减少，这与太平天国运动的发展有着密切关系。咸丰三年（1853年），太平军攻占长江流域，运道梗阻，这在前文已经论及。咸丰六年（1856年），太平军相继攻破清军江北大营、江南大营，解天京三年之围。咸丰十年（1860年），太平军东征，第二次击破清军江南大营后，乘胜攻下江苏南部多个地方。伴随着每一次太平天国运动的高潮，清政府的漕运都会受到巨大冲击。一方面，太平军占领地区的漕粮悉数交予太平天国，清政府只能在所统治的部分地区继续征漕；另一方面，为了抵御太平军，各省纷纷奏请将漕粮折征银钱，就地接济军饷。

综上所述，咸丰之后，长江流域中下游经过长期农民战争，农村经济遭受

① 许存健. 太平天国时期京米筹措研究［J］. 安徽史学，2020（4）.

严重破坏，农民无力完漕。加之运道受阻，漕运数额锐减。

北京税务博物馆这张寥寥数十字的漕米纳照，既佐证了太平天国时期田赋税收制度的恢复，又承载了清朝后期漕粮赋税制度变革的历史。虽然清朝漕运制度的消亡有其历史必然性，但太平天国占据南方的十余年无疑大大加速了这一进程。这张漕米纳照，是对那段动荡历史的有力见证，更是对当时社会变迁的深刻记录。

供稿单位：北京税务博物馆
撰 稿 人：杨　薇

参考文献：

[1] 李文治，江太新. 清代漕运[M]. 北京：社会科学文献出版社，2023.

[2] 中国第一历史档案馆. 清政府镇压太平天国档案史料：第4册[M]. 北京：社会科学文献出版社，1992.

[3] 郭毅生. 太平天国经济史[M]. 南宁：广西人民出版社, 1991.

[4] 赵德馨. 太平天国财政经济资料汇编[M]. 上海：上海古籍出版社，2017.

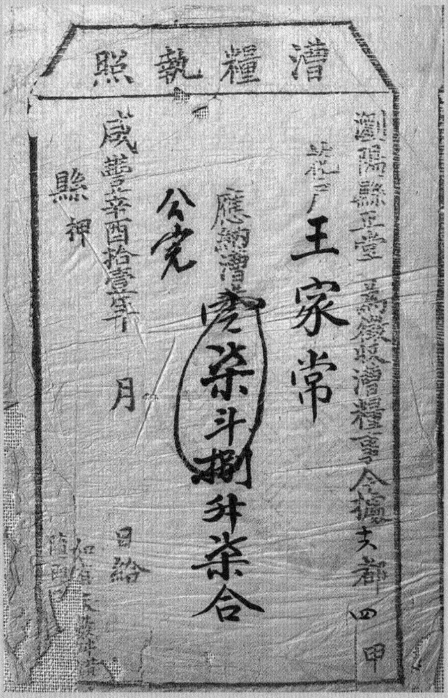
漕糧執照

瀏陽縣正堂 為徵收漕糧事今據 丈都 四甲

花戶 王家常

應納漕米 壹柒斗捌升柒合

公完

咸豐辛酉拾壹年 月 日給

縣押

咸丰辛酉十一年漕粮执照

“咸丰辛酉十一年漕粮执照”是1861年湖南省浏阳县官府发给花户王家常的完粮凭证。票上写明了花户所在位置及应纳漕粮数额，是花户完纳漕粮的凭据。

时光的印记

——清咸丰十一年（1861年）的漕粮执照

在北京税务博物馆深处，静静陈列着一张泛黄的纸张。它虽然不大，长仅11厘米，宽17厘米，却承载着沉甸甸的历史。这张名为“咸丰辛酉十一年漕粮执照”的物件，是时间的见证者，也是故事的开端。

浏阳漕粮执照

正值春意盎然的时节，阳光透过博物馆的高窗，洒在这件展品上，仿佛也想一探究竟。我站在它的面前，心中充满了对往昔岁月的好奇与敬畏。这张执照，是咸丰皇帝在位期间的产物，距今已有百余年的历史。它见证了一个时代的繁华与衰败，也见证了无数普通人的生活与梦想。执照上的文字已经有些模糊，但仍能辨认出那些端正的楷书。它们像是在诉说着一个个往事，每一笔一画都蕴含着深深的时代烙印。我仿佛能够穿越时空，看到那个年代勤劳的百姓，他们的额头上凝结着辛劳的汗水，脸上刻着岁月的痕迹，手中紧握着这样的执照，为了一家人的生计而奔波。

这张执照相当于一个完税证明，它呈现给我们的是1861年湖南省浏阳县一个名叫王家常的农民正常完粮纳税后，浏阳县官府出具了这张执照。执照上清晰载明了“浏阳县正堂　为征收漕粮事今据十八都四甲花户”字样。“十八都四甲花户”是什么意思呢，带着这样的疑问，我们翻开了历史资料。原来明清时实行都甲制，湖南湘潭县于清代划为十八都，其中四、五、十七都各分上、下都，县城和街总为半都，全县称二十一都半。每都划分十个甲，共二百一十甲。十八都为县之东南，今株洲龙潭至黄龙桥一带。因此可知王家常田地所在的位置应该属于今株洲龙潭至黄龙桥一带。花户则是完粮纳税的人家。同时，执照上清晰记载了税收的计量容器是斗、升、合。注意：这里的合字念葛，不念合，它代表的是量粮食的器具。一合等于0.1升，也相当于十勺粮食。王家常缴纳粮食是七斗八升七合，大致相当于目前的47公斤，缴税时间是咸丰十一年，也就是公元1861年。透过这张执照，我仿佛看到了千千万万农民辛勤劳作的景象，又仿佛听到了各级漕粮官员催粮完纳的呵斥督促声。那时的漕粮，是指官府征收的粮食税，用以供应京城及边防军需。每年的春秋两季，各地的粮仓都会忙碌起来，农民们将收获的粮食缴纳给官府，而这张执照便是官府给予农民的收据和凭证。我们可以想象，当年的农民们在丰收后的喜悦，以及缴纳完漕粮后的轻松。他们或许不会想到，自己手中的这张小小执照会成为后人眼中珍贵的历史文物。他们更不会想到，自己的辛勤付出，支撑起了一个国家的运转。

漕粮实行改折

这张执照上的日期，是咸丰辛酉十一年，也就是1861年。那一年，中国正处在内忧外患之中。太平天国运动如火如荼，第二次鸦片战争刚刚结束，清朝的统治岌岌可危。在这样的大背景下，这张执照显得尤为珍贵，它不仅折射出当时普通百姓的生活，更是那个时代的缩影。道光三十年十二月十日（1851年1月11日）洪秀全在广西桂平县金田村发动起义，建号太平天国。随即攻湖南，破湖北，进安徽，入江苏，1853年3月攻克南京，将其定为都城，命名为天京。这一时期的战争，严重阻碍了漕运的发展。咸丰年间，伴随着太平天国运动的高潮，农民抗粮斗争更加剧烈。如江苏省属，咸丰二年（1852年），江阴、震泽、松江、华亭等地爆发农民抗漕运动，漕粮无法正常征收。咸丰初年，粮户以漕粮折价过重，纷起反抗。据徐鼒记述：江以南米每石折银5～6两，江以北米每石折银4～5两，折价过高，致使“强者聚众以抗官”。官府鞭扑追呼，仍不足额，“则捏报灾荒，以图缺额”。如今看来，“鞭扑追呼”四字，实足道出了当时官府征收漕粮人员的无奈和情形，而“捏报灾荒”四字，则淋漓尽致呈现了当时社会状态下欺上瞒下，上有政策下有对策的荒诞情形。

在这一历史时期，湖南、湖北、江西、安徽、河南五省漕粮实行改折，以减少折价和革除浮收为主。各省漕粮改折有一个发展过程。道光二十七年（1847年），王大臣户部会议，以京师之现银太少，南省之浮收太重，请将南漕改征折色，经实部库而苏民困，旋经督臣李星沅奏驳不行。咸丰初，抚臣傅绳勋以州县浮收帮费太重，民不聊生，再次建议改征折奏，以部科议驳不行。咸丰三年（1853年），太平军占领金陵。长江梗塞，南方有漕各省不得已改折。咸丰四年（1854年）秋，湖南省战事逐渐结束。为此，咸丰五年（1855年）湖南巡抚骆秉章采用了减赋税的政策措施，此时左宗棠作为骆氏幕僚，减赋问题多由其筹划。而筹议减漕的人则是湘潭举人周焕南。咸丰五年（1855年）十月，周焕南等赴巡抚衙门递呈建议：地丁银每两加0.4两，较前减征0.1两；漕折除按部就章每石折纳银1.3两外，再加纳银1.3两以助军需，又加银0.4两作州县办公费，每石共折银3两，较前减少一半，其他一切陋规浮收一概停革。骆秉章采纳周焕南的建议，即批准实行。接着长沙、善化、宁乡、益阳、衡阳、衡山等县钱漕都照湘潭县办理，减赋之后，粮户输将踊跃，税收增加。

回到咸丰十一年(1861年)的王家常缴纳漕粮现实情境中，或许正是由于当时的减赋政策，才使得王家常这样的农民得以休养生息，确保了漕粮的完纳。据记载，咸丰朝湖南减赋是由各州县官吏和地方士绅主持的，先由地方议定减额，然后禀明巡抚布政两衙门立案施行，随时考察改进。举办之初并未呈报朝廷。至咸丰八年（1858年）四月，减赋已历三载，办有成效，并取得一些经验，才向清廷奏明。同时，湖南的减赋措施，各州县依照地方情形而定，因此并不完全一致。

历史照进现实

当我凝视着这张漕粮执照，心中不禁涌起一股敬意。对于那些在历史洪流中默默无闻的农民们，他们的故事或许不会被载入史册，但他们的付出和努力，却是历史的基石；他们的生活虽然平凡，却构成了历史的厚重。

博物馆里的参观者络绎不绝，他们在这张执照前驻足，或是凝思，或是交谈。每个人的脸上都写满了好奇和探究，他们用自己的方式去感受那段遥远的历史。而我也试图通过这张小小的执照，去触摸那个时代的脉搏。随着时间的流逝，这张执照的颜色或许会变得更加暗淡，但它所承载的历史和文化价值，却永远不会褪色。它是过去与现在之间的桥梁，让我们得以窥见那些逝去的时光。

当我离开博物馆的时候，心中充满了感慨。这张“咸丰辛酉十一年漕粮执照”就像是一扇窗户，让我得以窥见一个古老时代的风景。它虽然只是一个小小的纸片，却包含了无尽的故事和记忆。它告诉我们，每一个平凡的个体，都是历史长河中不可或缺的一部分。岁月如梭，历史悠悠。我们每个人都是时光的旅人，而这张漕粮执照就是那旅途中的一处驿站，提醒我们不要忘记过去，也要珍惜当下。因为，正是这些点点滴滴，构成了我们丰富多彩的人生，也留下了劳动人民的历史印记。

供稿单位：北京税务博物馆
撰 稿 人：朱志刚

参考文献：

[1] 李文治，江太新. 清代漕运[M]. 北京：中华书局，1995.

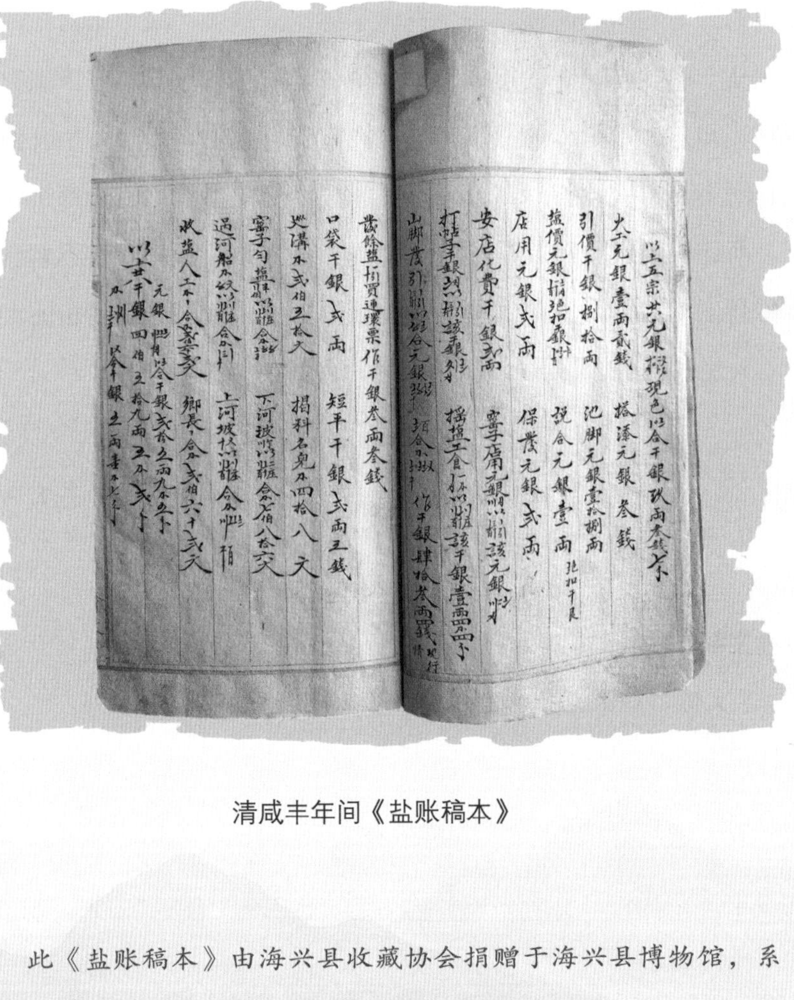

清咸丰年间《盐账稿本》

此《盐账稿本》由海兴县收藏协会捐赠于海兴县博物馆，系反映咸丰年间长芦盐场产、运、销的记录账本，距今已有150余年历史。它详细记载了咸丰年间长芦盐场所制官盐的具体流向以及制盐、运盐中所需缴纳的课税和各项花费，反映了当时“天下之赋，盐利居半”的真实历史。

熬漉沧波耗血汗　千船万担过南川

——清咸丰年间《盐账稿本》

一条大运河，承载着华夏千年商业与税收的脉络，其波澜不息的水流见证了沧州市盐业经济的繁荣历程。运河悠悠，润泽沧州大地，催生了盐田如镜、芦苇丛生的独特风貌。正是这条黄金水道的勾连，让汇集诸多支流的沧州得以畅通无阻地连接海洋与内陆，成为一个举足轻重的盐运枢纽，转运产自渤海湾的宝贵盐晶，南北交易，络绎不绝。

运河的延展促进了沧州区域人口的兴旺与经济发展，盐税由此繁盛，为历代王朝提供了丰厚的财源。盐场遍布的沧州，因运河的便利而更加凸显其在国家战略资源——盐业中的核心地位，进而奠定了沧州在中国古代盐业经济版图上不可替代的角色，丰饶的鱼盐产出使之成为帝国财政的重要支柱之一，同时也孕育出了一片繁华且富庶的土地。

官方文书再现：讲述盐税的来龙去脉

在海兴县博物馆珍藏有一件珍贵的历史文献——《盐账稿本》，该稿本采用纸质材料制作，可追溯至清代咸丰年间。尽管历经百年岁月洗礼，这份稿本依旧得到妥善保存，纸页虽显陈旧泛黄，但其上记载的蝇头小楷仍能清晰辨认，字迹间透露出当时盐业交易的详细账目与数据。这份《盐账稿本》以其独特的历史价值，无声地诉说着咸丰年间沧州地区盐业经济活动的点点滴滴，为研究清代盐业税收制度与地方经济史提供了宝贵的原始资料。

稿本记载咸丰年间长芦盐场官办送往各地的食用盐：

办河南引大畧
正课干银五十两　杂课干银五十五两
办公费干银一十五两　加费干银六十两
羡赊干银十两　饷需干银六两
团练干银二两　防费干银一十三两七分七厘
以上八宗共干银加平每百两以合干银一两三分……

全书共记载6批次运往河南、山西一带盐引，通篇言简意赅，却详细记录了当时沧州府长芦盐场（今河北省海兴、黄骅一带）产盐、制盐、运盐等方面的具体信息。

正税收入为白银五十两，杂税收入为白银五十五两，办公费用支出为白银十五两，额外费用支出为白银六十两，盈余备用资金为白银十两，日常粮饷支出为白银六两，团练经费支出为白银二两，防御费用支出为白银十三两三钱七分七厘。

以上八项总计，平均每一百两白银中，实际可用的白银为一两三钱。

从内容来看，《盐账稿本》记载了沧州地区长芦盐场制盐的各项成本，包括往山西、河南一带运盐数量、所缴税款数量和各项其他支出。这份账目不仅翔实地记录了当地盐业发展的悠久历史，更展现了盐税的繁荣盛况。鉴于盐业生产的实际规模和市场需求，沧州地方盐务管理部门遵照朝廷旨意，精心核算并制定出盐产区与输送河南地区的盐品数量与分配方案。

咸丰年间的盐税收入是维系地方财政和支援中央的重要支柱，通过这样的严谨记录与公示，盐税征收体系不仅增强了中央对地方盐业经济的有效管理和控制力，还兼顾了地方盐业的发展需要。

商贸流通见证：见证盐业的辉煌繁荣

沧州地区盐业发展自古辉煌，尤其是明清两代，堪称中华盐业史上浓墨重彩的一章。沧州地处华北平原东部，濒临渤海，自古就拥有得天独厚的海盐资源，盐业发展历史悠久，尤其在明清时期更为突出。

明清两代，沧州盐业进一步繁荣，其盐税收入成为国家财政不可或缺的一部分。明代盐业实行官督商销制度，盐商通过获得官方发放的盐引（即贩盐许可证），在沧州长芦盐区等地采盐，并通过大运河等交通网络分销至全国各地。盐税则寓于盐价之中，政府通过严密的盐引制度和摊派制度来保证盐税的征收。此外，各种杂课附加也极大地充实了国库。

到了清代，盐税制度继续深化，盐引被细分为大小不同规格，并在后期出现了废除引法、改行票法的重大变革，如1831年在淮北率先实施，之后推广至包括沧州在内的其他盐产区。盐票制度下，盐的生产和销售更为规范化，盐税的收取也更为直接明确。沧州设立的长芦盐运司（盐运司驻地为南川楼一带）便是盐政管理的核心机构，负责监督盐的生产和销售，确保盐税的征收。

《盐账稿本》作为重要的历史文献，生动地反映了明清时期盐业经济活动与盐税征收的真实面貌。账本中记载的各项数据，诸如盐的产量、销售量、销售去向、盐价、盐税额度等，不仅展示了盐业生产规模与经济效益，还揭示了盐税征收的方式、税率变化以及盐商与官府之间的互动关系。账本详尽记载了官派用盐去向和支付盐税的具体金额、时间、地点，以及盐税如何影响市场价格和盐商利润，乃至地方财政收支和中央对盐业的管控力度等深层次信息。

明清时期的沧州盐业以其庞大的产量和稳定的盐税收入，不仅为政府提供了稳定的收入，也在一定程度上推动了区域经济的繁荣和社会生活的改善。而这本穿越时空的《盐账稿本》，则为我们还原这段历史提供了无比珍贵的第一手史料。

经济重要支柱：促进地方的经济发展

“赋税制度”乃立国之本。盐税在沧州地区的历史进程中扮演了极为关键的角色，一直是地方财政的主要支柱，盐业的兴衰与其息息相关，对地方经济的发展起到了显著的推动作用。

据《明史·食货志》记载：“沧州盐场乃畿辅东南门户，其盐税收入为国家岁入之巨。”明清两代，沧州长芦盐场尤为鼎盛，盐税征收成为地方政府重要的财政来源。《清实录》中有记述：“沧州盐课甲于天下，商贾云集，税收充裕，足以资地方之需。”盐税的稳定收缴不仅确保了地方公共事务的正常运作，更促进了基础设施建设和社会秩序的稳定。

盐业的发展对沧州地方经济的带动作用显著，盐商的崛起带动了金融、运输、仓储等相关产业的繁荣。《清代盐政全书》中描述：“沧州盐商发迹，水陆交通繁忙，仓储设施完备，店铺林立，市井繁华，一片欣欣向荣之景。”盐业的兴盛带动了人口集聚，促使了城镇的迅速扩张和区域经济的多元化发展。

不仅如此，盐业的繁荣还体现在其对农业和相关手工业的支持上。据《沧州地方志》记载，盐税收入部分用于水利建设，改善农田灌溉条件，间接促进了农业生产的发展。同时，盐业所需的大量劳动力和辅助物资，如木炭、麻绳、竹篓等，刺激了相关手工业的兴盛，进一步巩固了盐业在地方经济中的主导地位。

文物是历史的产物，它不仅是历史的见证和载体，更是历史的记忆和遗产，《盐账稿本》即为这一段税收历史的真实记忆，它是燕赵大地税事演进的产物，历经百余年的风雨沧桑，越发弥足珍贵。

供稿单位：国家税务总局海兴县税务局
撰 稿 人：刘增硕
鸣　　谢：海兴县博物馆

参考文献：

[1] 沧州市地方志办公室. 沧州地方志概览[M]. 北京：九州出版社，2021.
[2] 南炳文，汤纲. 明史：上、下[M]. 上海：上海人民出版社，2003.
[3] 陈锋. 清代盐政与盐税[M]. 武汉：武汉大学出版社，2013.
[4] 海兴县地方志编纂委员会. 海兴县志[M]. 北京：方志出版社，2002.

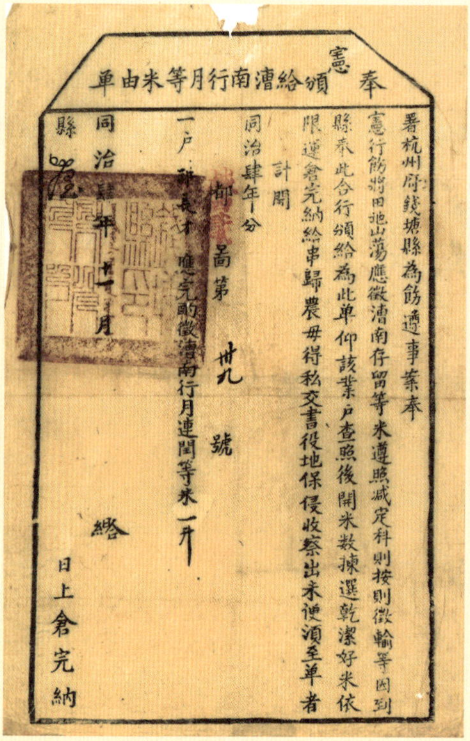

奉憲頒給漕南行月等米由單

署杭州府錢塘縣為飭遵事案奉
憲行飭將田地山蕩應徵漕南存留等米遵照減定科則按則徵輸等因到
縣奉此合行頒給為此單仰該業戶查照後開米数揀選乾潔好米依
限運倉完納給串歸農毋得私交書役地保侵收察出未便須至單者
計開
同治肆年分 [illegible] 都 [illegible] 啚第 廿九 號
一戶 邱長才 應完酌徵漕南行月連閏等米一升
同治肆年十一月 給
縣
日上倉完納

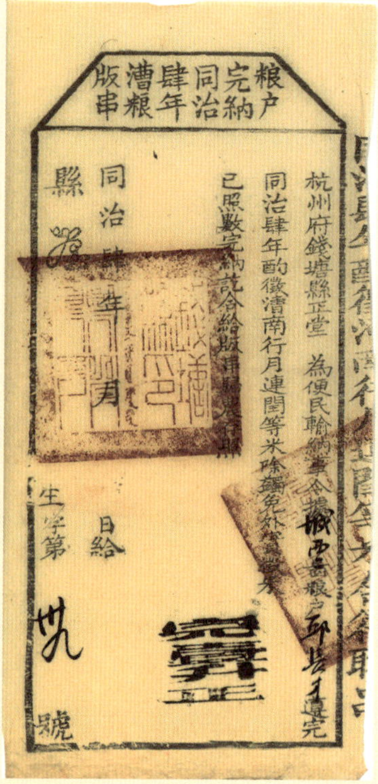

粮戶完納同治肆年漕粮版串

杭州府錢塘縣正堂 為便民輸納事
同治肆年酌徵漕南行月連閏等米
已照數完納訖合給版串
同治肆年 月 日給
縣
生字第 廿九 號

奉宪颁给漕南行月等米由单

粮户完纳同治四年（1865年）漕粮版串

奉宪颁给漕南行月等米由单和粮户完纳同治四年（1865年）漕粮版串，是同治四年（1865年）杭州府钱塘县粮户邱长才收执的漕粮易知由单和完纳凭证。这两张税收票据，是中国漕运历史行将走到终点的晚清时期地方州县漕粮征纳的真实反映，除具有传统漕粮征收票据的一般特点之外，也深深地打上了时代的烙印。

从税收票据看晚清漕运

——清同治四年（1865年）漕粮易知由单与完纳版串

中国财税博物馆所藏的清同治、光绪、宣统时期多个年份杭州府钱塘县粮户邱长才漕粮易知由单和完纳版串，是晚清地方漕粮征收与完纳的真实反映。这些文物不仅是清代漕政中征收环节的微观见证，也是大运河税收文物的珍贵组成。笔者从中撷取同治四年（1865年）该户漕粮易知由单和完纳版串——漕南行月等米由单、粮户完纳漕粮版串——加以介绍，二者是互为关联的税收通知单和完纳凭证，一征一纳，相辅相成。其中蕴含着怎样的时代背景、制度规定、税收意涵，本文将尝试一探究竟。

票据存真："等因奉此"的历史原貌

两张票据均为草纸质地，呈浅黄色，尺寸相同（纵向25.6厘米，横向12.8厘米），其形制可以与浙江省档案馆收藏的同时期杭州钱塘、仁和漕粮串票相印证。二者均为制式印刷，在空白处填写粮户相关的具体信息（日期等项也有空而未填的），并有钱塘县满汉合文官印和知县花押。不同的是易知由单为单张，完纳版串为两联或多联中纳户所执的一联，右侧“同治四年酌征漕南行月连闰等米合符联串”文字以及骑缝加盖钱塘县印从中剖开，在票面上只存左半，是其明证。

易知由单和完纳版串上的文字，可标点如下：

奉宪颁给漕南行月等米由单

署杭州府钱塘县，为饬遵事案，奉宪行饬，将田地山荡应征漕南、存留等米，遵照减定科则，按则征输，等因，到县，奉此，合行颁给，为此单，仰该业户查照后开米数、拣选干洁好米、依限运仓、完纳给串归农，毋得私交书役、地保侵收，察出未便，须至单者。

计开，同治四年分、城西都二图卅九、一户邱长才，应完“酌征漕南、行月、连闰等米”一升。

同治四年十一月　日　给

县（花押）　　日上仓完纳

粮户完纳同治四年漕粮版串

同治四年酌征漕南、行月、连闰等米合符联串

杭州府钱塘县正堂，为便民输纳事，今据城西二图粮户邱长才，遵完同治四年酌征漕南行月连闰等米、除蠲免外实征米，已照数完纳讫，合给版串，归农存照。

完一升正

同治四年　月　日　给

县（花押）　　生字第卅九号

名物释义：只言片语的特定指称

易知由单、版串

易知由单（或简称由单），初步形成于宋元，成熟于明清，一直沿用到民国时期。易知由单的发展始终贯穿于明清两代的赋役改革中，是明清时期“票单”制度的重要组成部分，既是纳户缴纳赋税的通知单，也是明清地方政府赋役征收体制的重要载体。其创设的最初目的是将纳税项目进行公开明示，使承担赋役的民众易于知晓应当缴纳的钱粮书目和期限，防止胥吏和豪绅的横征私派之弊。单内记载田地的种类、科则、应纳的款项，以及缴纳期限等事项，属于一般通则，依照一定的格式刊印；各户应纳的银粮细数，则多用毛笔随栏填注。单据应该于开征以前发给税户（但是实践中，也会出现易知由单和串票在完纳银粮时才一并交给粮户的情形，实际上已经失去了易知由单的定制本义），以期按期如数缴纳。易知由单的设计初衷，是为了让纳税人清晰了解纳粮的成案及其事由的用意，故名“易知由单”。 易知由单的形式，大体上经历了由样式各异到渐趋统一，由简到繁再到简的过程。易知由单由各州县编制，繁版的由单，载有本州县上、中、下则地亩，人丁、正杂、本折、钱粮以及起运、存留各项，随后再开列各户地亩人丁等则和应纳税额；简版的由单，则只保留各该纳户的人丁、地亩、税额等事项。这里介绍的钱塘邱长才由单即属于简版。

串票为清代政府发给纳户的完纳钱粮凭证，版串是相对于活串而言。活串中的所完钱粮数额在征收时由胥吏手写填入，存在人为营私舞弊的风险。版串的所完钱粮数额则或用工作字体规范书写，或用木板刻印加盖，并在数额上钤印，以防止舞弊。 这里串票中“完一升正”即是刻印加盖，故谓之“版串”。

都图

明清时期，在地方管理层面，县以下的都里（图）甲体系全面建立，“都—

里（图）—甲”是户籍赋役的基本单位。都里（图）是按照土地区划的基层组织，土地字号按照“里（图）”进行分配，“里（图）”是地籍管理的基本单位，也是户籍登记和税粮征收的重要环节。这里粮户邱长才的土地位于杭州府钱塘县城西都二图。

漕南行月等米，连闰等米——漕粮征收的名目

漕南（米），据清金安清《浙江南米截漕利害说》所述：“国家征民田之米，名为漕者，皆由水运诸京师之谓也。今则正额支内，划出十数万截留本省，名曰南米。以为杭乍两营官兵计口授食之需，又织造衙门匠粮，及旗丁月米。”即南米（或称南粮）是漕粮中留供地方兵丁、织造衙门工匠之粮，故合称漕南。实际则如参与浙江减赋的戴槃所著《减南粮浮收记》所谓：“在上虽有征漕、征南之分，在下并无完漕完南至别，自漕粮中有征不足数之米，即归入南粮于夏间启征”，也反映出二者在征纳上的密切关系。

行月（米）即行粮月粮，或称行月二粮，是支付漕运军丁运送漕粮的费用。清代漕运为实现漕米征收、运输、仓储过程的各项开支，按照“以漕办漕”的思路，随漕征收用于办漕经费开支的“漕项”，大部分是折色银两，同时也有相当部分的本色米石物料，一同纳入国家财政经常之制。其中，行月即是漕项的主要款目之一。按照清制，漕粮、漕项与地丁不同，极少蠲免，并且即使漕粮偶然遇蠲，“随漕等项银两例应照额征解”，“增贴、行月米石照数征米运通”。

连闰（米）是指因农历闰年产生的遇闰加征。

酌征

所谓“酌征”，是与“成熟全征”相对而言，通常是在灾荒、战乱、积欠

等背景下，全征难以实现，不得已进行减成，由州县与布政使议定漕粮实征额数。版串中的“除蠲免外实征米”，也反映出议漕减成的意涵。

拣选干洁好米——本色与折色

拣选干洁好米，意味着征收本色漕粮，而非折征银钱。由于太平天国等农民运动的冲击，以及漕弊丛生和财用匮乏等原因，清政府对漕粮的征收作了重大调整，逐渐把征收实物（“本色”）改为征收银钱（“折色”），即漕粮改折。在19世纪后期漕粮大幅折征的背景下，本色漕米征运主要集中在江苏、浙江两省。同治四年（1865年），浙江虽有漕粮概完本色的规定，但并未禁止粮户完纳折色，准许民折官办，维持本折兼征的状态。

漕粮折银，可以追溯到明代田赋货币化，其中体现的是从实物税向货币税转换的历史进程。从明前期宣德、正统时临时性田赋缴纳货币，到成化、弘治以后田赋折银成为发展趋势，再到嘉靖、万历年间“一条鞭法”赋役改革全面展开，折银是其核心要义。

漕史解读：字里行间的时代变迁

在字面之外，要了解两张单据所隐含的漕粮历史变迁，“减定科则”一语和“同治四年”的时间点，是在解读时不可忽视的。清同治三年（1864年）八月，以湖州的收复为标志，浙江全省终于摆脱太平军的控制，重新回到清政府的掌控中。减定科则的出台，正是这一时期浙江开展以核减正漕、裁减浮收为重心的减赋运动的结果。同治四年（1865年）五月，以浙江巡抚马新贻会同左宗棠陈奏酌定浙漕应征分数得到上谕批准为标志，浙江减赋告一段落。同治初年包含减漕在内的浙江减赋，与前文讨论的由单和版串所处时代背景及其反映的漕粮征纳信息，有着十分密切的联系。

清代有漕八省，尤以江浙两省漕粮额征为重。同治二年（1863年）奏请减赋的监察御史丁寿昌所述“天下漕粮，以江浙二省为大宗；而江浙之漕，以苏、松、常、镇、太、杭、嘉、湖七府一州为尤重”，就是这一情况的反映。

太平天国以前的情形是，包括浙江在内的长江中下游各省的田赋，以漕粮和地丁为主，浮收勒折非常普遍，积弊所至，有时浮勒竟然达正额十余倍之巨，民不堪命。浙江方面，州县收漕，也是向有陋规，上至道府，中则同寅幕友，下及佐贰生监，无一不取于漕粮。此时已经有不能不减赋之势，到太平天国后，减赋更是箭在弦上不得不发。其原因是：其一，兵燹后，农田生产力破坏，政府不能再竭泽而渔。其二，期望通过减轻人民负担以图收拾人心。其三，军需紧急，只有减赋才能调动输纳的积极性。其四，厘金制度已经建立，政府减赋不用担心收入骤减（各省的减赋，都是在厘金制度建立之后）。在这一背景下，无论是减漕额还是减漕粮浮收，其根本都是为了多征赋税，多起运漕粮本色。浙江裁减漕额见表1。

表1　浙江裁减漕额（节略）[①]

地名	原征本色米数（石）	减征米数（石）	减征百分率（%）
钱塘	22400.2531	2894.5192	12.921
杭州府合计	163565.9896	25735.4880	15.800
嘉兴府合计	492276.1010	145416.3010	29.500
湖州府合计	344576.7399	95613.8430	27.700
三府合计	1000418.8305	266765.6320	26.666

① 夏鼐：《太平天国前后长江各省之田赋问题》，载于《清华学报》1935年第二期。

供稿单位：中国财税博物馆
撰 稿 人：刘佳佳

参考文献：

[1] 何秋琴. 承载漕粮税制的历史凭证——省档案馆馆藏晚清串票概览［J］. 浙江档案，2010 (1) : 50.

[2] 胡双双. 明清易知由单研究［D］. 金华：浙江师范大学，2017.

[3] 钮希强. 清代杭州府串票初步研究［J］. 浙江档案，2020 (9) : 46.

[4] 万明. 明代白银货币化与制度变迁［J］. 暨南史学，2003 (0) : 276-309.

[5] 夏鼐. 太平天国前后长江各省之田赋问题［J］. 清华学报，1935 (2) : 416，429-433.

[6] 倪玉平. 试论同治朝江浙“减漕”运动［J］. 石家庄学院学报，2007 (4) : 18.

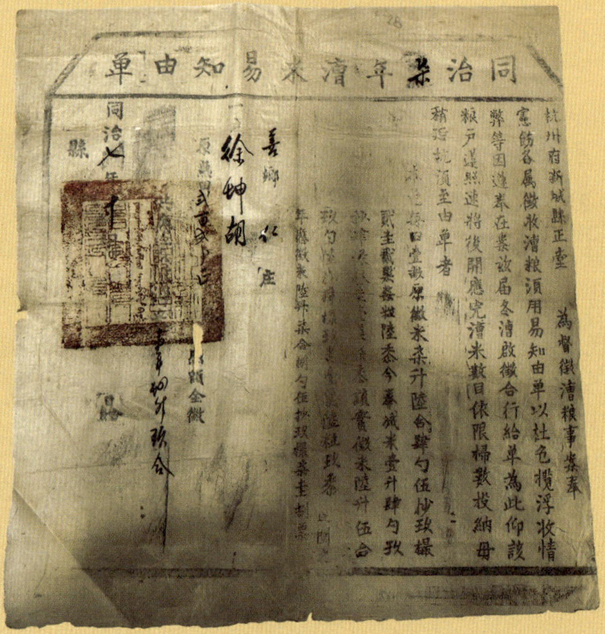

同治柒年漕米易知由单

杭州府新城县正堂　为督征漕粮事案奉
宪饬各属征收漕粮须用易知由单以杜包揽浮收情
弊等因遵奉在案兹届冬漕启征合行给单为此仰该
粮户遵照速将后开应完漕米数目依限扫数投纳毋
稍迟延须至由单者

清同治七年（1868年）漕米易知由单

上图是清同治七年（1868年）浙江省杭州府新城县正堂颁发的一份缴纳冬漕的易知由单，杭州府是清政府征收漕粮的重要区域之一，这些漕米将通过大运河北上运往京师。通过对此份易知由单的分析，我们不仅可以得知漕粮的缴纳时间、方式，而且还能透过由单了解漕粮征解的整个流程。

从赋税票单中探究清晚期漕粮征解

——清同治七年（1868年）漕米易知由单

在北京税务博物馆藏品中，有一件珍贵的“清同治七年漕米易知由单”。这张小小的税收票单，是2018年从湖南的一位私人收藏家手中征集而来，它不仅仅是一张缴纳漕米的通知书，更隐藏着有清一代漕粮征解的程序规则，是研究清代田赋征实、赋役监管和大运河漕运（包括漕粮海运）不可或缺的史料。下面就让我们走进这件藏品，透过这张易知由单窥探它背后的故事吧！

漕米——水运来的税粮

《说文解字·水部》曰：“漕，水转谷也”，即由水道转运、输送粮食，漕米即是由水道输送的粮食，也就是狭义上的漕粮（税粮）。漕粮之名源于漕运，故而提起漕粮就不得不先了解漕运。一般认为，中国古代的漕运始于秦汉时期，隋唐之际随着大运河的开通，漕运制度步入成熟期。

明清之际特别是清代前期的漕运体制，是古代漕运体制的巅峰，漕运制度从征收、交兑、起运到交仓，环节虽十分烦琐但基本能正常运行。到了19世纪中叶，因内外战事和漕运各种弊端的凸显，漕运体制发生剧烈的变化，折征折解与采买海运逐渐成为漕运的主流，但河运仍然长期存续，其运输额数随着内外局势变化时有增减。本文提及的藏品时间是同治七年（1868年），正值晚清漕务改革之际，河运中断，海运取代河运成为漕粮运输的主要方式。

漕粮是通过运河（晚清为海运）输送的税粮，是田赋征实最重要的一种形式。众所周知，清代的田赋在“地丁银”改革后以征银为主，即田赋改折，但仍有小部分田赋征实，主要以漕粮和白粮为主。这些税粮每年从南方八个“有漕”省份（山东、河南、江苏、浙江、安徽、江西、湖南、湖北）征收，运贮北京通州各仓，以供皇室食用、王公官员俸米及八旗兵丁口粮之需。“清同治七年漕米易知由单”上面的漕米即是由“有漕”省份之一浙江杭州府新城县征收后运往京师的。浙江作为漕粮大省，主要在杭州府、嘉兴府、湖州府征收漕粮。

易知由单——带有威慑力的文书

从字面意思来看，“易知”即简单明白，使人一目了然，“由”就是“是由”“缘由”或一种凭证。故而“易知由单”即是政府发给纳户征税的通知单。其初步形成于宋元，成熟于明清，在清代更是成为全国的定制。《清世祖实录》记载，清军入关后于顺治六年（1649年），户部议准颁刻易知由单：“将各州县额征、起运、存留、本折分数、漕白二粮及京库本色，俱条晰开载，通行直省，按户分给，以杜滥派。”和前代不同的是，由单一般会在标题前加上一些具有明确意义或性质指向的关键词，如便民易知由单、奉宪颁给某一年份的办粮易知由单、奉旨恩免地丁应征漕项钱粮易知由单等，但关键词的添加并不影响其赋役通知单的性质。在赋役征收过程中，易知由单的功能在于让纳税户清楚自己应交的赋役数额，以便杜绝横征私派之弊。

经历了清初的鼎盛期，由单的形式内容变得更为简练明了，标题仅仅指明了年份、事项，具体可参考“清同治七年漕米易知由单”。其内容有：由单的颁发机关“杭州府新城县正堂”；由单的事由，为“督征漕粮事案奉宪饬”；颁发由单的目的、作用“以杜绝揽浮收情弊等”；粮户在收到由单后要做的是“粮户遵照速将后开应完纳漕米数目依限归数投纳毋稍延抗”。同时罗列本县田地相关科则应纳的具体税额，每亩额征数、减征数，该户应征额和实征额等。最后是户名、日期，即“同治七年十月”，日期正好也如实反映了冬漕的征收时限。结尾处还有一枚红色印章，应为州县政府的官印，内容已无以辨认。

易知由单作为“票单”制度的重要组成部分，同“赋役全书”“串票”“滚单”“奏销册”等都是政府为了完成赋税的依限足额征收而颁发的册单工具，是我们了解州县赋役征收体制的重要载体。通过对由单的探究，可以窥探地方赋役尤其是漕粮的具体征解流程。

天庾正供——漕粮的征解

漕粮征收是有清一代重要的经济活动，关系到清朝的政治统治，漕运制度更是重要的财政和税收制度。漕粮被称为天庾正供、朝廷血脉，《户部漕运全书》曾载“国之大事，惟兵与漕”“惟漕运为京师血脉，最为紧要”，因而清朝建立后，立即重建漕粮征解制度。

漕粮征收，或征本色，或收折色，到了清末，漕粮大幅折征，本色漕米的征运主要集中在江苏、浙江两省。据《钦定户部漕运全书》卷九记载，粮户缴纳漕粮起初是向运输漕粮的运丁直接交兑，但常有运丁额外勒索之事。据乾隆《大清会典则例》，在顺治九年（1652年）时题准改为官收官兑：“各省漕粮，向系军民交兑，军强民弱，每多勒索，嗣后定为官收官兑，酌定赠贴银米，随漕征收，官为支给，民间交完粮米，即截给印串归农，军民两不相见，一应浮费，概行革除。”这也是清代漕粮征收的最初定例。

漕粮改为州县征收后，查验米色（粮户完漕以白粳为原则，米粒须干圆洁净），应收应退，都由州县官吏主持。各州县设置仓廒，令粮户将本户名下应完粮米运至官仓存储，即刻给发过印票，令其归农。等运船到州县，由州县官负责交兑，“兑”是指将粮户所交漕粮交给运送漕粮的运军。

为预防拖欠和吏胥侵蚀，“有司每年开征一月前，颁发由单，使小民通晓”。即征收之前由州县政府预先颁发易知由单，“由单之式，每州县开列上中下则，正杂本折钱粮，末缀总数，于开征一月前颁之”。粮户据由单所列完纳漕粮，而缴纳的方式据该文书载为“投纳”，即自封投柜。每届征期，在各州县衙门前置立木柜，粮户按易知由单所列税额，亲自用官方量具称好投入柜中，有书吏负责登记入簿，随即给一联串票，作为完税凭证。易知由单加上自封投柜之法，使得漕粮赋税的征收在一定程度上避免了官吏舞弊。

为了把征收的漕粮运往北方，清政府有一套完整的执行机构。在州县漕粮兑交上船后，由各府派同知或通判监兑。监兑官员负责监督漕粮米色、兑运速度，同时还需监督运丁、胥吏，严防不法行为。各州县漕粮定于每年冬季开仓交兑，征兑截至期限是每年的十一月，届时，各监兑官须坐守码头，验明米色，将各船米数兑足，面交押运官。漕船起运日期，各省不同，根据路程远近而定。

至于有漕州县漕粮应征数额，都由《钦定赋役全书》规定并记录在册，然而实际征收时州县官吏往往在法定额度之外私自加征，这一现象被称为“浮收勒折”，导致老百姓负重累累。由此我们可知由单发放的目的之一是杜绝揽浮收情弊等，各州县征漕为浮收以达到多收米石的目的使用了种种方法，如加大量斛容积，设法使容积扩大；在量米时使用手脚，加大米密度等。于是因浮收不堪重负的粮户们常有闹漕之事，如道光时江浙闹漕，“拆斛拆仓，欧官之案相望而起” 。因此同治年间多次开展以核减正漕、裁减浮收为重心的减赋运动，核减漕粮正额与浮收，重订钱漕章程。其中浙江的减漕工作是由左宗棠主持的，主要是减少浮收，据《清史·食货志·漕运》记载：“同治五年减浙江杭、嘉、湖三属米二十六万余石”。

此件藏品“本色每田一亩原征米七升六合四勺五抄九撮二圭二粟七粒六黍今奉减米一升四勺九抄四撮□□□□七黍”后面的数额即是裁减的部分。这里面的升、合、勺、抄、撮、圭、粟、粒、黍为粮食的计量单位，起始单位为升，以下依次有合、勺、抄、撮、圭、粟、颗、粒、黍、稷、糠、秕，均为十进位。

尘封的文书，再现一段曾经辉煌又消散的历史，从那泛黄的纸张、减退的文字中我们依稀可以看见有清一代漕粮征解的历史场景。浙江杭州府善乡仁庄粮户徐坤胡收到了官府发的易知由单，他精心挑选上好的大米进行晾晒，并在规定的时限内交往官仓，然后，他带着对未来的希望和对家庭的责任返回家中，继续辛勤劳作，为下一年度的漕粮做准备。

供稿单位：北京税务博物馆
撰 稿 人：张丽荣

参考文献：

[1] 赵尔巽，等. 清史稿 [M]. 北京：中华书局，1977.
[2] 李文治，江太新. 清代漕运 [M]. 北京：中华书局，1995.
[3] 倪玉平. 漕粮海运与社会变迁 [M]. 上海：上海书店，2005.
[4] 汪洁盈. 晚清浙江的漕粮海运（1852—1911）[D]. 上海：华东师范大学，2022.

清同治八年（1869年）长芦盐运使恒庆就盐捐津贴剥船事呈曾国藩转户部咨文

清同治八年（1869年）专司督查的户部给事中陈姓官员发现每包长芦盐在正税之外额外加收了50文钱，要求长芦盐运使说明这笔钱的用途。上图为长芦盐运使恒庆于同治八年六月初八（1869年7月16日）给直隶总督曾国藩呈文，称额外征收的50文钱属于盐商们自愿捐赠的盐捐，专门用于补贴生活穷困的剥船户，为的是保障漕运与盐运的畅通。

案牍中的盐税风云史

从隋唐到明清，蜿蜒流淌的大运河上，舳舻千里，帆樯如林，划桨声、吆喝声、叫卖声此起彼伏，一艘艘漕船从南方载着粮食而来，又从北方载着食盐而去。长芦盐通过千里大运河进入了千家万户，以颗粒均匀、色泽洁白、量大质优而闻名于世。

虽然如今盐早已不再是贵重之物，但在古代却有着极其重要的地位。从西汉开始，食盐就开始实行国家专卖制度，“盐之大利有三，一曰国课（即止税），一曰商资，一曰民食。究之，课出于商，商出于盐，盐售于民”。作为最重要的财政收入之一，盐税支撑着一个又一个王朝的崛起。

以盐为业，为国聚财的壮举

“长芦盐”得名于明朝。明洪武二年（1369年），朱元璋设立河间长芦都转运盐使司，因该司设在长芦镇（今河北沧州）而得名，后来省去“河间”二字，简称“长芦盐运使司”。《水经》记载：“长芦，水名也，水旁多芦苇，因以为名。”北周大象二年（580年），这里因水草丰美而设立长芦县，北宋时期废县降为长芦镇。

其实长芦盐区制盐的历史远远早于明朝，《周礼·职方》记载：“东北曰幽州，共利鱼盐。”早在西周时期，幽州百姓就开始使用大锅熬煮海水制成食盐，后幽州一直是我国重要的产盐区。元至元二十二年（1285年），忽必烈设立大都河间都转运盐使司，其下设置了22个盐场，明朝建立后又在河北省沧州海兴县、秦皇岛市各新建了一座盐场，盐场数量也就此达到了顶峰。明朝后期，长芦盐区的制盐工艺发生了巨大变革，在滩涂晒盐逐渐取代了大锅煮盐，盐产量也有了大幅增加，因此在明隆庆三年（1569年），24座盐场减并为20座，此后盐场数量持续下降。

清朝建立后，长芦盐区成为当时四大盐区之一。顺治年间，长芦盐年产量达到758600引[①]，盐税达到355555两[②]；雍正二年（1724年）以前，年产盐增加到927200多引，盐税达到429447两，之后盐税数额一直呈上升趋势。

由于主产区逐步向天津转移，康熙七年（1668年），长芦巡盐御史署从北京迁往天津；九年后，长芦盐运使司也从沧州迁到天津，至此结束了在沧州长达308年的办公历史，以至于人们渐渐淡忘了长芦盐运使得名的原因。

清朝中晚期，财政支出一直居高不下，但之前康熙皇帝曾经做出“永不加（田）赋”的承诺，盐税成为朝廷增加收入的最大依靠，甚至一度超过了传

① 清顺治元年（1644年），长芦盐每引为225斤；康熙十六年（1677年）每引增至250斤；雍正元年（1723年），以300斤为1引，之后每引数量依旧不断增加，食盐按引纳税，已按引纳税的引盐为官盐，未纳税的为私盐。

② 清乾隆年间编修的《天津府志》卷十三《盐法》。

统税种农业税与新兴税种关税。在各大盐区中，长芦盐税收入仅次于两淮盐区（即江苏省长江以北的黄海沿岸），这两大盐区的盐税收入几乎占到了全国盐税总收入的一半。

民国初创之际，北京中央政府财政几近枯竭，地处京畿的长芦盐区盐税成为其最重要的财政来源，不过随着北洋军阀统治的结束，长芦盐区的重要性大幅下降，到了1935年，曾经辉煌一时的长芦盐区只剩下丰财（即塘沽盐场）、芦台（即汉沽盐场）两处盐场仍在维持运营。

二品顶戴长芦都转盐运使司盐运使为详请核咨事案蒙督院宪台札准

户部议覆据陈给事中，奏称近来芦盐每包加筑肆伍拾斤，过关之时另筑号盐预备提掣，果有此弊，大干例禁至称。近年随引每包抽津钱伍拾文，不知抵归何项？壹节查同治六年海运案内有封贴盐船拨运漕粮，恐滋扰累，议由各商接引抽钱津贴民船。壹款是否即系此项钱文有无浮收抑勒，应请饬下直隶总督饬司详覆报部备核等因咨行到司，蒙此除将各条应办事宜由司核议，另行具详外卷。查同治六年二月间据通纲商人孟彝仲等禀称，以前奉天津县面谕，因每年海运抵津封船起剥漕粮船户纷纷畏葸远避，各行无船起运，各货船只往往停泊不前。于盐课税务皆有关系，令商等公议筹捐津贴，漕剥船户以免封贴。今商等拟请将装盐装货各船按照船只之大小，捐钱之多寡，其杂货米粮捐数较盐船减贰成核算。大船捐津钱拾贰千，中船捐津钱八千，小船捐津钱肆千文，由各商延请绅董立局收捐，津贴民船装漕之用。除海运总局例发水脚饭米，外装百石者，外加津贴津钱贰拾千文。计石核算由公局支取，此外挑费均有此款开付，一并造报，如有盈余留作下年应用，倘有不敷再行摊捐。俟新造官剥齐全无须添雇民船，起剥即可停捐，请察核等情并据天津县以前情具详到司，当经克前司据情详明。

前督院宪台并

仓场部堂　通商大臣批示照办在案嗣蒙

钦差验米大臣劄行以风闻收捐津贴未能办理妥协，并有浮冒私收私放等弊，委据天津府恩守等查覆，调齐船捐收发各账簿，逐款查核，均系该商垫发，尚无亏短冒垫中饱情事，诚恐货捐难于稽核，又因米数无多，请先将货捐停止，专就盐包抽捐，以顾起运。七年又据天津县刘令以盐捐津贴壹项，洵为盐漕两利之善举，请饬纲循旧捐捐办等情详经本司论饬，通纲各商公议情原复捐，按筑运熟盐，每包摊捐津钱伍拾文，在于过关之先，交由小直沽批验大使收存，当经详明。

督院宪台并檄饬该大使，妥为经理壹面，饬由天津县备，具印领送，由小直沽陆续支领转发运粮民剥津贴之用，仍将收发盐捐钱数由小直沽批验大使随时呈报本司备查，俟年底汇总造册送司转详，在案其所捐钱文原为津贴民剥起运南粮，庶船户不致畏累远避，致有封贴之虞，而于运漕运盐两有裨益，或停或捐，每年应由各商公议禀办，并无浮收抑勒索情事。

兹蒙札饬前因拟合查案具文详请

宪台查核转咨

户部查照实为公便，为此备由具呈伏乞。

照详施行须至册者。

上面是长芦盐运使恒庆于同治八年六月初八（1869年7月16日）通过直隶总督曾国藩转呈户部的咨文，事情的起因是专门负责财政核查的户科给事中陈姓官员发现近年来在盐税正税即盐课之外，每包长芦盐额外加收50文钱的盐捐，他怀疑这项收费属于乱摊派，要求有关部门说明这笔收入究竟用于何处，因此直隶总督曾国藩责令恒庆就此事向户部进行解释。

经过一番调查，恒庆对盐捐进行了详细的说明，首先开征程序合法，事先经过了仓场部堂、通商大臣的同意，当时还邀请诸位盐商一同进行商议，开征与停征也由诸位盐商自行决定，并没有予以强迫。其次收支手续完备，小直沽批验大使具体负责盐捐的使用，使用情况随时向长芦盐运使司进行汇报，年底时还会汇总造册备查。最后使用目的正当，盐捐用于补贴那些生活穷困的剥船户。

在中国古代，漕运历来是封建王朝的经济命脉，天津是重要的漕运枢纽，每年都会通过大运河从南方运来大量的粮食，但漕船体型庞大，不适宜在河道淤浅以及水量不足的运河河段航行，只能通过“剥船”（又称“拨船”或“驳船”）对漕粮进行转运。剥船体型较小并且船底平缓，便于在浅水区域活动，从通惠河、北运河到江南运河，2000余艘漕运剥船承担着上百万石粮食的运输任务，这些剥船在运输粮食之余，空闲时还会运输食盐等货物。

专门负责盐运的商人孟彝仲上报天津县令，相较于转运漕粮，运输食盐的路途比较遥远，因此绝大多数剥船户并不愿运盐，以至于那些等待运输食盐的货船不得不长时间停留在港口，“于盐课税务皆有关系”，严重影响了盐税的征收。面对当下困局，盐商们主动提出缴纳盐捐，对那些运盐的剥船户进行补贴，有利于漕运与盐运的长远发展，也体现出长芦盐商们甘于扶危济困的优良品质。

胸怀天下，为君分忧的义举

作为当时最富裕的阶层，盐商们的前途命运与王朝兴衰紧密地联系在一起，除了缴纳正税盐课之外，他们往往还会以捐输、报效的名义交纳数额巨大的银两，上面提及的向剥船户发放津贴就属于捐输的一种，报效是指盐商们在国家危难时自愿出资报效朝廷。

18世纪50年代，生活在西北地区的准噶尔部与回部发动叛乱，名将兆惠率领清军在经历无数次殊死鏖战之后，平定了天山南北大约190万平方公里的土地，这片土地后来取名为“新疆”。这场战争历时5年，耗费白银3000余万两，长芦盐商们见国库空虚主动捐献白银20万两[①]。

位于如今四川阿坝境内的大、小金川土司曾经在乾隆十二年（1747年）、乾隆三十六年（1771 年）两度发动叛乱，直至乾隆四十一年（1776年）正月，走投无路的大金川土司索诺木向清军投降。两次金川之战历时7年，耗费白银7000余万两。长芦盐商们见此次战役耗费巨大，主动捐献白银90万两[②]。

乾隆五十一年（1786年），台湾百姓林爽文率领天地会反叛清朝，攻占彰化县衙门，自称“盟主大元帅”。清军跨海进行征讨，历时近两年才将林爽文擒获。长芦盐商们纷纷向朝廷表示庆贺，主动捐献白银35万两[③]。

乾隆五十五年（1790年），廓尔喀（即尼泊尔）悍然侵入我国西藏，战火很快蔓延至日喀则。清军立即入藏抵抗侵略，双方激战了两年之久，朝廷财政状况捉襟见肘，长芦盐商们捐献白银35万两[④]。

嘉庆元年（1796年），白莲教民发动起义，起义迅速蔓延至四川、湖北、陕西、甘肃、河南五省，朝廷派遣大军进行围剿，这场战争历时9年，人口损失估计11000万。耗费白银2亿两，长芦盐商们为此向朝廷捐献白银66万两[⑤]。

虽然如今盐税在财政收入中的地位已经大不如前，但食盐仍旧是人们不可或缺的重要调味品；虽然那段跨越千年历史的长芦盐业史看似已经悄然逝去，却如同蜿蜒曲折的大运河，从过去一直流淌到现在，正缓缓地流向未来……

① 《长芦盐政官著奏报芦东盐商捐输甘省屯饷先支库项垫解分年归还事》朱批奏折，档案号：04-01-35-0621-039，乾隆二十四年三月初六日。

② 《清高宗实录》卷九百四十四“乾隆三十八年十月己丑”。

③ 《长芦盐政穆腾额奏报长芦山东盐商捐输军需五十万两资助进剿台湾天地会事》，朱批奏折，档案号：录副奏折：03-0637-073，乾隆五十三年正月初四日。

④ 《清高宗实录》卷一千三百九十六“乾隆五十七年二月辛丑”。

⑤ 《长芦盐政董椿奏请允准长芦山东商人捐输银两事》录副奏折，档案号：03-1791-005，嘉庆四年三月十七日。

供稿单位：国家税务总局天津市河西区税务局
鸣　　谢：天津博物馆

参考文献：

[1] 孙德常，周祖常. 天津近代经济史[M]. 天津：天津社会科学院出版社，1990.

“一品顶戴”青石牌匾

由于当时国库空虚，两淮盐运使江人镜整饬盐纲，力挽狂澜，给盐商们减赋反而使得税收增加，清光绪皇帝为了褒奖他，赐“一品顶戴”青石牌匾。由中国盐业协会提供的“一品顶戴”青石牌匾，现为江苏仪征十二圩江上盐都盐运文化展示馆镇馆之宝。

刻在青石牌匾上的“御批奖状”

——清光绪年间“一品顶戴”青石牌匾

自古以来，扬州都是华夏文明一颗璀璨的明珠，镶嵌在东南大地上，虽经沧海桑田、斗转星移，依旧熠熠生辉、光彩夺目。清人黄钧宰说过：“扬州繁华以盐盛”，扬州是一座因盐而兴的城市，因为悠久的盐史繁衍了一座历史名城。扬州的历史发展与盐业盐运史息息相关，盐业盐运就是古城扬州的命脉。

讲述：一段历史佳话

在江苏仪征十二圩江上盐都盐运文化展示馆中，珍藏着一块青石牌匾。这块牌匾是由清光绪皇帝亲笔书写，赐给两淮盐运使江人镜的“一品顶戴”青石牌匾。青石牌匾长约2.5米，宽约0.5米，中间写着“一品顶戴”四个大字，左首一排小字为“大清光绪十九年帝特旨人镜一品顶戴恩赐允谕”，右首一排小字为“擢两淮盐运使年减盐商供应金七千余使国税有增所恩”。这是江人镜在两淮盐运使任上，清理积弊，既减少盐商成本，又增加清廷财政收入，一举两得，为此被光绪皇帝授予“一品顶戴”。光绪十六年(1890年)，江人镜担任两淮盐运使,至光绪二十六年(1900年)病逝,共在扬州做官10年,是历任两淮盐运使中的佼佼者。

清代由户部职掌政令，专司奏销考成，在两淮盐区设置巡盐御史一人，名为“盐差”，康熙后改为“盐政”，巡盐御史或称盐课监察御史、盐政监察御史，为地方盐务的最高行政长官，初为正七品。在扬州设立两淮巡盐御史衙署为盐漕察院，又称扬州使院、扬州盐院。在两淮又设有都转盐运使司，盐运使一人（正三品），职掌督察盐场生产与盐商行盐而平其盐价，并管理水陆税运事宜，按时向盐政或督抚汇报。盐运使以下属员有经历（从七品）、库大使（正八品）、知事（从八品）、巡检（从九品）等。而江人镜就担任两淮盐运使。

江人镜，字云彦，号蓉舫，安徽婺源人。道光己酉举人。咸丰十年，为军机章京，因参与镇压捻军起义有功，赏戴花翎，升内阁侍读。同治九年(1870年) 授山西省蒲州知府。其间，严禁溺婴陋习，劝导百姓储存粮食，以备灾荒；捐薪俸资助创办书院。继任太原府知府，署山西按察使。其间，清理冤狱，释放无罪犯人，革除陋规，减免徭役。在办理朔州教案时，秉持公正立场，使无辜群众得到解脱。山西连年发生瘟疫，灾难殃及76州县，江人镜筹募巨资，运送粮米，按户散发，救活灾民无数。赈灾之后，将剩余20余万两白银全部交给地方，以为善后，山西民众广为称颂。后改任河东盐法道、河东兵备道，又任湖北盐法道、江汉黄德道等职，兼管中外通商事务，主张对外巩固邦交，对内保存国体，不亢不卑。光绪十六年(1890年)，任两淮盐运使，清理积弊，减少盐商成本，增加了清廷的财政收入，受到了光绪帝的褒奖。江人镜担任两淮盐运使后，便在扬州定居，共育十子七女。他本想回安徽老家安享天年，可惜没等衣锦还乡，就病逝扬州，时为光绪二十六年（1900年），享年77岁，最后灵柩运往婺源晓起村安葬。曾著有《知白斋诗钞》。

叙说：中国盐业与扬州发展

历代统治者制定盐业和盐税政策可谓是煞费苦心，绞尽脑汁。“襟淮枕海水泱泱，煮得饴盐白似霜。商贾自饶三倍利，家家豚酒祀吴王。”早在西汉初年，吴王刘濞“即山铸钱”“煮海为盐”，称霸一方，在广陵（今扬州）开创了中国历史上罕见的无赋税社会。自此，地处“淮南江北海西头”的扬州因盐而盛。魏晋南北朝时期，政权更迭，战火纷飞，但扬州盐业仍顽强地生存着。隋唐大运河开通之后，扬州成为盐商汇集、盐船密集的运输中心，盐使扬州富甲天下，名满海内外，写就“扬一益二”的神话。明清两代，扬州盐业得到充分发展，特别是清代，两淮盐区的地位更为重要，扬州成为两淮盐业的运营中心，“东南繁华扬州起”的佳话，也让人们津津乐道。

追述：两淮盐税的巅峰史

“赋税制度”乃立国之本。在中国封建王朝历史上，盐铁官营的收入仅次于田赋，在国家财政收入中占有极其重要的地位，有时甚至占到封建王朝财政收入的三分之一至二分之一，而两淮盐税又占到盐税的近一半之多，所谓“自古煮海之利，重于东南，而两淮为最”。

唐大历末年，首次有记载盐税占全国赋税收入1200万贯中的大半。宋代“天下大计仰东南，而东南大计仰淮盐”，两淮盐业最资国用。元代两淮盐产量最高，盐课收入丰厚。明清两代，随着扬州盐业经济的充分发展，形成“盐课居税之半，两淮盐课又居天下之半”的状态，扬州仅盐税一项就占全国财政收入的四分之一，史称“两淮盐课甲天下”。

据嘉庆《两淮盐法志》记载：“佐司农之储者，盐课居税赋之半，两淮盐课又居天下之半，山海天地之藏，其有关于国计民生者，与农桑等。”盐课与田赋为国家财政收入两大重要来源。清乾隆时，两淮巡盐御史要发元称：“两淮岁课当天下租庸之半，损益盈虚，动关国计。”清朝顺治和康熙皇帝一再声称，“盐课钱粮，关系军国急需”“盐课关税系国赋，最为紧要”。

清代盐税分为灶课和引课两类，引课中又有正项和杂课两项。杂课名目繁多，如河工银、铜斤银、行政经费银等，行政经费银中很大一部分是盐务官员的养廉银。两淮盐区的杂项最多，达50余种。此外，清朝中后期为筹措用于特定支出的经费，又设有加价，在两淮地区，有埝工加价、海防筹款加价、赔款加价、浙饷加价、抵补土药税加价、江南要政加价、培养商灶加价等，这些都是盐税收入的一大宗。太平天国运动爆发后，清政府为了筹措镇压太平军的军费，于咸丰四年（1854年）开设盐厘征收。首先在两淮盐区推行，除对合法盐商征收盐税外，对走私的食盐也进行盐厘征收，称为私盐厘。20世纪初年，全国盐税总收入（中央与地方）在4300万两左右。

清代的全国盐税收入，在顺治元年（1644年）为158973两，顺治十八年（1661年）为272121两，康熙六年（1667年）为2754545两，雍正二年（1724年）为4261933两，乾隆十八年（1753年）为7014941两，嘉庆五年（1800年）为6081517两，道光二十年（1840年）为7522579两，可见盐税收入逐年增多。两淮盐税，据两江总督兼两淮盐政陶澎称，清朝初年淮盐正课只有90余万两，加上杂项织造、铜斤等，也只有180余万两。后来，盐税急剧增加，雍正年间已达400余万两，此后又增加至500万两左右。咸丰三年（1853年）正杂各项为600

余万两。

顺治元年（1644年），两淮盐税收入占全国盐税总收入的62%，顺治十年（1653年）占56.3%，康熙十八年（1679年）盐税征额比顺治十年（1653年）增加了100万两。据记载，道光二十一年（1841年）、二十二年（1842年）、二十五年（1845年）、二十九年（1849年），全国盐税平均为7502579两，同期两淮盐税为3355327两，即占全国盐税收入的44.7%，几近一半。

甲午战争（1894年）后，清政府在财政上陷入了空前的危机。为了偿付《马关条约》中的赔款，从1895年起，以盐税收入作担保，向外国举债，至1911年共约10笔，计2400万英镑，白银46250万两，此时盐政主权虽尚未被列强控制，但盐税收入中已有部分被外国金融资本所侵占。

供稿单位：国家税务总局扬州市税务局
撰 稿 人：徐郁明
鸣　　谢：仪征十二圩江上盐都盐运文化展示馆

参考文献：

[1]薛平，朱宗宙，黄继林，等.滨江名镇盐都十二圩[M].扬州：广陵书社，2007.

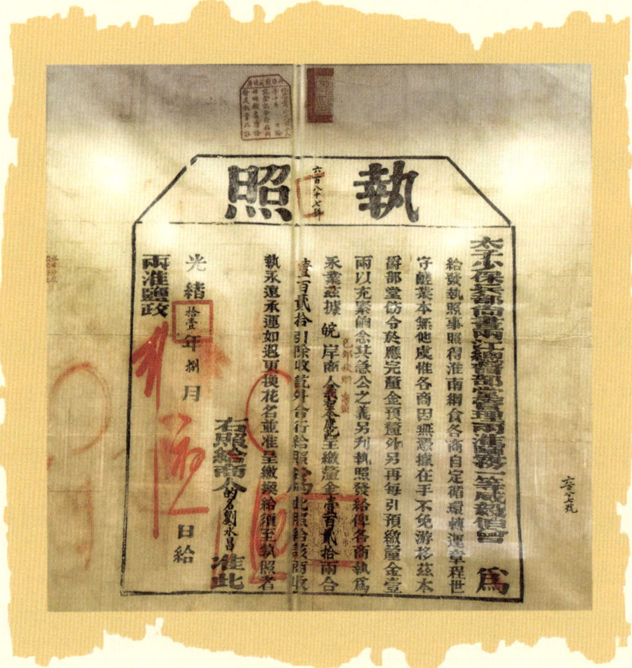

執照

太子少保兵部尚書兩江總督部堂管理兩淮鹽務一等威毅伯曾 為
給發執照事照得淮南綱食各商自定循環轉運章程世
守鹺業本無他慮惟各商因無憑據在手不免游移茲本
爵部堂飭令於應完釐金預繳外另再每引預繳釐金壹
兩以充緊餉念其急公之義另列執照發給俾各商執為
永業茲據 皖岸商人劉永昌呈繳釐金壹百貳拾兩合
壹百貳拾引除收訖外合行給照為此照給該商收
執永遠承運如遇頂換花名並准呈繳換給須至執照者
右照給商人劉永昌 准此
光緒拾壹年捌月 日給
兩淮鹽政

清光绪年间盐商刘永昌的营业执照

盐税是封建国家财政收入的一项重要来源，自明洪武元年（1368年）开始，全国各食盐产区都划界销售，淮盐销往安徽地区的食盐，是由船只通过运河、内河转运到长江，再沿西上运往安徽地区。因此，京杭大运河不仅是商品流通的水上“高速公路”，更担负着漕运、盐运的重要功能，是国家的重要经济命脉。

这份“清光绪十一年太子少保兵部尚书两江总督部堂管理两淮盐务一等威毅伯曾执照”，长70厘米、宽70厘米。根据执照上的文字显示，这是清光绪十一年(1885年)两江总督兼两淮盐政曾国荃签发给盐商刘永昌的盐业执照，执照中规定了该盐商售盐的数量为120引，销往目的地为安徽地区，以及需缴纳税金为120两等。

盐商的行盐执照

——清光绪年间盐商执照

追溯：盐引及由来

盐引源自宋代，盐商凭盐引到盐场支盐，又到指定地区销盐。这种固定盐场和销售地的做法叫“引岸制”，制度管理极严，买和卖都不能跨越规定的地区。盐引作为有价证券可以在市场上流通，扬州引市街每日每时进行盐引交易，遥控着安徽、湖南、湖北、江西等省份的食盐价格。

从宋朝开始，虽盐制多变，然以就场专卖为主，增加了一道商人买取证券的盐引，销盐的地界也作了明确规定。据《宋史·食货志》记载，盐引每张，领盐116.5斤，价6贯钱。引是盐的计量单位，每引盐的斤重，历代不尽相同，大多在400斤上下。明代“纲盐制”规定，持有盐引的商人按地区分为10个纲，每纲盐引为20万引，每引折盐300斤，或银6钱4厘，称为“窝本”，分税银3两，公使（运输）银3两。未入纲者，则无权经营盐业。

清代对食盐的运销，主要采取官督商销的纲引制定，即政府控制食盐的专卖权，招商认引，按引领盐，划界行销，承包税课。纲，就是把全国划分为长芦、两淮、奉天、山东、浙江、福建、广东、四川、云南、河东、陕甘11个盐区。盐商凭盐引到指定的盐场购买一定数量的盐（每引200斤至数百斤），然后运到指定地区销售。盐商在官府督办之下经营盐业，缴纳盐课，在规定范围内有专卖特权，实际是一种官商结合的垄断经营。淮扬地区的“引盐”发售区为安徽、河南、湖南、湖北、江西等省份，盐商多雇用私商“帮船”，或者通过官方船只将食盐运往各地销售。

再现：清代扬州盐商

“腰缠十万贯，骑鹤下扬州”，这句虽是出自小说家的俗语，却俗得如此荡气回肠，如此让人遐想万千，心向往之。扬州盐商独占长江流域、江淮平原六省250余州县的食盐消费市场。扬州盐商在清政府的卵翼之下，成为封建垄断性的商业资本集团。

历史上，盐一直是十分重要的战略物资，对于盐的生产、运输以及销售，也都有非常严格的规定。在两淮盐区，盐引大体上分为食引和纲引两种，并各有不同的行销区域。一般而言，食引税课轻，盐价相对较便宜，行销于场灶附近州县地区，以防止场灶附近食盐的走私。纲引税课较重，盐价相对较贵，行销于离场灶较远的州县地区。离场灶较远的州县，走私风险大，成本高，政府也易于缉获。两淮地区有纲引、食引以及纲岸、食岸的区分，承运食盐的商人也区分为纲商和食商，纲商不承运食引，食商不承运纲引，行销地域也各有不同。

清政府为褒奖扬州盐商的捐输，对盐引频繁加斤。在乾隆年间，加斤名目最为繁多。如乾隆三年（1738年），议定量加卤耗，六月以前每引加二十斤，八月十五日以后加十斤。乾隆十三年（1748年），因“蒲草欠收，包索减轻”，每引加盐十斤。乾隆历次南巡以后，每引加盐十斤、二十斤不等。由于每引盐斤频繁增加，到嘉庆时，两淮纲盐由清初的每引二百二十五斤增至三百六十四斤，但实际还远远超过此数。因为每引中有大量的“无课之盐”以及偷私之盐，扬州盐商获得了大量的非法厚利。扬州盐商贿赂掣所盐官，采取以多报少、暗改斤两等手段非法获利。官商勾结、共同作弊，盐商走私日益猖獗。

在清政府“恤商裕课”政策下，扬州盐商的舞弊漏私等手段层出不穷，加之引盐畅销，与盐官狼狈为奸，从而攫取了惊人的利润。清中叶，扬州盐商富可敌国，积累了巨额的商业资本，成为全国商业界的巨擘。乾隆、嘉庆年间，“扬州盐商豪侈甲天下，百万以下者谓之小商”。富商大贾的资本金达到千万两左右。

盐商有主收盐的场商和主行盐的运商，因资金大小和经营能力不同，分为总商和散商。总商是行业头领，又是政府和商人之间的中介人。在清乾隆、嘉庆、道光之朝，两淮盐务“首总”主要代表人物有黄德源、江广达、洪箴远、鲍有恒、邹同裕和黄潆泰等。其中名气最大的是江广达（盐务行盐的旗号）其主人叫江春，乾隆中后期的扬州盐务总商，史称“以布衣上交天子”。

盐盛，扬州则盛；盐衰，扬州则衰。盐务铸就扬州辉煌的历史，绿杨城郭演绎了一段属于盐的文化。盐文化是扬州文化中的重要组成部分，是扬州千年历史画卷中最为浓墨重彩的一笔。

还原：中国盐法制度变迁史

中国盐法制度之复杂、变动之频繁，实属少见。纵观中国盐业发展史，其基本上由国家加以控制。盐作为一种专卖商品，自春秋战国时期齐国管仲提出并实施“官山海”政策以来，食盐的专卖制度基本上被历代统治者所接受和实施。西汉的盐铁专卖，唐代的榷盐法，宋元折中法和钞盐法，明代的开中法、纲盐法，清代的纲盐法、票盐法和循环转运法等，名称虽然不同，内容也有些变化，但食盐专卖的实质是一样的。在盐的运输、销售体制上，有的实施官卖制度（官制、官收、官运、官销，或民制、官收、官运、官销），有的实施商专卖制（官督、民制、商收、商销），或者介乎两者之间的民制、官收、商运、商销。

唐代榷盐法实施，盐铁使第五琦执行民制、官收、官运、官销，盐铁使刘晏则推行民制、官收、商运、商销。

宋代最初在海盐区实行民制、官收、官运、官销，但是宋太宗雍熙三年（986年）却首先在两淮地区推行“折中法”，令商人运送粮草至边塞，视道途远近定价，发给“交引”，然后到江淮领盐。端拱二年（989年）在京城设折中仓，商人运粮到仓，兑换江淮食盐。宋仁宗庆历八年（1048年），范祥推行“钞盐法”，以钞代粮，令商人买钞，然后凭钞运盐销售，改官运、官销为商运、商销，销盐区由政府划定，不得越界。

明代在宋“折中法”基础上实施“开中法”。在一定时期内，根据边防军事需要，定期或不定期出榜招商，应招的商人须把朝廷需要的实物代为运输到防卫所，以取得贩盐的专利执照（盐引），然后凭盐引到指定盐场支盐，并到指定的行盐地销售。“开中法”的实质是商人以力役和实物向朝廷换取食盐专卖权，具体包括纳粟、纳马、纳铁、纳帛、纳草等。明弘治五年（1492年），实行开中折色制，商人由纳粮边地改为纳银运司以领取盐引，大大有利于盐商。开中制肇始于洪武三年（1370年），最早开始地在山西大同，可分为报中、收支、市易三个组成部分。明代巡盐御史朱廷立撰写的《盐政志》卷四记载："洪武二十八年（1395年），各处边防缺粮，户部奏请开中纳米，定为则例，出榜招商。""正统三年（1438年），令灵州招商纳马中盐，每上等马一匹一百二十引，中等马一匹一百引。"万历十四年（1586年），两淮盐法疏理道袁世振创新"纲盐法"，规定凡纲册上有名的商人世代继承食盐专卖、无名者不得行盐。从此以后，由官专卖演变成官督商专卖制，或称为委托专卖制，政府把购、运、销一概交由盐商进行，成为官督、民制、商收、商运、商销。食盐专商垄断了盐引和引岸的一切权力，盐的承销由个体商人转为有组织的商人集团。

清道光十一年（1831年），两江总督兼两淮盐政陶澍奏准，在淮北改"纲盐法"为"票盐法"。规定，凡商人购买10引为1票（产盐区州县城1引也可起票），照章纳税，然后凭票购盐赴引岸销售。道光三十年（1850年），两江总督兼两淮盐政陆建瀛在淮南推行"票盐法"。"票盐法"的实施取消了专卖制，对盐商打击重大。太平天国运动爆发后，两江总督兼两淮盐政曾国藩认为，为保证清政府的盐税收入，需吸引大商人行盐。同治三年（1864年）规定，凡行销湘、鄂、皖、赣之盐，须以500引起票，盐商的办运成本，大票银为5000两，小票银为1000两至2000两，此法取消了小本盐商的行盐资格。李鸿章接替曾国藩为两江总督兼两淮盐政，于同治五年（1866年）借筹措军饷之名，下令扬子四岸的盐商报效捐款，湘岸每引1两、鄂岸每引1两、皖岸每引1.9两、赣岸每引1两，将淮盐运销作为票商的专利权，票商在完纳预厘、报效后，可循环转运。后来，李鸿章提出清水潭工捐，鄂岸每引0.6两、湘岸每引

0.5两、赣岸每引1.4两、皖岸每引1两，以此为票本。凡捐过票本者，即为旧商，从此可按年循环转运。此时，“票盐法”虽无纲名，却有纲法之实。“纲盐法”死灰复燃，引岸专商继续垄断淮盐市场，直到1931年还未彻底废除。

供稿单位：国家税务总局扬州市税务局
撰 稿 人：徐郁明
鸣　　谢：仪征十二圩江上盐都盐运文化展示馆

参考文献：

[1] 薛平，朱宗宙，黄继林，等. 滨江名镇盐都十二圩[M]. 扬州：广陵书社，2007.

“重修龙王庙”碑

这块在河北省邯郸市大名县金滩镇发现的“重修龙王庙”碑系清光绪八年（1882年）春所制，距今已有140余年历史。碑文详细记刻修缮的建筑和捐资人姓名，见证了位于卫运河重要漕运码头的繁荣景象，记述了龙王庙地理位置的重要性，为研究古运河漕运兴衰提供了实物见证。该碑现收藏于大名县石刻博物馆。

镌刻于石的“漕运篇章”

——清光绪年间“重修龙王庙”碑

在古老的中华大地上，大运河宛如一条巨龙蜿蜒盘踞，它见证了历史的波澜壮阔，也滋养了沿岸的万千生灵。这条曾经繁忙的水道，是漕运的命脉，更是文化的纽带。沿岸的龙王庙，作为人们祈求风调雨顺的精神寄托，承载着无数百姓的虔诚与希望。“重修龙王庙”碑现世，如同一本尘封的历史册，静静诉说着龙王庙与大运河之间的不解之缘。碑石上的文字，不仅记录了重修的历程，更透露出古代社会的风土人情和信仰传承。透过这块碑石，我们仿佛能够穿越时空，重新看到大运河上千帆竞渡、舟楫往来，龙王庙前香火缭绕、游客不绝的盛景。

青石回响：漕运史篇重现

石碑原本静静地伫立在龙王庙内，然而，时代的变迁让它的身份与归宿也历经波折。新中国成立初期，龙王庙改建为供销社酱菜厂，而石碑则被迁移到龙王庙汽车站旁，默默守望着小镇的发展与变迁。后来，有心的村民将这块石碑拉至家中，精心保护，如今，这块石碑已经被大名县石刻博物馆收藏。仔细端详碑体，两面均刻满了繁体字，大部分字迹仍清晰可见。

该碑标题横式右读：抚按酌定赋役规则。碑文竖式右读，

全文为：

神明之在人心有不容自己者矣况此地素号通衢久推重镇翰蹄络绎形势南北之衢舟楫往防御系津□之要□有龙王庙 三圣殿 泰山宫一□系入村公议之局□众商倾慕之地代远年湮怅颓圮之已甚工多料寡苦筹办之维艰维时光绪八年春绅董朱景程等意欲葺葺而大之增修文昌宫门楼之巅以为多士文明之应寡苦筹办之是慷解腰囊慨然倡捐而四乡绅民争襄义举不数月而厥功空二□计神殿六楹两廊四楹禅堂三开书斋三间周围墙垣三寸丈以至山门等处丹漆黝垩焕然一新亦何事之至难而成之甚易也岂非好善之心有不谋而合者哉今特泐岩志美使众善不没□将捐修姓字纪之碑阴倘后之君子勿替厥志则福有攸空一而斯舆也亦空应应不朽矣

碑文所记，大抵意思是：

这个地方一直以来就是交通要道，长久以来被视为重镇。车马繁忙，是南北交通的要冲；船只往来，是防御和航运的要地。这里有龙王庙、三圣殿、泰山宫，还有村民公共议事的场所，是众多商人向往的地方。然而年代久远，建筑物颓废坍塌已经非常严重，修复工程浩大但材料有限，筹集资金十分困难。光绪八年(1882年)春天，乡绅朱景程等人打算修缮并扩建这些建筑，增修文昌宫门。他们慷慨解囊，倡导捐款，四周的乡村居民也争相参与这项义举。不到几个月，工程就完成了。总计修建了六间神殿，四间廊房，三间禅房，三间书

房，还有围墙等，全部焕然一新。现在，我们将这些善行刻在石上，以赞美他们的行为，并将捐赠修复的人的名字记录在石碑的背面。如果后来的人们能够继承他们的志向，那么这些福祉将会长存，这些记录也将会永恒。

除这段文字外，碑体还详细记录了捐赠者的姓名及钱数，细细数来，捐赠者达468人之多，钱数从数文到上千文不等，可以看出龙王庙村人心向一，民风淳朴。

明朝后，大运河改道，不再直接流经大名境内，然而其重要的支流——卫河仍流经大名几个小镇，便利的水运物流孕育了古镇的文明。跟随石碑上镌刻的文字，可以看到100多年前龙王庙镇舟楫往来、商贾云集的繁华景象。

青石为证：漕运陈迹犹清

据《民国县志》记载：大名府（今河北省大名县）在隋唐大运河上共有八大渡口，三大码头。八大渡口分别是岔河渡口、龙王庙甘庄渡口、曹道口渡口、赵站渡口、苑湾渡口、东门口渡口、善乐营渡口、顺道店渡口，三大码头分别是龙王庙甘庄码头、金滩镇码头、冠场码头。卫河从大名魏县交界处的大名县龙王庙镇北张村开始，到大名县营镇乡北周庄与山东省（冠县）、河北省（馆陶县）两省交界的漳河、卫河汇流处，全长约45.4公里。龙王庙镇作为大运河流经的一个重要节点，历史上曾是漕运繁忙的地方，对当地经济和文化的发展产生了重要影响。

龙王庙因是水旱码头，四方商贾云集者，店铺林立，遂成大镇。设有“天篷”厘卡，货场数处，北盐南米、东货西瓷远输京、津、晋、冀、鲁、豫数省份，河中船艘首尾相连。码头两岸，运货车马川流不息，曾为一县之首邑重镇。陕、晋商贾众多，清乾嘉年间，在镇东南部曾建有规模宏大的山陕会馆。

龙王庙码头的南货场主要存放食盐，存量大，远销大名、魏县、成安、邯郸、武安、涉县等县市。因食盐运输需求量大，车马众多，川流不息，路上经常塞车，货物常常无法按时到达指定地点。因此，甘庄盐商蒋道一出资修了一条专用道，专供运盐使用，起名盐路，全长达400余里。在古代，因为运输一种货物专修一条道路，在冀、鲁、豫三省都可以称作一种创举。

水流千遭归大海，每条大河系都有很多支流。卫河，发源于焦作博爱县皂角树村，经过大名中部，把大名一分为二，直至大名北界北周庄村北部，又与从西南而来流经大名西部的漳河汇入一起，像一条银龙似的向东北流去。清光绪二十七年（1901年），清政府正式停止了漕运，卫河作为漕运通道的使命正式结束，龙王庙码头也随之成为历史。尽管卫河不再承担漕运的重任，但它依然是龙王庙历史和文化遗产的重要组成部分，吸引着无数游客前来观赏和体验。

青石探古：漕运脉络溯源

大运河漕运在中国历史上发挥了重要作用，对于维护社会稳定、促进经济发展和文化交流具有重要意义。漕运在我国历史长河中的发展主要经历了以下几个时期：秦汉主要利用运河从山东沿海一带运军粮到北河，标志着漕运制度初步形成；隋唐时期开凿了沟通南北的大运河，奠定了后世大运河的基础；宋元时期漕运继续发展，并逐渐成为封建王朝的经济命脉；明清时期漕运到达了鼎盛，大运河成为南北交通的大动脉，每年有数百万石的粮食通过大运河运往北京。然而，随着清朝末期的社会变革和现代交通工具的兴起，漕运逐渐走向衰落。

明嘉靖年间，卫河改道开始流经大名，龙王庙得益于漕运兴盛而迅速发展起来，成为一个经济大镇，商业繁荣，税财充足。到晚清时期，在龙王庙推行厘金制度，抑制商业发展，也进一步加大了财税负担。

文物宛如历史的低语者，以无言的静默诉说着千年的往事，镌刻着民族的魂魄与时光的印记。“重修龙王庙”碑即是明清时期龙王庙镇漕运岁月的见证者，在重整庙宇十数年后，漕运就在历史舞台落下了帷幕，这一块青石也携带着最后的鼎盛记忆，于时光中无声静默，成为龙王庙漕运史的一个句点。

供稿单位：国家税务总局大名县税务局
撰 稿 人：李雯娜
鸣　　谢：大名县石刻博物馆

参考文献：

［1］大名县地方志编纂委员会. 大名县志（1979—2005）［M］. 北京：方志出版社，2018.

［2］大名县水利志编纂委员会. 大名县水利志［M］. 北京：新华出版社，2017.

［3］程廷恒，洪家禄，等. 民国大名县志［M］. 郑州：成文出版社，1934.

［4］赵亚琛，张兵华. 历时维度导向下沿运古镇演变研究综析——以鲁运河历史文化名镇为例［J］. 地域研究与开发，2023，42(4)：168-173.

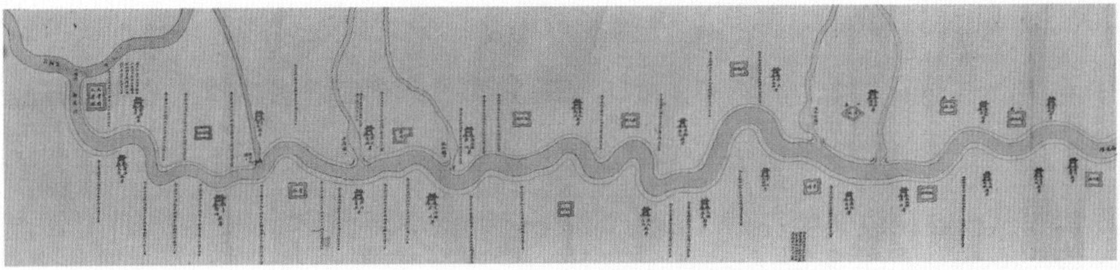

清代《南运河图》

南运河，中国隋唐大运河和元代京杭大运河的重要组成部分，原以山东临清为南起点，天津市海河三岔河口为北终点，与北运河相接，全长436公里。南运河的运道在临清与卫河、浊漳、清漳交汇，其水源也主要来自上述河流。清代《南运河图》绘绿色和黄色的河道及沿途重要州县、村镇，并在重要地方注以文字说明，该图详细标注了沿运河设置的盐关、钞关等地点。

九江下梢天津卫　千里舳舻入两关
——清代《南运河图》

水波渺渺，文脉悠悠，千里运河话税收。“当河海之冲，为畿辅之门户”的天津因运河而生，因漕运、盐业而兴，时至今日，城市日新月异，但大运河流过的历史记忆却早已刻进天津人的基因。打捞一段历史，细细端详，能望见大运河上行驶的千里舳舻，能看到钞关与盐关里奔忙的绰绰人影，能邂逅百年前熠烁的税收传奇。

先有三岔口，后有天津卫：天津摇篮之一的南运河

“先有三岔口，后有天津卫。”位于海河与南运河、北运河交汇处的三岔河口，是天津悠久历史风云际会、沧海桑田的最好见证。“潞河澄澈卫河浑，二水交流下海门”“三汊水分色，万樯急雷奔”两诗将明清时期三岔河口波澜壮阔的历史场景还原给世人。

三岔河口位于何地？《天津卫志》记载："三岔河在津城东北，潞、卫二水会流。潞水清，卫水浊，汇流东注于海。"由此可知，旧三岔河口位于天津城东东北隅，为卫河、潞河和子牙河三河交汇处。这里曾是天津最早的居民点、最早的水旱码头、最早的商品集散地，有"天津摇篮"的美称。

《天津卫志》中提及的"卫水"便是"南运河"的旧称。南运河，作为中国隋唐大运河和元代京杭大运河的重要组成部分，历史悠久，称呼众多，隋、唐称永济渠，宋、元称御河，明、清称卫河。《天津府志·山川志》记载："卫河，即南运河，古清河也。源出河南卫辉府辉县苏门山……又东入山东德州界，又东北经河间府景州，东历吴桥、东光、交河、南皮、沧州、青县，合滹沱及漳河，又东北迳静海县西，又东北迳天津县，又东与白河会为三岔河。"据此可知，南运河流经多个省市，最终与白河（北运河）汇聚至天津三岔河口，奔流入海。这一路线与清代《南运河图》所绘相吻合。

汩汩滔滔的京杭大运河，川流不息的三岔河口，盈盈浩浩的南运河，共同成就了天津这块"水运"兴旺的宝地，为"长江西上接天津，万舰吴粳入贡新。漕卒啸风前后应，篙师乘月往来频"的壮阔景象埋下历史的伏笔。

转粟排千舰，沙场业煮盐：两大税务部门的时代印痕

《天津县志》卷七《公署·附园亭·水西庄记》记载："（天津）为漕运孔道，冠盖之所，往来商贾之所辐辏，舟车络绎，百货骈填，鼓角管弦之声不绝于耳。"如此兴旺的大运河贸易，使得天津商业得到高度发展，市场高度繁荣。因此钞关、盐关等中国古代税收机构应运而生。

钞关：征管职能的履行与免税政策的出台

钞关，自明代设立，是征收内地关税的税关，明代天津的钞关位于武清北

运河畔的河西务，而康熙元年（1662年），随着天津商业贸易日益繁盛，清政府将钞关由河西务迁到了天津北门外河北浮桥旁。《津门杂记》记载："天津钞关，在北门外河北浮桥旁，人称大关，征收水陆出入货物税银。" 道光年间的《津门保甲图说》也清晰地标明了天津钞关的位置，可相互佐证。钞关位于天津城北且规模宏大，因此天津人民唤之"北大关"。

天津钞关的主要职能是税收征收管理，其征管的税收项目包括按出产地征收的正税、按物价征收的商税和按船只梁头大小征收的船料等。据统计，乾隆中期，北大关的年收税额是七万四千余两，而当时规模巨大的临清关收税额仅有四万多两，远远低于北大关。清末，北大关的年税收额则高达数十万两，可见南运河所带来的不仅是城市的繁荣，更是国库的丰盈。

清代，漕粮被奉为 "天庾正供"，而天津位于咽喉之地，无论是河运还是海运，漕粮若想进入京、通、边等粮仓必须经由天津。"京师岁食东南数百万之漕，悉道经于此。""北拱神京，南控诸夏，东连沧海，西望太行，形胜甲于天下，盖畿辅一都会哉。其间轮蹄辐辏，舳舻扬帆，往来交错，尽昼夜而无止。天庾之挽运，蒸民之懋迁，道取诸此。" 史料俯拾即是，可见天津在明清漕运史上的重要地位不言而喻。明清时期，为确保漕粮顺利运达北京、通州以及边防粮仓，官府特许漕运人员在运载漕粮北上的同时，携带"土宜"，即南方土特产，沿途售卖以资用。这些土宜沿途免税，并且携带数量一再被放宽。清朝初期，每条漕船允许带运土宜60石。雍正七年（1729年），"著于旧例六十石之外加增四十石，准每船携带土宜一百石"。嘉庆四年（1799年），"著再加恩准其多带土宜二十四石，共足一百五十石之数"。道光七年（1827年），令"各省重空帮次，均著自来岁新漕为始，准其每船于额带土宜之外，加带三十石，一律免税，以资调剂"。至此，允许漕船带运土宜的数量增加到

180石。

随着惠民便民的税收政策——“土宜免税”的颁布，南运河漕运的活力得以进一步激发，蒲帆乱射、百舸争流的漕运景象成为现实。

盐关：追寻税收稽查的前世

“水国常含卤，沙场业煮盐。转输分使出，征榷置官监。桥坏仍通市，船来总落帆。依依道傍柳，无那拂征衫。” 傅若金《长芦》一诗既描绘出天津一带盐运的兴盛景象，又将“榷盐”这一古代税收制度再度推向大众视野。

“国之所资，其利最广者莫如盐。” 兴长芦盐场之利、仗南运河之便的天津，在晚明至清初，逐渐成为长芦盐业的转运中心。然而随着引岸制度衍生的盐价不均、吏治腐败导致的监管不力、人民窘迫不得已而为之的铤而走险等因素出现，“未通过盐商报运的无税盐”逐渐出现，天津一带“私盐横行无忌”。因此，长芦巡盐御史这一职位得以设立，职能之一则是缉防私盐，对于“江海盐徒，私贩公劫”者，严行卫所、有司缉捕，“防杜乱萌”。随之出现的，还有盐关浮桥。

明万历二十一年（1593年），长芦巡盐御史姚思仁认为“直沽一河为行盐要地”，也是防堵私盐的绝佳之处，因而奏请设立浮桥，于河两岸置船二只，横以拦江铁索二条，系以木桩，遇夜封锁，天明始开，“纵有神奸不能越渡”，这便是最早的盐关。后至明万历二十九年（1601年），浮桥破敝，缉私功能残缺，长芦巡盐御史吴达可则上奏称，“天津海口私盐出没之所，宜修复浮桥，以稽私贩”。然史载并无后文。再后至清雍正八年（1730年），天津分司运同孟周衍捐造浮桥一座，再次将盐关建造，供稽查私盐、便利交通之用。

从此，盐关又一次恢复防堵私盐、稽查税收的作用，恰逢清代长芦巡盐御史改驻天津，相关官员便在盐关专司盘验，对往来船只一一盘查，果无别弊，方准放行，如有夹带，解司究问，船只“莫能飞越”。王守基赞此为“净引私有法也”。

上述一系列举措，目的是对借助运河转运长芦盐的“纳税人”进行税收检查监督，杜绝私盐，保障税收，和如今税务机关代表国家依法对纳税人的纳税情况进行检查监督的形式——税收稽查相类似。

活的税收文物：见证一城“芳华” 诉说一段“税史”

“江南北国脉相牵，隋代千年水潆涟。”因河而生、因河而盛的天津，在南运河、北运河和子牙河的孕育下尽显芳华。如今天津这座运河之城在大运河的历史文化和现代文明中已经寻觅到新的平衡点，《南运河图》等一系列税收文物也以崭新的姿态彰显着运河的新魅力。新时代税务人能从《南运河图》中找到税收优惠政策的影子，能从《南运河图》中所标注的城市、钞关、盐关、河道感受百年前的经济发展与社会景貌。期待大运河继续为我们讲述更多的税收故事，让我们共同领略大运河的迷人魅力。

供稿单位：国家税务总局天津市河西区税务局第一税务所
撰 稿 人：冯轶群
鸣　　谢：天津博物馆

参考文献：

[1] 天津风物诗选[M]//天津文史丛刊：第5辑. 天津：天津市文史研究馆，1985.

[2] 来新夏，郭凤岐. 天津通志 · 旧志点校卷：上册[M]. 天津：南开大学出版社，1999.

[3] 通漕禁令 · 盘诘事例[M] //载龄，等. 清代漕运全书：卷83. 北京：北京图书馆出版社，2004.

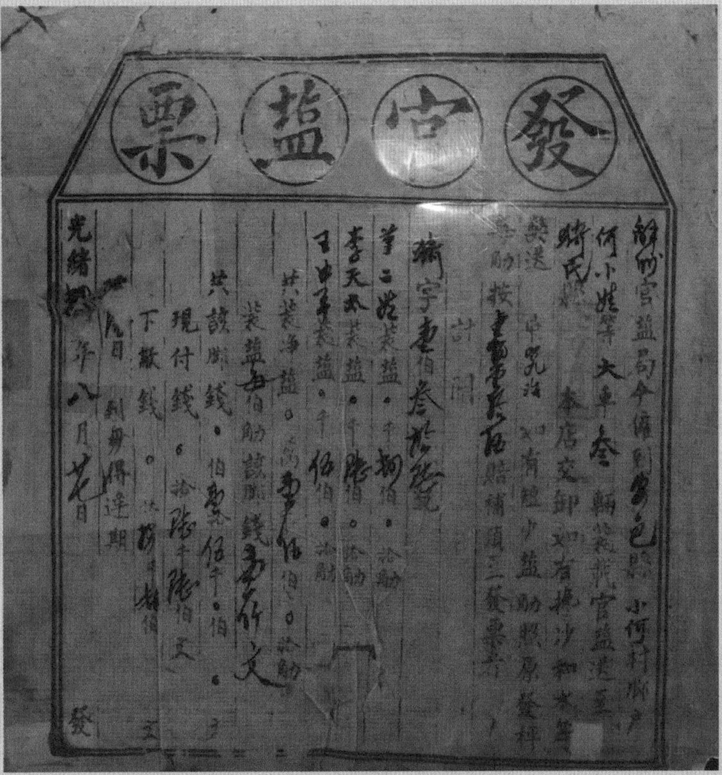

清光绪四年（1878年）发官盐票

这张收藏于南京税收博物馆的解州（河东盐池）发官盐票，系清光绪四年（1878年）八月所制，距今已有近150年历史。盐票详细记载了当时解州官盐局对运盐数量、品质以及沿途线路、到达时限等的规定要求，折射和反映了清代盐税制度的沿袭与改革。

一张盐运票证里的税收乾坤

——清光绪四年（1878年）发官盐票

一池河东盐，半部华夏史。山西运城盐湖，古称河东盐池，上古先民即在此结晶制盐，故有新石器时代遗址，邻近的尧、舜、禹三代都城相距不远。随着都城迁移扩大，北魏宣武帝于正始二年（505年）开挖河东盐池的永丰渠“引平坑水西入黄河以运盐”，百年后的隋炀帝令都水监姚暹再次疏浚开凿，有《大唐河东盐池灵庆公神祠颂并序碑》载河东盐“其漕砥柱，其关巅軨”，河东盐运经黄河支流通向长江以北和京津以西的广大地区，其盐税曾占到全国总税收的1/8，千年盐运流传着盐税的史话和传奇。

发官盐票，河东盐池里的盐课端倪

南京税收博物馆珍藏着的这张解州发官盐票，为题头“发官盐票”的行楷版印文书，格式文书空白处为毛笔行草书写内容，票文为（其中下划线为毛笔书写）：

解州官盐局今雇到安邑县小何村脚户何小娃等大车叁辆，装载官盐送至猗氏县元亨青号（店名，长方形红印盖注）本店交卸，如有掺沙和水等弊送官究治，如有短少盐觔（通“斤”，下同），照原发秤每觔按壹佰壹拾伍赔补需致发票者。计，开猗字壹佰叁拾陆号，董二娃装盐肆佰拾觔，李天太装盐陆佰觔，王申予装盐伍佰觔。共装净盐壹千伍佰觔，装盐每佰觔该脚钱壹千文，共该脚钱壹拾伍千文，现付钱玖千陆佰文，下歉钱捌千肆佰文，限陆日到，毋得违期。光绪四年八月二十七日发。

这份发官盐票是解州官盐局雇请脚夫（搬运人员）运送官盐、沿途备查的通行执照。解州官盐局是河东盐池的地方盐税管理机构，负责这一地区盐税的征收和盐运的监管。清代盐税主要有灶课（对盐场灶户制盐环节征税）、引课（对盐商取得盐引的运销环节征税）、杂课（附加缉私费、盐务官署行政费、临时捐纳等）三种。河东盐池的官盐专卖以专商引岸制（官督商销）为主，即盐商缴纳引课后获得专卖执照（盐引），只能在官府指定地域行销专卖。然而，私盐问题依然严重。私盐，指的是私自生产、运输、销售等环节未缴纳盐税的食盐。为了遏制私盐泛滥，清朝规定盐商越界（越过指定专卖区）售盐与私盐同罪。通过此发官盐票文书可看出清代盐税征管的严密性：一是票面注明的运送官盐（说明了盐场已纳灶课）为1500斤，且标注每个脚夫载运量，是为了缉私关卡便于据此票证查验每个脚夫是否夹带私盐（未纳灶课）；二是仔细看票文内容，除了行楷刻印和毛笔行草填写，只有店名“元亨青号”是唯一的长方形红印盖注，说明该店系在解州官盐局管辖区登记在册的官盐专卖盐商，已纳引课，专卖官盐；三是票面注明不得“掺沙和水”“短少盐觔”，以及指定了官盐运送路线等，均是便于沿途缉私关卡核验官盐数量和行程路线是否符合要求，防止盐商和脚夫串通越界售盐。

清代盐税仅次于田赋，位居第二，清廷为确保盐税收入，不仅严格私盐查缉管理，还对官员进行考成（盐税收入任务的业绩考核）。据《河东盐法备览》（蒋兆奎担任清代河东盐运使时编著，后任漕运总督）记载："销引欠一分者，停其升转，欠两分者，降俸一级，欠三分者，降俸二级，欠四分者，降职一级，俱令戴罪督催，欠五分者，降职二级调用，欠六分者，降职三级调用，欠七分者，降职四级调用，不准融销开复，任内有军功钱粮、加级记录者，准其抵消，别项级纪，不准议抵，欠八分以上者革职，其戴罪督销者，限一年销完，如年限内不完者，照徐淮等仓钱粮年限内未完例，处分。"《河东盐法备览》规定了盐税收入未能足额上缴国库或拖欠的详细处理办法，因此解州官盐局特意在盐票上注明了运送官盐的时限，以确保盐运和销售等环节的运转效率，及时足额入库。

河东盐运，起底晋商致富传奇

这张盐票的运达地为猗氏县，一个因盐商鼻祖猗顿而得名的古老县城。猗氏县流传着陶朱猗顿的成语故事。春秋末期，辅助越王勾践灭吴的名臣范蠡辞官隐退于陶地，自号"陶朱公"，他经商致富后慷慨扶贫，并著有《陶朱公商训》。寒门弟子猗顿读完《商训》后，拜见陶朱公以求指导，陶朱公面授八字秘诀："子欲速富，当畜五牸（牛、马、猪、羊、驴）。"猗顿便迁徙至河东南部畜牧牛马，在贩卖牛马时，还顺道驮运池盐贩卖，结果发现贩盐反而致富更快，于是决定筹资开挖河东盐场、经营盐业。快速致富后的猗顿常常感念陶朱公的启蒙，修建了陶朱公庙，并在陶朱公广散钱财、淡泊名利的一代商圣风范影响下，不忘行德施善之行，为当地百姓带来了福祉，他的善举被广泛传颂。正如贾谊的《过秦论》所言："仲尼墨翟之贤，陶朱猗顿之富。"

河东盐池，前有“猗顿以监盐起……与王者埒富”（《史记·货殖列传》），后有晋商兴盛500年始于河东盐商。明初抗元战线补给不济，大同卫都指挥使于洪武四年（1371年）二月上书称“ 大同地边沙漠，元季孛罗帖木儿、扩廓帖木儿等乱兵杀掠，城市空虚、土地荒残，累年租税不入。军士粮饷欲于山东转运，则道里险远，民力艰难”，明太祖朱元璋旨准山西行省执行“开中法”，招引商人运送税粮至边关换取盐引（盐商专卖执照），商人则可用官盐专卖垄断利润贴补运粮费用，而明廷则由此节省了税粮入边关的巨额费用。于是山西河东盐商凭借距边关近、盐池辐射广的地理优势和资源优势，由“纳粮换引”起始逐步拓展到茶、铁、烟、丝绸等多类商业贸易，获利倍增，逐渐成为天下第一的大商帮。

晋商兴于明，盛于清。明清的“盐引制”促进了河东盐运销两旺，白银的不断流入壮大了晋商帮会的资金实力，同时晋商在清代的疆土扩张中迅速抢占边境贸易市场，长途贩卖、异地汇兑的需求又孕育出了晋商票号。“货通天下，汇通天下”，一时间晋商票号遍及全国商埠，加速了资金周转、拓展了商贸版图，最终成就了晋商的鼎盛辉煌。山西平遥古城，晋商票号的摇篮和聚集地，不仅是大清王朝的金融中心，还一度成为晚清的国库税银解缴中心。因太平天国运动的波及，各地税粮解送受阻，清王朝只得借助平遥各地分号解缴税银：“风闻河南一带捻匪不时滋扰，直隶境内上复有骑马贼出没无常，往来行旅，颇多受害。……现未敢冒险遄行，致兹疏失，而京师待饷孔急，又未便耽延，可否暂为变通，交给在江省开设新泰厚记票行汇兑”[《江西巡抚沈葆桢奏折》，同治二年(1863年）二月二十五日]；“甘肃兰州饷银，前因道路梗阻，三次发交平遥县商人汇兑银八万两”[《山西巡抚布政使王榕吉为汇解甘饷的奏片》，同治四年(1865年）八月初五日]。晋商的百年传奇盛于清朝，却最终因与清王朝的深度捆绑而衰亡。

盐课改地丁，官盐私盐的博弈轮回

这份解州发官盐票对盐运规定之严苛，并非贯穿清王朝的始终，清中期的盐课改地丁、裁撤河东盐课管理机构改革，曾经引发了一场全国范围内的官盐私盐的纷争和博弈。

河东盐池历来是王朝赋税重地，明清专设“河东都转运盐使司”（从三品，相当于现在副省部级），负责河东地区的盐税、缉私、盐业管理和收入任务考核等所有事项。清初的河东地区实行专商引案制盐税政策，主要体现在河东都转运盐使司限定了引商（领取盐引缴纳引课的盐商）的各自运销地域（引岸，行盐地界），不得越界贩卖食盐，否则视同私盐处罚。其目的：一是便于河东都转运盐使司对各地州县官府的辖区盐课收入任务进行考核；二是防止大小引商在同一片区打价格战，扰乱市场、波动盐价而引起民愤，以确保社会稳定。然而到了乾隆年间，全国人口由原来的近1亿暴增3倍，河东地区食盐不仅供不应求，又恰逢接连水灾导致盐池歉收，“河东大小盐池，查明实系五、六、七等月阴雨较多所致，请照例在于积年存余陈盐内拨补”[《清高宗实录》，乾隆五十二年（1787年）十二月甲辰条]，一方面引商从盐场购进官盐的进价高，另一方面官吏的不断贪腐勒索、引课附征杂费连年增长，导致引商不仅抬高售价，还掺沙带泥，造成市场官盐价高难食，民怨沸腾、私盐盛行。

基于河东盐课收入锐减、社会矛盾突出，乾隆五十七年(1792年)，河东盐区实施“盐课归地丁”新政。一是简化盐税征收环节：取消引课，对食盐运销环节不再征税；保留灶课，只对盐场灶户制盐征收一道灶税，税负不变。二是引课摊入地丁，改革税收收入任务考核方式：河东盐政使司将河东地区的引课收入任务摊入陕西、河南、山西三省（河东盐池行销区、河东盐课收入任务考核区）田赋的征收任务考核之中。三是取消专商引岸制，裁撤缉私关卡等盐课基层机构，河东盐区人人可贩卖食盐，且无地域限制，运销环节再无官盐、私盐之分。由此盐价迅速回落，价廉物美、稳定民心，同时也没有影响盐税整体收入，官商民皆大欢悦。

当然，盐课归地丁新政的顺利实施，也得益于乾隆时期农业的大发展。这一时期，乾隆一方面将雍正的“摊丁入亩”赋税制度推向全国，将原本无地、少地农民的丁役转嫁给拥有大量田亩的地方豪绅，这不仅遏制了土地兼并和税源流失，简化了赋税流程，同时还控制住了官吏随意加税的行为，大大减轻农民负担；另一方面，引进科学种植技术、改进耕种工具，降低农民劳动强度，实现了田亩的促产增收。因而，将河东地区盐商的引课税负均摊到三省的田赋，并没有引起农民太大的怨气。进入嘉庆年间，盛世转衰，好大喜功、多次南巡穷奢极欲的乾隆留给嘉庆的国库所剩无几，一方面下达给河东地区的盐课收入任务剧增，三省的田赋负担越发沉重，另一方面取消专商引岸制仅限于河东盐池，而江南两淮海盐政策未变，结果造成河东盐侵入两淮盐区，引发江南两淮盐区的官盐私盐纷争，严重影响了当地盐区的税收任务指标。“两淮课甲天下，国计所关”，嘉庆一声令下，存续15年的“盐课归地丁”新政结束。

盐课不仅是财税问题，还关乎民生和社会治理，税制变革往往牵一发而动全身，这张解州发官盐票足以引起我们对税收、国家、民生关系的深思。

供稿单位：南京税收博物馆
撰 稿 人：江晓彤

参考文献：

[1] 蒋兆奎. 河东盐法备览[M]. 北京：北京出版社，1997.

[2] 司马迁. 史记[M]. 长沙：岳麓书社，2021.

[3] 黄鉴晖. 山西票号史料（增订本）[M]. 太原：山西经济出版社，2002.

清光绪二十三年（1897年）镇江关《运洋货入内地之税单》

这张收藏于南京博物院的镇江洋票，是清光绪二十三年（1897年）在镇江海关填开的《运洋货入内地之税单》，距今已有120多年历史。票面详细记载了美国商家源记行的船载洋货品名、数量、运销地点以及缴纳子口税金额，并标注了凭此税票可以一路免除任何内地税收。由于其凸显洋人特权，故俗称“洋票”。这张镇江洋票反映了近代西方列强打通内地子口岸，商品沿着大运河一路倾销中国市场的历史。

一张镇江洋票里的大运河变迁史

——清光绪二十三年（1897年）镇江关《运洋货入内地之税单》

“山映南徐暮，千帆入古津”，唐代诗人卢纶笔下的镇江西津渡自古就是漕运重要枢纽，江南漕粮由此转运北上，担负着漕运抵京中转的重任。“舳舻转粟三千里，灯火临流一万家”，清初诗人查慎行描绘了千年漕运积淀下来的繁华盛景，却不曾想晚清时期被英军攻破镇江口岸、切断漕运咽喉，清政府被迫签下了丧失关税主权的《南京条约》。古运河畔的镇江“洋关”就这样成为运河千年之变的历史见证。当今世界正处于百年未有之大变局，这张镇江洋票，值得我们警醒和反思。

子口税票，丧失的不仅是关税主权

这是一张文字繁多的晚清表单式税票，票面文字有蓝色楷体版刻印刷和黑色毛笔书写两种，表头文字为“运洋货入内地之税单”（蓝色楷体版刻印刷），表格内文字自上而下，自右而左排版，分为事项说明、洋货明细、计纳税额和落款四个部分。

事项说明文字部分（下划线为毛笔书写，笔者注，下同）：

江苏分巡常镇通海兵备道监督镇江关长，为给发税单事照得通商阜章程内，载运入内地洋货，该商应将该货名目若干往内地何处报关查验照纳内地税项，该关发向内地税单。该商应向沿途各子口呈单照验盖戳放行，无论远近俱不重征。又《通商各口通共章程》第一款载明洋商由上海运洋货进长江，俟到长江各口后，一经离口，自入内地贩运，如无长江各关税单者，逢关纳税遇卡抽厘，未后声明南北各海口均照长江一律办理。又烟台会议条款（《中英烟台条约》，又称为《中英会议条款》，笔者注）载明，洋货运入内地请领半税单照，应由总理衙门核定书一款式，不分华洋商人均可请领各等，因除运入内地请领半税单之洋货，仍照通共章程（《通商各口通共章程》简称，笔者注）办理外，兹据华美国商人源记行报关欲将后开洋货贩运前往江南省徐州府□□州县，请给发内地税单等情，据此合应发给税单，以便沿途查验盖戳放行须至单照者。

洋货明细部分的文字为：

计开洋桂元三件三担二十斤、洋八角……洋冰糖洋海带……洋葡萄乾……

计纳税额部分的文字为：

其内地税业已完清，共关平银柒两贰钱玖分玖厘，源记行收执。

最后落款部分为：

光绪贰拾叁年拾壹月，限□□缴销。

经查阅相关史料和研究文献确认，这张名为《运洋货入内地之税单》，实际上是运送洋货进入内地前缴纳的子口税税票，凭此票证在内陆各个关卡均可免缴各类内地税收（常关税、厘金以及所有地方税捐等）。

鸦片战争之前，清廷仅设广州港一个对外口岸，海关关税非主要收入，而常关税（内地水陆关卡课征流通货物的税收）收入仅次于田赋、盐税，是清政府的重要税种之一。所谓“子口”，取之于海关边境口岸“母口”相对应的说法，类似于内地口岸钞关（明清八大钞关中的七个是运河口岸钞关，钞关属于常关的一种。边境口岸的海关和内地水陆关卡的常关构成了晚清的两大榷关系统）。子口税始于1858年中英《天津条约》中所赋予洋商一次性减半征收关税、豁免全部内地税收的特权，也称为子口半税。“洋货入口，一税一半税之外，一无稽阻。西商偶到，趋媚不遑，所以待外人者如彼其厚。土货则口口而查之，节节而税之，恶声厉色，百计留难，甚则加以鞭扑，所以待己民如此其薄。”（《庸书·内篇》卷上）子口税制度剥夺了中国政府对洋货的内地榷关征税(常关税)的权利，进一步体现了西方列强对中国内地税收主权的侵犯。

古城镇江，镇守的不仅是长江

镇江古城临江而建，因“运”而兴。东汉建安十三年（208年），孙权率众由东吴（苏州）迁都京口（镇江），作为临江而守、渡江北上的攻防要塞。“大业六年（610年）冬十二月，敕穿江南河，自京口到余杭，八百余里，广十余丈，使可通龙舟”（《资治通鉴·隋纪四》），大运河的贯通确立了京口是漕粮北运枢纽，“京口当南北要冲，控长江之下流，自六飞驻跸吴会，国赋所贡，军需所供，聘介所往来，与夫蛮商蜀贾，荆湖闽广，江淮之舟，凑江津，入漕渠而泾至行在，所甚便利也”（宋《嘉定镇江志》）。2009年的镇江宋元粮仓遗址挖掘（入围全国十大考古新发现，是第七批全国重点文物保护单位），进一步印证了镇江是坐拥众多转运粮仓、中转全国七成漕粮的漕运咽喉史实。北宋政和三年（1113年），宋徽宗意识到镇守长江的重要性，遂将润州改为镇江府。但事实上，镇江镇守的又岂止长江？

自1840年起的第一次鸦片战争延续了两年之久，英军虽在东南沿海的广州、宁波等地取胜，却始终未能深入广袤内陆。清廷则不紧不慢地谈谈打打，寄以时间拖垮远洋运兵补给不足的英军。顾忌到深入内地攻打京城，会有长线后勤补给团灭的风险，愁眉莫展的英国远征军指挥官乔治·懿律不停地翻阅着《马戛尔尼使团使华观感》（1793年，英国使节马戛尔尼离开北京，由大运河南下回国的沿途资料收集报告），突然找到了攻打大清帝国七寸的妙计——一举切断漕粮漕运咽喉。

镇江之役是第一次鸦片战争的最后一战，也是英军第一次与大清满洲八旗兵正面交锋，遭到了前所未有、无法想象的顽强抵抗。英军两年多来的沿海巡攻仅千余兵力，都是以少胜多、伤亡无几，为了攻打镇江，英军先后从印度等地增调至76艘舰船、海陆军1.2万余人，自吴淞口溯长江西上进犯镇江。清道光二十二年（1842年）7月21日，7000余名英军上岸攻城，双方攻防胶着僵持了9天之久，最终1500名满洲八旗兵全部阵亡，守将自焚，而英军此次死伤远超两年来数次战役总和。随后，道光帝匆忙派遣耆英、伊里布等赶到横在镇江至南京江面上的英军康华丽号上，卑躬屈膝地签署了第一个丧权辱国的不平等条约——《南京条约》。在《英人对华的新远征》中恩格斯不禁感慨："如果这些侵略者到处遭到同样的抵抗，他们绝对到不了南京。"

历史进程中的必然性和偶然性，非本文探讨范围。实然，镇江之役就是中国近代史的前传！

税厘之争，争夺的不仅是税收

第一次中英鸦片战争之后，清政府依据《南京条约》被迫开放通商口岸、放弃关税主权，而英国工业制品对华倾销远未达到预期，驻华商会向外交大臣帕麦尊致函抱怨："英国商品向中国内地输入是受到了许多无法详知的和无限制的内地税则的荒谬的阻碍"。于是，西方列强倚仗第二次鸦片战争来解决这个问题，《天津条约》开创了子口税制度，豁免洋货入内地所有税收，增定《通商各口通共章程》补充实施细则，并开放了镇江、汉口等长江沿线第一批内地子口岸。

1861年，镇江开埠，外籍税务司林纳赴任。"镇江海关的管理权限和地位，不仅仅只是限于镇江本口，在长江实行通商后的很长一段时间内，实际上它起到了长江各埠总海关的作用"，镇江洋关的特殊地位吸引了众多洋商在此开行栈、设码头、拓展洋货代理代销网络，镇江英国领事馆也随之成立，以确保英国在华商人利益。但当洋货深入长江流域内地口岸和陆上通关时，遭遇各路榷关都严加稽核、只认洋人不认洋货，华人买办运销代销洋货需要全额纳税等百般刁难。这是因为子口税票的豁免严重妨碍了地方税吏吃拿卡要、中饱私囊的征收权，"内地抽税约征百而中饱七十"。为此，"镇江的英商们大事渲染其对于内地税的普遍不满，同时还建议赋予领事们以更大的权利，以便迫使中国政府厉行条约"，于是就有了光绪二年（1876年）的《烟台条约》：再次扩大内地纵深子口岸数量，子口税票豁免特权进一步扩大到洋货——华商代理也可请领税单，等等。此口一开，各地华商前来购买镇江洋票逃避厘捐，"镇江20多家外国洋行，均可向华商出售洋票、洋旗"。由此，镇江关一跃而成最繁忙的口岸，当年签发内地洋货的子口税单达20万余张，居全国各海关之首。

这也就是这张镇江洋票文字繁多的原因，其"事项说明"部分反复声明《通商各口通共章程》《烟台条约》中的子口税豁免特权，再三敦促地方税吏见票核验放行。随着西方列强步步蚕食晚清税收主权，严重挤压地方税源，遭到地方官吏坚决反对，尤其是各省督抚和统兵大员以“就筹地饷”镇压农民起义为名设立的厘金局卡收入锐减，福建巡抚卞宝第上奏“洋票盛行……厘捐本形减色……于饷需毫无裨补”，四川总督奎俊奏议“牙行市侩往往借口指为洋商买定之货，抗不完厘，洋人又出头杠帮，唆领事勒索赔偿，不时有碍有数”……

而此时的晚清，外有关税主权丧失、频频割地赔款，内有太平天国农民起义不断，中央财政早已入不敷出，只能任由地方大员随意开征厘金供养团练乡勇镇压太平天国。原来上缴中央国库的常关税（仅次于田赋、盐税之后的重要税种）逐步被子口税和厘金所取代，子口税则是由洋人把持的海关征收解缴国库冲抵对外赔款。“是裁厘改税，还是裁厘加税，抑或税厘并征”成为西方列强、清王朝和地方省府三方税厘之争的博弈主题。英国驻华公使威妥玛向英国外交部报告“子口税实质上将地方所征收内地厘捐转移到帝国海关，子口税对地方财政的侵蚀，必因地方督抚的抵制而便无法解决内地厘捐问题”。由此可见，他已经认识到地方督抚势力渐次坐大，中央集权徒有虚名。1900年6月，以“扶清灭洋”为口号的义和团运动危及了英国在华利益，英国驻沪代理总领事霍必澜怂恿策动两江总督刘坤一、湖广总督张之洞、两广总督李鸿章3人联合以山东巡抚袁世凯、铁路大臣盛宣怀、闽浙总督许应骙、四川总督奎俊等为代表的地方督抚，与各国驻上海领事商定《东南保护约款》和《保护上海城厢内外章程》，“拳匪乱起，坤一偕李鸿章、张之洞创议，会东南疆吏与各国领事订约，互为保护，人心始定”，史称“东南互保”。庚子年五月廿五日（1900年6月21日）清廷宣战谕旨，两广总督李鸿章五月廿九日（6月25日）致盛宣怀电“廿五矫诏，粤断不奉。希将此电密致岘、香二帅”。八国联军攻破京城，慈禧太后挟持光绪帝西逃，“洋人欺我实甚，恨诸臣不能同心攘夷”。

仔细端摩这张镇江洋票，20余枚大小不一的红色厘卡戳记盖满票面、连篇累牍的千字文，精准翔实地勾勒出了半殖民地半封建社会的独特景象。

供稿单位：南京税收博物馆
撰 稿 人：江晓彤

参考文献：

[1] 姚贤镐. 中国近代对外贸易史资料：第二册[M]. 北京：中华书局，1962.

[2] 镇江市史志办公室. 嘉定镇江志[M]. 镇江：江苏大学出版社，2014.

[3] 伯尔考维茨. 中国通与英国外交部[M]. 江载华，等译. 北京：商务印书馆，1959.

[4] 中国航海史研究会. 镇江港史[M]. 北京：人民交通出版社，1989.

[5] 贺长龄. 皇朝经世文新编：卷十[M]. 上海：上海大同译书局，1898.

[6] 赵尔巽，等. 清史稿：第39册[M]. 北京：中华书局，1977.

[7] 劳祖德. 郑孝胥日记：第2册[M]. 北京：中华书局，1993.

四岸公所

坐落于扬州南河下丁家湾118号的四岸公所，是湖南、湖北、江西、安徽四省盐商组织经办盐运事宜，办理缴纳盐税的场所，是四省大盐商核定平衡盐价及对产、供、运、销等事宜会商的地方。原占地面积4700余平方米，坐北朝南，分为东、中、西三路建筑，有各类房屋90余间。现多改建，尚存建于清中期硬山顶、楠木厅一座，大门为磨砖雕花门楼，雄浑壮观，是扬州盐运繁荣的历史见证。现为扬州市级文物保护单位。

四省盐商俱乐部

——扬州四岸公所

“天下三分明月夜，二分无赖是扬州。”大运河畔的扬州城虽历经2500多年，依旧散发着独特的魅力。扬州地处万里长江和京杭大运河交汇点，生生不息的长江和运河造就了扬州数千年的盛世繁华。扬州因运河而生的漕运文化、盐税文化在中国文化史上占有重要地位。盐业的兴起，促进了社会经济的繁荣和人员的交流往来。来自湖南、湖北、江西、安徽四省盐商的联络地——四岸公所，是办理缴纳盐税的场所，更是扬州盐运经济发展的一个缩影。同时，彰显了扬州文化的多元性和开放性，反映了扬州在明清时期的繁荣昌盛，使扬州在清代进入历史上最为鼎盛的时期。

再现：两淮盐业与扬州盐商

扬州繁华以盐盛，两淮盐业的发展促进扬州经济社会的高度发展。由于盐是生活必需品，且需求量很大、盐业利润高，四方商人纷纷来到扬州业盐。尤其是素挟雄厚资本的徽商，利用靠近两淮盐区的有利条件，纷纷来到扬州，成为扬州盐商中的主体力量。据历史文献记载，扬州盐商原籍为陕、晋、徽等地，在明代以前，仅是单个的、零散的，尚未形成商帮。扬州盐商作为社会的一支重要力量与经济成分，与明朝商品经济的发展密不可分，特别是明初开中制的实行，食盐运销方式存在户口食盐法下的官运官销与开中制下的商运商销并行的局面，为扬州盐商作为商帮登上历史舞台提供了契机。

明清两朝及民国初年，政府都规定，湖南、湖北、江西、安徽四省的食盐均需从两淮盐区运出，这一规定促进了盐商的聚集，四岸公所便由此产生。从明代中期开始，扬州经济繁荣，原有的小秦淮河以西的旧城已无法适应人口增加的居住需要，业盐的商民纷纷在旧城外靠近运河的东、南空旷之地聚居。明嘉靖年间，倭寇不断骚扰扬州，居住在城外（小秦淮河以东）百姓的生命财产以及位于城外的运盐使司衙门面临重大威胁，嘉靖三十四年（1555年），在知府石茂华的带领下，扬州盐商出资，在小秦淮河以东再建新城。新旧两城相连，使扬州免遭倭寇的侵扰和破坏，对扬州社会经济发展起到了重要作用，新城也逐渐发展成为商业街区和盐商居住活动的区域。地处运河边的河下街（南河下、北河下）在清初就成为盐商聚居之地。地处丁家湾118号的四岸公所就位于南河下片区。

清代扬州是全国的盐业中心。在全国四大海盐产区中，扬州地处南北大运河与长江交汇处，优越而便捷的交通条件和区位优势，加之广阔的黄海蕴藏着取之不尽、用之不竭的盐业资源，为扬州盐业的发展提供了得天独厚的条件，故两淮盐区的盐场规模和产量，均居全国第一。来自四方的盐商和其他商人，为了业盐和联络乡谊的需要，建立各自的会馆和公所，如岭南会馆、安徽会馆、旌德会馆、江西会馆、湖北会馆、湖南会馆、陕西会馆、浙绍会馆等。

四岸公所成为两淮四省盐商议事聚会、联合办公的专门场所，用于食盐的定价及产、供、运、销等事宜的商议，主要是办理缴纳盐税。每年的重要节日和祭祀活动都具有本地的文化特色，同时外来地域文化又与扬州的本土文化融为一体，彰显了扬州文化的多元性和开放性。这种文化交融反映了扬州在明清时期的繁荣盛景，尤其是盐业的兴起，使扬州发展到了历史上最为鼎盛的时期。清末盐业衰败以后，四岸公所逐渐冷清下来。

还原：十二圩与四岸公所

一条江，一条河，一粒盐，写就了江上盐都十二圩的传奇。

长江北岸，扬州西境，古镇十二圩蕴藏着一段辉煌的历史，书写了扬州盐业经济的神话，孕育了扬州城里的四岸公所。坐落在仪征十二圩的江上盐都盐运文化展示馆则浓缩了这段历史。

十二圩，位于江苏省仪征市东南部的一个滨江古镇，曾在1931年前后被赫然标注在当时的世界地图上，这是因为当时十二圩是淮盐总栈的所在地，是一个以淮盐储运而崛起的“经济特区”。

同治十二年(1873年)，十二圩被选中成为两淮盐务总栈的新址，在民国时期的世界地图上是唯一一个被标注的小镇。晚清时期，这里是两淮盐业的最大集散地，正常堆囤转运的淮盐每年达10亿斤，出江的盐转销湘、鄂、皖、赣四省（俗称“扬子四岸”），占了全国的1/3，十二圩又被称为“天下第一小镇”。

两江总督曾国藩盛赞十二圩地理位置之优越，题写“东南利浦”高悬总栈大堂；署理两江总督张树声力荐盐务总栈改复仪征故道；两江总督刘坤一感叹十二圩之富美，题词“东南尽美”，挂总栈二堂之上。张治中将军两度来到十二圩投亲谋生，一代儿科名医孙谨臣在此悬壶济世，大律师章士钊为盐工的“轮帆争运”合法诉求而代言。

湖南、湖北、江西、安徽四省盐商在四岸公所商议食盐的定价及产、供、运、销等事宜，办理缴纳盐税，然后凭盐引到十二圩支盐、装船，然后沿长江西上，到指定行盐区销售食盐。

追溯：明清及民国时期的盐商组织

明万历年间实施纲盐法，规定凡纲册上列名的商人可世代继承食盐的运销权，无名者不得行盐，自此中国盐法史上的商人专卖制（或称委托专卖制）得以确立。明清时期，为适应官督商销的专卖制度，扬州盐商组织对盐务管理起着重要作用，明清各盐区的盐商组织称谓不一，两淮称“盐商公所”，两广称“盐商总局”，等等。按照纲法规定，湖南、湖北、江西、安徽四省的食盐须经扬州运出，故四省盐商大量聚集在扬州，四岸公所应运而生。

根据徐谦芳《扬州风土记略》记载：“中国盐政以两淮为大宗。盐运使署在扬州，直隶盐务署，副之者运副，驻淮北。佐之者稽核分所，辖之所三四。两淮政务殷繁，商人未便朝夕入署，于是有商办官立之机关，如仪栈、分栈、场运局是也。有完全商立之机关，如四岸公所、场盐分会、食岸公会是也。……运分湘、鄂、西、皖四岸，轮票运盐，挨次销售。俗以湘、鄂、西为大票，皖为小票，则以皖岸一百二十引为一票，湘、鄂、西以五百引为一票也。”四岸公所是湖南、湖北、江西、安徽四省盐商代表核定、平衡盐价，商讨食盐产、供、销、运事宜的议事之所。公所有专职人员，负责办理盐运诸般事宜，其中为盐商代办盐税是其主要业务。此外，他们还要跑钱庄提取银钱，跑盐运司领取税票，跑盐商支缴纳盐款等。只有万事俱备了，客商们才能够持票到仪征十二圩盐栈领盐，经过掣验，然后装船，由盐政大员在每年农历四月五日前后临江大掣，再开江驶往各个口岸。

民国初年，安徽徽州、山西、陕西、江西、湖南、湖北以及江苏等地的盐商（场商、运商），纷纷来到扬州掣验引盐、买卖交割盐斤、交纳盐税。扬州较大的运商有30多家，从业人员300多人，其中以江西帮的周扶久、萧怡丰，安徽帮的朱幼鸿、常裕川最为有名。运商设有四岸公所，食商设有食商公所，许云浦、贾颂平为会长。当时号称运商八大家，年平均销售食盐达104.1万担。

1929年，南京国民政府决定由两淮盐运使对运销淮盐的湘、鄂、赣、皖四岸运商所持有的引票进行查验，盖印登记，目的是筹集资金以解决军费和偿还外债。此次查验、盖印登记共收取验票费银元440万元。验票、盖印登记后，国民政府财政部发给盐商“查验引票凭证”，标照证明：“永远照旧环运，俾资保障，附发司输，载明条件，安心营业，以坚信用。”两淮盐商世袭垄断的专商引岸权利，在民国前期继续得到保障。

供稿单位：国家税务总局扬州市税务局
撰 稿 人：徐郁明

参考文献：

[1] 徐谦芳. 扬州风土记略[M]. 南京：凤凰出版社，2002.
[2] 薛平，朱宗宙，黄继林，等. 滨江名镇盐都十二圩[M]. 扬州：广陵书社，2007.

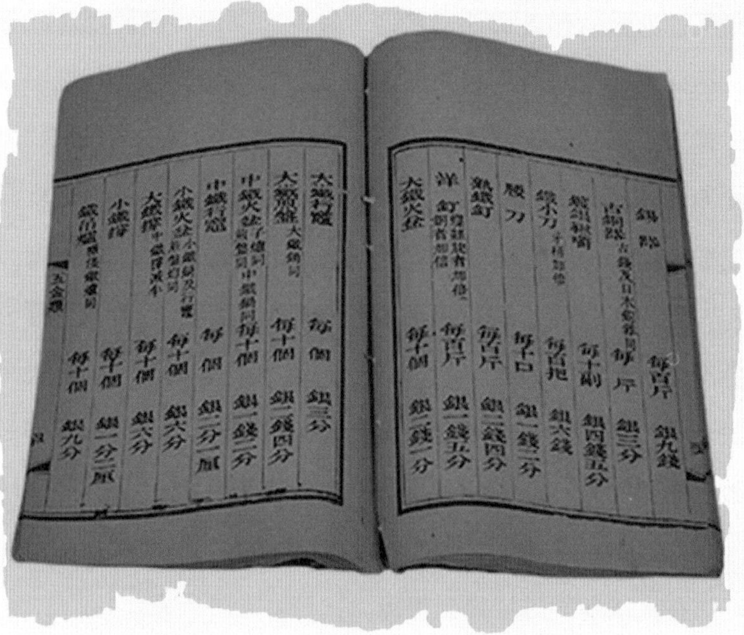

清光绪二十七年（1901年）《崇文门税则》

北京税务博物馆收藏的这本清光绪二十七年（1901年）《崇文门税则》是研究崇文门税关的重要史料。该藏品详细记载了各种货物经过崇文门税关时的课税原则和纳税金额，规定对境内外货物及商人一律按例征收，对公务人员徇私、不开票据等违法行为明令禁止，一经查处严惩不贷。

崇文门税则的故事

——清光绪二十七年（1901年）《崇文门税则》

崇文门税则

在繁华的北京城中，朝阳区北四环东路太阳宫公园的一隅——北京税务博物馆，宛如一位沉默的历史守护者，静静地诉说着时光的流转与历史的沧桑。在博物馆的大厅之中，一本泛着淡淡黄色的小册子，更是吸引了人们的目光。这本名为《崇文门税则》的小册子虽已泛黄，却依旧字迹清晰。它如同一扇半掩的历史之门，透过它，我们仿佛能够穿越时光的隧道，回到那个遥远的年代，去探寻崇文门税收历史的变迁。

翻开书页，历史的烟云扑面而来。

通过这一本泛黄的小册子，我们得以在历史的长河中徜徉，去回顾崇文门税收历史的沧桑变迁。《光绪顺天府志》记载："明成化二十一年（1485年），令顺天府委佐贰官一员，于正阳门外税课司、崇文门宣课分司监收商税。”这标志着崇文门税关的正式设立。三年后，“京师九门”税课“统于崇文一司”，朝廷又“差御史、主事各一人，到崇文门宣课司监收”。崇文门由顺天府管辖，改为由朝廷派遣官员管理的总衙署，地位明显跃升。

城门的故事

提起北京的城门，流传着这么一句顺口溜：“里九外七皇城四，九门八点一口钟。”指的是北京内城、外城、皇城三重各有九、七、四座城门。其中内城九门（正阳门、崇文门、宣武门、朝阳门、阜成门、东直门、西直门、安定门、德胜门）中，其他八座门都悬挂着“点”，唯有崇文门悬挂的是钟。所谓“点”，原本是一种打击乐器，实际上就是云牌，用铜铸成，呈祥云状，到时辰击打出声，因此与钟一样具有报时功能，故而俗话将时间叫作“钟点”。老北京关城门时要敲三遍“点”，提醒行人赶快进出城。敲第一遍后关上一扇城门，敲第二遍另一扇再关上一半，敲第三遍后只留一点门缝。崇文门外还有酒道。明清时期许多来自河北的美酒佳酿都是从左安门进入北京，再来此上税进城，酒气一路飘香，故还有“酒门”之称。为何崇文门税关地位如此之高？一个重要原因就是其紧邻大通桥的运河码头，处于交通枢纽地位，不仅在京城发挥着总税关的作用，在大运河的八大钞关中也名列前茅。明清时期经由大运河载粮北上的漕船，按照规定可携带一定数量的地方特产随船发卖。清乾隆五十二年（1787年）的崇文门税关档案记载，当年南来漕船多达3400余艘，携带茶叶、白糖、纸张、槟榔、白蜡、桐油、姜黄、鱼胶等商品数十种。此外有来自东北、西南、闽广等地的商人贩运大量当地商货来到京城，并纷纷在附近建立了各地商业会馆。随着官商客旅频繁往来、商品交流范围扩大，崇文门税关的税收持续增加，显示出强大的征税能力。明万历六年（1578年），崇文门税关的年收商税银共19816两。明天启五年（1625年），“崇文门税关年收税银定额已达89929两，列全国八关之首”。明代《旧京遗事》中，有一个关于崇文门的生动记载：每天早上崇文门一开，商贩进城，哪怕是个卖菜的小贩，也要在耳朵边上别上两枚铜钱儿，收税的官吏就手一摸给收走，双方不用再多废话。清人查嗣瑮有诗为证：“九门征课一门专，马迹车尘互接连。内使自取花担税，朝朝插鬓掠双钱。”通过翻看《崇文门税则》泛黄的页面，我们可以清晰看到，海茄子和冬笋每百斤收税银三钱，蘑菇每百斤收税银九钱。《燕京岁时记》中就说：“京师三月有黄花鱼，初次到京时，由崇文门监督照例呈进，否则为私货”；“十月间，冬笋、银鱼之初到京者”，也要“照例进呈，与三月黄花鱼同”。通过对照仔细的查看，我们发现光绪二十七年（1901年）的《崇文门税则》中清晰地规定了黄花鱼每百斤收税银1钱5分，鲍鱼每百斤收税银2钱7分，鱼翅则最贵，每百斤收税银1两2钱。

征税的种类

在这段历史的长河中，崇文门税关也见证了许多重要人物的崛起与陨落。清代第一贪官和珅，就曾身兼崇文门税关正监督一职。崇文门税关最初是商税的征收机构，其主要职能是“收掌户部所给勘合，书填商船物货，送税课司征税”，税收内容主要是各种商税。商税古称“关市之征”，就是国家对商品运输和商品贸易所征之税。在征收机构上，明代由各地方税课司负责。崇文门作为税课司，自然也承载了商税的征收功能，明代整个商税的特征在崇文门税关上也有着鲜明的体现。崇文门税关的征税范围大体可以分为普通商税、门税和钞关税（事实上后两者也均为商税，这里单独列出来是为了区分崇文门税关前后性质的变化）。

普通商税。明初，朝廷对商业采取了扶持的政策，货币政策也比较宽松，《明史·食货志》载“关市之征，宋元颇繁琐，明初务简约”“凡商税，三十而取一，过者以违令论。”我们由此得知，在明初，商税从简从轻，税率多为1/30。但仁宗、宣宗之后，出现了一系列的新税项目，税率的波动变大，万历后更是严苛混乱，除之前的所有税目全盘接收外，“令商贾进京者，河西务给红单，赴崇文门并纳正、条、船三税；其不进京者，河西务只收正税，免条、船二税”。这说明如果商品是进京销售，由崇文门全部征收其所有税，包括正、条两税以及船料钞。在商税征解制度上，除了书籍、文具、农具、嫁娶丧葬之物外，其他货物买卖均要纳税，其税率为1/30，征收标准是货物的价值。据明景泰二年（1451年）制定的“收税则例”记载，当时全国商品共有罗缎布绢丝绵布帛、巾帽衣服鞋靴、陶瓷制品、文具纸张、矿冶业产品、制糖业产品、日用杂货、干鲜蔬果、农副产品、畜产品、水产品、器皿、香药13个门类，计有230余种商品名目。

门税，顾名思义即京城九门之税，弘治以后，九门门税的税课征收则开始统一到崇文门宣课分司中，由崇文门负责统一征收。

钞关税，是明代商税体系中最为重要的一种，收入颇丰，占据半壁江山。由于从弘治开始，京师九门统一于崇文门，崇文门成为“天下第一税关”，其征税范围也有了变化，在征收商税的同时，也开始对商船征收船料钞。但其征税的对象不是商人所贩运的商品，而是船只，征课的依据起初是“估船料定税”，即按照该船运输路程的远近以及所运载的商品数量的多少而定，税率为“每船一百料，收纳钞一百贯”。后来改为“量舟大小、修广而差其额”，“度梁头广、狭为准，自五尺至三丈六尺有差”，税额也陆续从100贯逐渐减少至15贯。

如今，当我们站在北京税务博物馆的大厅中，看着那本泛黄的《崇文门税则》，仿佛能够感受到那份历史的厚重与沧桑。它让我们明白，税收不仅是国家财政的重要来源，更是社会发展的基石。而崇文门税关，作为京城税收历史的见证者，更是以其独特的地位和作用，书写着属于它的传奇。历史的长河中，有太多的故事等待着我们去发掘。而当我们翻开这些泛黄的书页时，我们仿佛能够与那些历史人物对话，去感受他们的喜怒哀乐。在这个过程中，我们也更加深刻地理解了税收的重要性以及它在社会发展中的不可替代的作用。

让我们铭记这段历史，珍惜现在的时光，为未来的繁荣与发展贡献我们的力量。正如这本泛黄的《崇文门税则》所告诉我们的那样，税收是国家发展的基石，也是我们共同的责任与担当。

供稿单位：北京税务博物馆
撰 稿 人：朱志刚

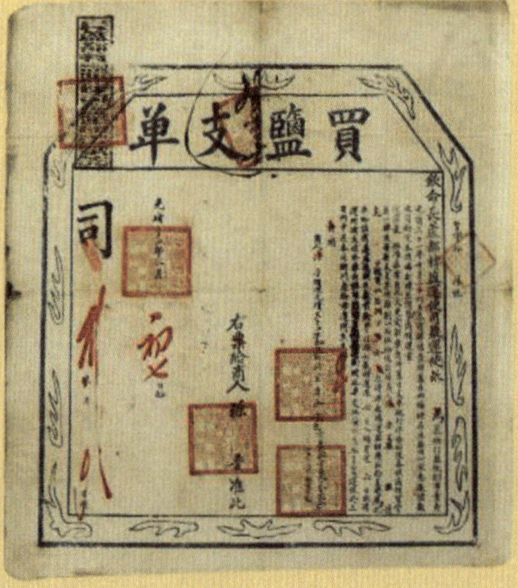

清光绪三十四年（1908年）长芦盐运使发给商人源晋的买盐支单

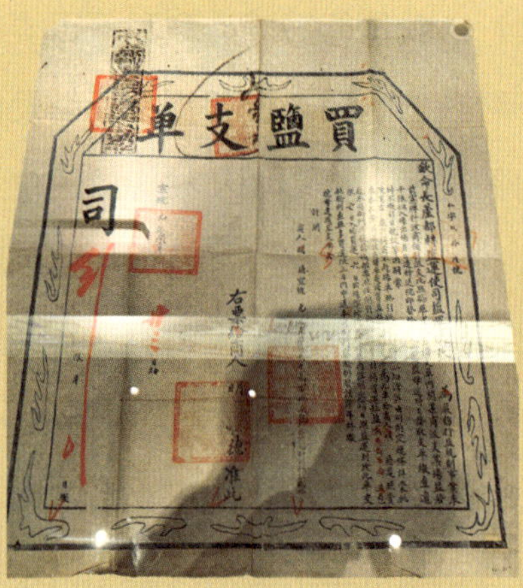

清宣统元年（1909年）长芦盐运使发给商人明德的买盐支单

买盐支单是清代长芦盐运使发给商人赴盐场买盐的凭单。这两张买盐支单分别是清光绪三十四年（1908年）长芦盐运使发给商人源晋的买盐支单，清宣统元年（1909年）长芦盐运使发给商人明德的买盐支单，距今已有100多年历史，现收藏于天津市博物馆。

盐税：税收历史的别样味觉

——清光绪、宣统时期长芦盐运使“买盐支单”

锦帆未落干戈起，御舟又候运河滨。大运河连通渺渺江海，汇通南北，化作人文，串联起古今中外的经济文化往来。天津，一座依河而兴、因河而盛的城市，在运河畔停泊的商船上，书写着漕运盐利中的市井百态和关于“盐税”的故事。

酸·窥见买盐支单背后的盐税往事

《管子》云：“吾将籍于诸君子，则必嚣号，今夫给之盐筴，百倍而归于上，无以避此数也。”司马光在《资治通鉴》中说：“天下之赋，盐利居半。”盐税作为一种隐蔽的人头税，自古即为国家的主要财政收入之一。

后唐时期，官府将煎盐民户编入灶籍，灶户煎制的盐尽数交官，官府“计口授盐”强行配售。辽代管理松弛，准许灶户自产自销。宋金时期设置专职盐官管理生产，施行“钞引制”，官府以低价收买灶户盐斤，以高价（将盐税加入卖价）批发于商。商人行盐，须先到盐司按引缴价，领取钞引，然后赴场支盐运销。盐务机关每年按规定数额卖引收课，所收引价称“引课”，亦称“引税”。元代沿袭金制，专行“引制”，凡运销盐斤，无论官商，皆须按引收价，凭引支盐。明沿金、元寓税于价。清承明制，盐引由户部颁发，征税批引由盐务机关承办。

天津渤海湾一带所产食盐称为长芦盐，早在春秋时期便已经有大规模开发。盐务专家曾仰丰在其《中国盐政史》中说：“长芦产地，滨海环居，迤北而南。其产盐发源最古，周有幽州之利，秦有上谷之饶。汉置郡国盐官，长芦有其四。”作为清代直隶省最大的盐场，长芦盐场受到了清代统治者极高的重视，成为国家重要的赋税来源。

这两张来自天津的买盐支单，记录了清光绪和宣统年间商人赴盐场买盐的场景。

以清宣统元年（1909年）长芦盐运使发给商人明德的买盐支单（左）为例，最上方自右而书“买盐支单”四字，右侧边框内是支单的编号“仁字玖拾陆号”，支单文字竖式右读，开头为：

钦命长芦都转使司盐运使张　为

正文写明了此买盐支单供哪位商人使用：

此单给商人明德遵照实赴本司衙门挂号请领船票

以及入场买运盐的时限规定：

限六日入场买运六日出场运坨□□□于单内注明出场日期盐运到坨此单交批验所查无多买运限三日内申送本司衙门查验仍发该所年终缴院毋运须至支单者

买盐支单以固定的样式进行发放，简练的文字中清晰地说明了单据所属的商人、买盐时限、查验流程等，并注以编号和印章，保障支盐、运输等环节能够顺利进行。

这两张买盐支单，历经战火与漂泊，在交错更迭之中被完好地保存下来，让我们得以窥见文物背后的盐税往事。

辣·见证盐税制度下的历史话剧

“烟火三百里，灶煎满天星。”西汉时期，东台先民“煮海生盐”，书写了盐文化的开篇，“盐”成为人类经济生活中不可忽视的存在。盐文化的熹光辉映过唐宋，盐税作为元明清时期王朝经济的重要支撑，在变幻与浮沉之中，计算着朝代的次序，裹挟着城市的荣耀与悲喜，掩映着民族与众生的苦难与辉煌。在广袤璀璨的华夏大地上，盐文化在这里生根绽放，“盐税”的故事在此之中更显得熠熠生辉。

将时光倒回至黄帝、尧舜之时，食盐已经成为人们生活的必需品，盐民自产自卖，自由交易。夏禹时期，“贡盐”成为新的行业运行法则，盐民、盐商均需向王进贡，称为贡税，这便是“盐税”最早期的形态。

周代开始，向盐征税的时代正式拉开帷幕，改贡为课，按照产量向盐民、盐商征收盐税。东汉、东晋、宋、齐、梁、陈、南北朝、隋、唐等朝代，都采用了征税制。

据史料记载，春秋战国时期“盐”正式进入了专产专卖时代，将全国盐产变为官产，此为盐政之始。齐国东临渤海，齐桓公借助“临海”的地理优势，大兴渔盐之利，这无疑是齐国成为富庶国家的重要原因之一。“禁北海之民，无得聚众煮盐，募民给费，用官器作煮盐”，便是盐为官产，盐政伊始的写照。秦也沿用这种专产专卖、募民给费的方式，而后因人民不满才得以废除。

汉朝初时仍保持专卖制，汉朝中叶“废私煮之禁”，任民制盐，自由贩运，而于产盐较多的郡县设置盐官，征收盐税。东汉末年，天下大乱，群雄逐鹿。为适应战争需要，魏、蜀、吴三国官府对盐业管理均仿效汉武帝旧法，实行全部专卖制，设司盐校尉等官主管盐政，笼取盐利，供给军需国用。

随着国家机构的扩大，财政开支的增加，食盐的专卖制度逐渐确立，日趋完备。宋代修改唐代刘晏盐法，变就场官卖为民制官收商运，就场征税，自由贸易。在此盐政下盐商互相争利，大商吞小商，运权逐渐被富庶之人所把持。宋代雍熙年间，抗辽边储颇乏，便推行“折中法”：商人将粮草运输至边塞，按其价值向商人发放“交引”作为凭证，商人持“交引”赴京师，由政府移交盐场，给其领盐运销。

“盐引制”虽然兴始于宋，实完备于元：“以盐务政令归于户部，户部置局印引；在主要产盐大区设置都转运盐使司，掌卖引办课；产盐区运盐要道出口之地设批验所，掌批验盐引。”明初盐政循元旧制，仍行引法。全国盐政归属户部，在产盐大区设都转运盐使司；盐场设场署，谓之盐课司，掌督产收盐；运司之下，增设分司，作为派出机构，就近管理分辖的盐场；设巡盐御史一职，由皇帝按年特遣大臣，综理一区盐政大事。

……

数千年来中国盐税制度，或因地制宜，或因时而易，一场场历史话剧在盐利漕运的见证下不断上演。

咸·品味长芦盐运中的税史词话

在中国漕运和水利史上，大运河天津段的历史演变具有独特的代表性。

天津的形成和发展与大运河密不可分。元、明、清三代定鼎北京，使“当河海之冲，为畿辅之门户”的天津逐渐成为大运河之上沟通南北的漕运枢纽重镇，地位不断提升。漕运、盐业的兴盛，为天津成长为繁荣的北方工商贸易中心城市提供了坚实的基础。

长芦盐场作为天津盐业的重要载体，具有不可替代的经济、文化和历史作用。本文提及的两张买盐支单，便是塘沽盐场盐商明德和源晋在清光绪、宣统年间开具的。

清代盐政，承袭明末纲法，浮费日增，成本日重，盐价愈渐昂贵，销路阻滞，私盐贩卖日盛，课税逐年亏减。道光三十年（1850年），在淮南一带率先实行票法，成效十分显著。咸丰年间，清政府为充实军费，对百物抽取厘金，推及盐务，称为“盐厘”。光绪年间，盐政渐趋紊乱：“或为赔款，或为练兵，或为要政，或为海防，或为抵补药税，或为兴筑铁路，因事立目，迭行加价；于是盐价日贵，私盐愈甚。”

《长芦汉沽盐场志》记载，乾隆十六年（1751年），长芦盐运使定“一条鞭法”，盐税正课分“恭、宽、信、敏、惠”五图，杂课分“元、亨、利、贞、公、季”六图，其中细分共27项引目计征。由汉沽直接放销出场的蓟引（发往蓟州的盐），每引300斤，征银七钱九厘九毫；如增蓟引，每引另加征银六钱六分九厘九毫……在清盐商买运盐过程中，盐商需先将买盐支单发给“盐引”，在位于鼓楼的长芦盐运署缴纳盐税后，凭此买盐支单到塘沽盐场支盐，并先将盐暂存于塘沽盐坨，而后沿海河走金钟河运至河北区商坨（盐坨桥），再沿京杭大运河运往引地。

清朝在顺治时期到光绪时期，盐税收入总体呈现线性上升的态势，尤其在光绪二十一年（1895年），清政府对于盐税的收入就达到了600余万两。盐商每年向清政府缴纳的税款对维持整个清王朝经济的正常运转以及国库储存起到了重要的作用，间接地促进了社会的稳定发展。

这两张轻薄泛黄的买盐支单，如旧时船票引领我们登上航船，穿越历史的长河，探寻中华文明的脉络。时间悠悠淌过，文物恰如岸边划行的舟者，听潮起潮落，看千帆过尽。书写在买盐支单上的笔画朱墨，亦是历史的词话与颜色，在纷繁起伏的100多年里，留存下中国税收制度与“盐”同行的宝贵痕迹。

供稿单位：国家税务总局中新天津生态城税务局第一税务所
撰 稿 人：张　昭
鸣　　谢：天津博物馆

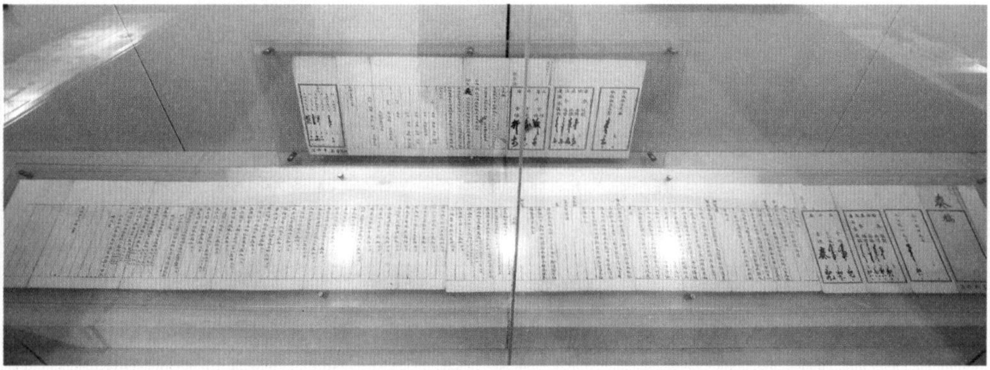

涵盖各地税收情况的奏稿

上图为清光绪三十四年（1908年）三月十四日，由户部起草的上报光绪帝和慈禧太后的奏稿，内容涵盖全国各个地方的税收情况，这也是晚清最后一次年终税收总结报告。现收藏于江苏仪征十二圩江上盐都盐运文化展示馆。

晚清最后一次税收总结报告

——清光绪三十四年（1908年）奏稿

一份奏稿，一份税收总结报告，重现一段税收史，演绎出一部晚清财政史。清光绪三十四年（1908年）注定是中国历史上非同寻常的一年，11月14日、15日，光绪皇帝、慈禧太后相继去世。12月2日，溥仪登基。大清王朝已然敲响了丧钟，大厦将倾。当年3月14日的奏稿，作为晚清最后一次年终税收总结报告，就显得弥足珍贵。

重现：一份奏稿重现一段税史

江苏仪征十二圩江上盐都盐运文化展示馆中，珍藏着一份有着悠久历史的奏稿。根据其记载内容，该奏稿应为光绪三十四年（1908年）所制。奏稿中列明了光绪三十三年（1907年）原拨续拨京饷数目，内容极为详细，史料价值极高。其主要内容如下：

“奏为三十三年，分京饷限满请旨，分别催解恭仰祈。

“谨将各省关光绪三十三年，分原拨续拨京饷，共银八百万两，分晰划拨，已解未解各银数缮具清单恭呈。

“山东地丁银四十五万两，山东盐课加价共银二十一万两；山西地丁银五十万两；河南地丁银二十万两；江西地丁银三十九万两，江西厘金银十万两；湖北地丁银四十五万两，湖北厘金银十二万两；湖南地丁银二十五万两，湖南厘金银五万两，湖南盐厘银十四万两；广东盐课银十万两，广东厘金银十万两；四川盐厘津贴银四十二两；安徽地丁银二十万两，厘金银十万两；福建盐课银十五万两；两淮盐课盐厘银四十五两；长芦盐课加价共银三十万两；两浙盐课盐厘银二十二万两；津海关洋税银六万两；天津关常税银四万两；凤阳关常税银三万两；粤海关洋税盈余共银十六万两；镇江关洋税十六万两；江汉关洋税十五万两；芜湖关常洋两税共银二十八万两；扬州关常税银三万两；重庆关洋税银十二万两；九江关常洋两税共银二十万两；太平关常税银五万两；淮安关常税银二万两。以上各税划拨解到位于均已清楚，应提交部。照例议收。

“江苏地丁、厘金共银三十七万两；浙江地丁、厘金共银四十六万两；福建各税税厘银二十万两；海关洋税二十一万两；浙海关常洋两税共银八万两。以上各款未解清楚均请交部照。”

透过这些文字可以看出，由于清朝采取闭关自守的对外政策，没有新兴的产业可供投入，清朝末期中央财政收入来源比较有限，主要依靠各省每年的解款，即所谓的“京饷”收入，收入结构比较单一。中央和地方博弈加剧，地方在上交京饷方面，与中央讨价还价，使得地方势力逐渐坐大，而中央财政逐渐入不敷出，清王朝的统治风雨飘摇，最终动摇了国本，走向了覆灭。

还原：清朝财政权从高度集中走向衰落

清朝的财政支配大权统于中央，户部掌管全国土地、赋税、俸饷等一切财政事务。户部与吏部的地位不相上下，甚至在一定程度上，其重要性更为明显。不过，清朝的户部和清王朝一样，也经历了一个从权力高度集中到衰弱的过程。

清朝的财政政策，实行全国一体、中央高度集权的管理体制。赋税由各省地方征收，但其支配权却不在各省，由户部统一筹划，从中分别安排京师及各省的开支。这种制度，从清初一直沿袭到清朝末年。

清前期和中期，中央集权高度发展，以皇权为中心的中央政权对各省有着绝对的权威。这个时期，赋税由各省负责征收，而支配权掌握在中央，户部有调配全国财政资源的大权。各省不管所征赋税多寡，都只能按照规定存留本省的经费，大部分剩余一律要报户部候拨，听从户部的安排，或解至其他省，或解至京师。咸丰、同治以后，随着清朝中央集权的逐渐衰弱，户部的权力也逐渐走向衰弱。

在地方上，随着湘军、淮军势力的崛起，地方实力派的地位日益巩固，清政府对各省的控制逐渐弱化，各省在地方事务上的自主权不断扩张，从而形成了“外重内轻”的权力格局。晚清王朝中央集权的财政体制被严重动摇，主要表现就是“财权下移”，各省的财政自主权逐渐形成。尽管清政府为了维护中央集权而制定了相应的财政制度，如各省钱粮报拨制度，京饷、协饷制度、奏销制度等，但在执行的过程中基本上有名无实，形同虚设。

从同治时期开始，清朝中央的财政就十分拮据，特别是《马关条约》《辛丑条约》签订以后，随着巨额战争赔款以及外债纷至沓来，清朝政府几乎失去了全部关税和大部分的盐税支配权，而用款却有增无减。向各省催款已经变成了纯粹的摊派，最终导致中央与各省均陷入空前的财政危机。到清朝末期，朝廷已无力支撑，其间虽曾试图实行新的财政体制改革，但已为时太晚，很快清朝便灭亡了。

追溯：清朝京饷制度

清朝户部银库的收入分为两大类，一部分直接来自京师，但比例很小；绝大部分依靠各省每年的解款，即所谓的“京饷”。京饷的来源主要包括田赋（地丁）、杂税、关税、盐课四大项；咸丰、同治以后，厘金和洋税（海关税）作为清王朝财政的支柱税收，也被纳入了京饷的范围。

户部通过京饷、协饷（款）制度，调拨、动用各省藩、盐、关各库的银款，其中起运到中央部库的款项为京饷（径解内务府的为内帑），解往邻省或其他省份的款项为协饷。京饷专供驻京八旗兵饷和在京官吏俸饷的支放，协饷系各省之间财政资金的统筹调配。

户部根据各省每年冬估的情况，春、秋两次酌情下达拨款命令，以确保国家度支的纵向及横向平衡。咸丰以后，京饷、协饷制度因应财政危局，在两个方面有所调整：一方面，在京饷正额之外，又衍生出大量的专款（饷），如续拨京饷、固本京饷、抵闽京饷（后改称加放俸饷）、四成洋税、洋药厘金、京员津贴（后改称加复俸饷）、近畿防饷（后改称筹边军饷、筹备饷需）、旗营加饷、备荒经费等。协饷也比之前名目更多，体系更为庞杂。这些名目的专款，作为京饷、协饷制度的补充，在晚清财政运行中发挥了重要作用。另一方面，京饷与专款均由酌情划拨改为定额指拨或按固定比例指拨。如京饷初无固定额度，太平军兴后户部始每年按定数指拨解部，1860年为500万两，1861年为700万两，1867年起增至800万两。其他各专款（饷）也大致如此。户部在推出某一专款名目时，即已规定其明确的用途，是为“有的之款”；在分派各省、关筹解时，也为其指定固定的款源，是为“有着之款”。户部奉行的这种因事设款、专款专用的原则，目的是要确保专款（饷）的足额、如期拨解，以维持全国财政秩序的正常运行。

由于受到太平天国运动的影响，京饷制度无法正常执行。随着空前规模的战火迅速蔓延，一方面赋税收入大为减少，另一方面各省以供应军需为第一要务，大部分收入被直接、间接的巨额军费所吞噬，库藏空虚，自顾不暇，致使户部不但无法向各省军需拨款，履行其作为全国财政资源调度中心的职责，甚至连维持京师自身的费用支出也难以保证。

因此，户部在放任各省自筹军需的同时，从咸丰六年（1856年）开始，实行向各省定额摊派的措施。摊派京饷的全国总数，最初每年为400万两，咸丰十年（1860年）增至500万两，咸丰十一年(1861年)再增至700万两。从同治六年（1867年）起，在700万两之外，每年再增100万两，称为“续拨京饷”。直至清末，户部每年向各省及海关摊派总计银800万两。

晚清以后，伴随着地方财政自主权的扩张，各省无论是收入还是支出，都出现了大量的非中央政府所能控制的情况。户部对各省的收支状况越来越不摸底，自然也就失去了掌控力。户部在不得已的情况下实行定额摊派，意味着对各省既得财政利益的承认，对其实际收支便不再过问。但中央和户部与地方上的妥协，并没有取得很好的效果。地方各省都打着小算盘，往往不愿向户部解款，或者是与朝廷讨价还价。户部不再像以前那样趾高气扬，而是要放低身段向各省“讨要”。户部一再强调款项的重要性和财政艰难的状况，要求各省顾全大局，设法腾挪。而各省的态度大多是置之不理，以各种理由推诿、搪塞，并在奏报中诉说本省的财政困难。最终讨价还价的结果是，各省只有一部分或是少部分款项被解到了户部，导致中央财政的困难进一步加剧。

供稿单位：国家税务总局扬州市税务局
撰 稿 人：徐郁明
鸣　　谢：仪征十二圩江上盐都盐运文化展示馆

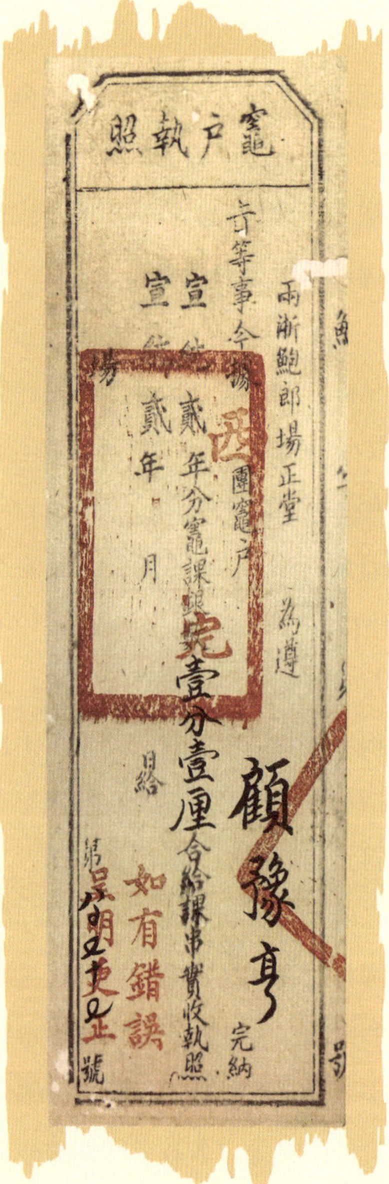

清宣统二年（1910年）两浙鲍郎场的灶户执照

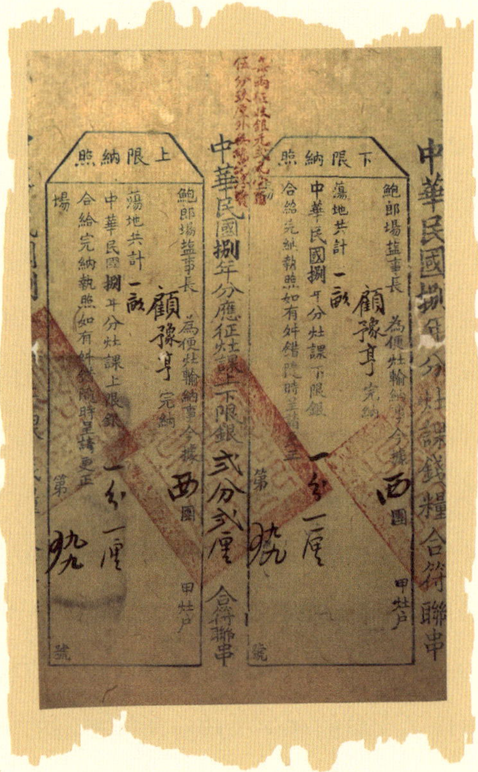

中华民国八年（1919年）鲍郎场的上下限纳照

清宣统二年（1910年）两浙鲍郎场的灶户执照和民国八年（1919年）鲍郎场的上下限纳照距今均有百余年的历史。两张税票中记载了海盐县盐民向鲍郎盐场缴纳盐税的时间、数量及荡地面积，反映了清末和民国初期盐税的发展状况。两张税票如今均被保存在浙江省嘉兴市的海盐县博物馆。

百年税票承载的盐税记忆

盐，在人类文明演进中发挥着重要作用。绵延2000余年的盐业兴衰，不仅在嘉禾大地烙刻下白色的印记，更在中国税收史上留下了浓墨重彩的一笔。千年古县海盐，因海而生，因盐而兴，与盐的羁绊最为持久而深厚。取之不竭的盐，滋养了一方百姓，更兴盛了这座滨海小城。

两张税票揭开一段税事

20世纪80年代的一天，时任海盐县博物馆馆长鲍翔麟在散步途中偶遇一个收卖古董的小摊，在那里，他发现了一些与海盐制盐有关的纸片，他不动声色地以每张5元的价格买了下来，并将其中两张捐给了海盐县博物馆。两张纸片均为土纸木刻印刷，距今已有100多年的历史，但上面的字迹依然清晰可辨。

第一张纸片长23厘米，宽8厘米，顶端印有“灶户执照”4个字，下面竖排印字5列，自右至左分别为：

两浙鲍郎场正堂　为遵

旨等事今军西团灶户　顾豫亨　完纳

宣统二年分灶课银数壹分壹厘合给课串实收执照

宣统二年　月　日给

场　第八百七十七号

如有错误　呈明更正

纸片中间盖的长方红印，字迹已模糊不清，难以辨认。

从内容来看，该纸片为清宣统二年（1910年）两浙鲍郎场（今属嘉兴市海盐县）的灶户执照。大致意思是，两浙鲍郎场的长官，按照旨意，西团灶户顾豫亨现在已经缴纳了宣统二年（1910年）的灶课，共计1分1厘。为了证明他已经缴纳了这笔税款，特此发放这份实收执照。

第二张纸片长25.5厘米，宽17厘米，最右竖排印字一列：

中华民国八年分灶课钱粮合符联串

中间竖排印字一列：

中华民国八年分应征灶课上下限银贰分贰厘合符联串

主体内容分为左右两部分，左半部分顶端印有“上限纳照”四个字，下面竖排印字六列，自右至左分别为：

鲍郎场盐事长　为便灶输纳事今据西团　甲灶户

顾豫亨完纳

荡地共计一亩

中华民国八年分应征灶课上限银一分一厘

合给先纳执照如有舛错随时呈请更正

场　第一九九号

右半部分顶端印有“下限纳照”四个字，下面所印文字除了将“上限”改为“下限”外，其余均与左半部分相同。

纸片正中间盖“鲍郎场印”正方红印。

从内容来看，该纸片为民国八年（1919年）鲍郎场（今属嘉兴市海盐县）的上下限纳照。大致意思是，鲍郎场盐事长，为方便税款缴纳，西团甲灶户顾豫亨荡地共计1亩，1919年应征收的灶课下限为白银一分一厘，已在本灶所办理缴纳，特此发放缴纳凭证。若征收银钱出现错误，请随时向本所申报更正。

“灶”本是指煮盐、煎盐的锅灶，是集中煎盐的地方；“灶户”是以煮盐为业的人户；“灶课”是政府向盐户所征的盐税；“灶户执照”是盐场向盐户发放的缴税凭证。

在清朝，灶户必须在缴纳盐税后取得盐场发放的灶户执照才可以烧盐，否则属犯法。鲍郎场归浙江的巡抚和盐运使司管辖，烧盐执照直接由“巡抚两浙盐漕部院”和“盐运使司”印好，盖上章发给鲍郎盐场，再由盐场填姓名、日期，盖上盐场印章后发给灶户。民国以后，盐场发放的不再是灶户执照，而是上下限纳照。尽管名称改了，但性质还是一样，盐户在纳税完毕并取得这张凭证后才被准许制盐。

这两张纸片以实物的形式展现了盐税文化的一部分，在海盐制盐业已经完全消失的今天，它们是彰显海盐历史文化的最好见证。在盐税这一税种已被废黜的当下，我们亦可从中追寻中国盐税文明的发展脉络。

一段税事折射盐场变迁

嘉兴海盐，因“海滨广斥，盐田相望”而得名，以“煮就吴盐雪不分”为世人所称道，盐业生产持续2000余年。

汉代，吴王刘濞“招致天下亡命者盗铸钱，煮海水为盐”，无须缴纳赋税，以致“国用富饶”，并在马嗥城（今海盐县城）置司盐校尉，以管理制盐业。那时海盐境内的盐场分布北至娄（今江苏昆山），南至钱塘（今杭州），东临大海，西至由拳（今嘉兴）。

唐肃宗乾元元年（758年），朝廷在全国设10个盐监，海盐的盐场就隶属于嘉兴监，“是设官置场，惟海盐最古”。唐顾况《嘉兴监记》记载：“淮海闽骆，其监十焉，嘉兴为首。”可见嘉兴监的产盐总量首屈一指。

宋代，海盐地区的盐业生产进入快速发展时期。《宋史·食货志》记载：“东南盐利，视天下为最厚；两浙盐利，以秀州（今嘉兴）为最丰”。依托盐业的发展，催生了海砂、鲍郎、芦沥三大盐场的繁荣，其中尤以上述提到的鲍郎盐场为最。清《光绪志》记载：“鲍郎场，在澉浦镇之东，东为秦望山，西为谭仙岭，接黄湾场，南濒海，灶舍在焉。北至运河水塘，延袤二十余里。”

鲍郎盐场具有得天独厚的优势，首先是在海边，分布着大片海涂。据明《续澉水志》和清《澉水新志》记载，鲍郎场海涂面积在200平方里左右。滩场后面有荡地，即已经淤积成陆、尚未开垦、只长茅草的荒地，茅草正好是煎盐的燃料，俗称“草荡”。清道光年间，鲍郎场有草荡3599亩。在上下限纳照中，也有关于荡地面积的记录。

历代盐业生产组织分场、团、灶三级。由于盐灶是制盐的关键工序，所以历代官府都对盐灶管控极严，并把盐民按照盐灶组织起来。固定若干盐民为一灶，若干盐灶为一团，以此作为催缴盐课的依据。以鲍郎盐场为例，元代分19团；明嘉靖年间设东、西、南、北、东北5团；清光绪二年（1876年）分20团，161灶；民国年间分15团。这其中北团、顾家团、汤家团、周家团、小海团等都已演变成地名，流传至今。上述凭证中的顾豫亨即是鲍郎场下属的西团盐户。

盐场变迁映照千年税史

因盐而生的盐税，历来是国家财政收入的“半壁江山”，光泽辉映过唐宋，税赋支撑起元明清，在时代的浪潮中跌宕浮沉，以咸涩的墨迹书写着不绝的史诗。

春秋时期，管仲在齐国为相，为适应诸侯争霸需要，兴盐铁之利，推行“官山海”政策，规定盐资源属国家所有，国家对食盐的生产买卖加以管理，开中国盐政之始。

秦自商鞅变法之后“禁山泽之原”，进一步强化国家对食盐生产和销售的垄断，于产盐区设置盐官，以收“百倍之利”。

汉武帝时，连年用兵，国库大空，而盐商财累万金，不助国家之急，黎民重困。元狩四年(公元前119年)，汉武帝采用御史大夫张汤建议，笼罗天下盐铁之利归官，由官府直接组织盐业的生产、转输与销售，并不假手商贩。盐史学者称为“全部专卖制”。

东汉初，光武帝为巩固重新建立的汉家政权，实行减轻赋税政策，罢私煮之禁，任民制盐，自由贩运，而于产盐较多的郡县设置盐官，征收盐税。盐史学者称为“就场征税制”。

唐肃宗乾元元年（758年），盐铁使第五琦创行榷盐法，实行民制、官收、官运、官销的盐政制度，于是“民不加赋而国用饶”。后刘晏再变盐法，国家就场收买盐户生产的盐，再转卖给商人，盐税即加入售价之中，然后由盐商将食盐运销各地，这就是民制、官收、商运、商销的“就场专卖制”。这一改革极大地增加了国家的盐税收入，已经占到全国赋税总额的五成。司马光《资治通鉴》记载：“天下之赋，盐利居半，宫闱、服御、军饷、百官俸禄皆仰给焉。”

宋元时期仍以就场专卖制为主。明中叶后，形成了民制、商收、商运、商销的“商专卖制”，官不收盐，由商人与煎户直接交易，收买、运销之权皆归于商人，并得世袭，政府向盐商课税。从此，行盐成为盐商专利的世业，开启了此后绵延300余年专商引岸独擅盐利的盐政弊端。

清代循明旧制，后则日益紊乱。或因外债赔款，或因练兵经费，各地陆续盐斤加价，税率漫无标准，省域之间乃至一省之内也参差不齐，课税名目多达700余种。以清宣统二年（1910年）为例，最低的如两浙肩住引地每百斤0.24两，最高的如云南正岸每百斤达5.16两，相差20多倍。官商勾结，共同侵吞盐税，而百姓承担沉重税负，可谓国税民食，交受其害。这一积弊延续至民国初年而并未改变。作家阿英曾到鲍郎盐场所在地澉浦镇一带采风，他在所著的《盐乡杂信》中如此记述当时盐民的苦难生活：“他们不时用种种方法到盐民间去敲诈，或说他们烧私盐，或说他们停火太早，或说他们斤量不符……以遂其敲诈之私。其实，盐民是得不着什么的。在盐民间，使你时时听到的，只是他们不断的叫苦。”

探文物，观古今。短短百余字的税票，不仅见证了鲍郎盐场的兴衰与千年古县的由来，更作为沉淀盐税记忆的载体而弥足珍贵。绵延2000余年的盐税，不仅是中国税收史上的璀璨一页，更是中国经济社会发展的缩影。尽管消逝已久，仍能从中感知时代的脉络与历史的重量。

供稿单位：国家税务总局海盐县税务局
撰 稿 人：沈于捷
鸣　　谢：海盐县博物馆

参考文献：

［1］王娟. 古代嘉兴海盐盐业史研究［J］.兰台世界：下旬，2015（36）：120-121.

［2］鲍静. 盐法的博弈［J］. 经济研究导刊，2009（15）：91-92.

［3］王林善. 论唐代后期的榷盐与盐商［J］. 山西大学学报：哲学社会科学版，1988（3）：27-32

［4］岳瑾明. 民国初期北洋政府盐税体制改革浅析［J］. 党史博采，2017（5）：41-44.

［5］金鑫，等. 中华民国工商税收史：盐税卷［M］. 北京：中国财政经济出版社，1999.

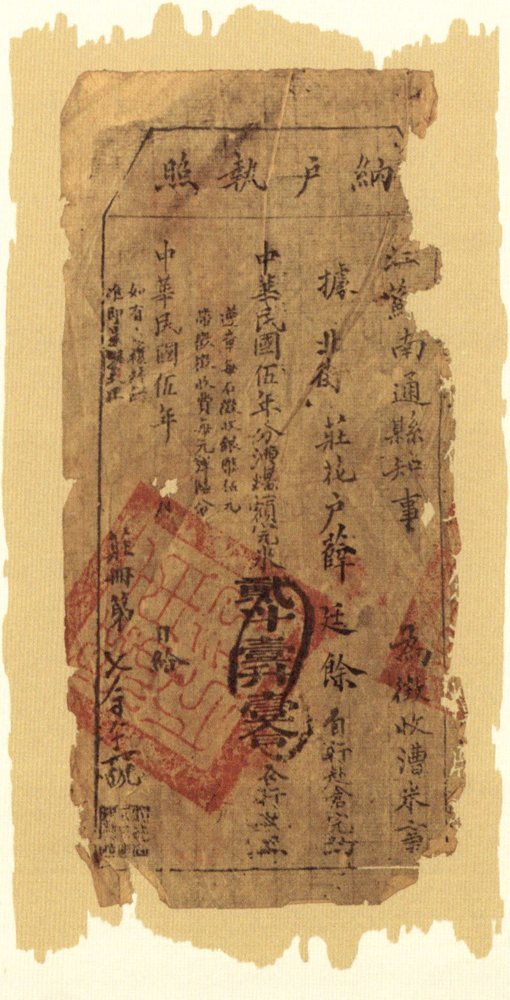

納户執照

江蘇南通縣知事 為徵收漕米事

據北街莊花户薛廷餘

中華民國伍年分漕糧額完米

中華民國伍年

中华民国五年（1916年）南通征收漕米纳户执照

这张收藏于南京税收博物馆的“民国五年南通征收漕米纳户执照”，系1916年的缴纳漕粮税收完税证明，距今已有近110年历史。票面记载了南通县北街庄花户薛廷余缴纳漕粮及附征捐费的相关信息，反映了民国初年动荡时代下的大运河沿岸田赋征收情况。

民国初年漕粮税票里的风云变幻

——1916年南通征收漕米纳户执照

南通，州据江海之会，运渠通齐鲁燕冀，后周显德五年（958年）始名“通州”。京杭大运河北端直抵京都之处（现北京市通州区），金天德三年（1151年），海陵王完颜亮以“漕运通济”名为通州。“南通州，北通州，南北通州通南北”，是乾隆坐在大运河龙舫上的即兴之作。乾隆下江南时多次为运河题诗作碑，一路留下沿岸盛世繁华的风雅传说。然而到了清末民初，漕运渐衰。

新瓶装旧酒，南通漕粮税票的变与不变

这张南通漕粮税票为棉纸材质，黑油墨木雕版印制，长方形版式，圭首形外框栏，框内横线切分为版头和正文上下两部分。版头为“纳户执照”四字，正文文字有版刻印刷和毛笔书写两个部分，文字（为便于区分，毛笔书写部分标注下划线，笔者注）内容如下：

江苏南通县知事，

为征收漕米事，据北街庄花户薛廷余自行赴仓完纳中华民国五年分漕粮额，完米贰斗壹升壹合合行执照。

遵章每石征收银币伍元，带征征收费每元洋陆分

中华民国伍年 月给

如有重复舛错，准即呈明更正

庄册第柒□□号

纳户执照，为官府发放的纳税完税凭证，起始于明清一直沿用至民国时期。这张漕粮完税票的填开时间为1916年，而1911年辛亥革命推翻了清王朝之后，中国随即进入政治动荡时期，在这一时代背景下，这张民国初年的南通漕粮税票较之前又有些什么变化呢？

首先，征收主体发生了变化，原晚清的“江南直隶通州知州正堂”改为民国初年的“江苏通州县知事（公署）”，实施主体也随之出现了一定的变化反复。《南通县志》记载：“民国元年（1912年），南通县知事公署设财政处；民国二年（1913年），南通县议事会议决设立特别会计处，管理地方公款、附税、特税等；民国三年(1914年)，地方财政自治机关停办，原有自治经费由南通县知事公署直接办理；民国九年（1920年）十一月，南通县再次筹建自治会，下设财政股委员会。”虽然征收机构不断变动，但具体的征收人员仍为当地“世袭”的粮房、书吏。

其次，纳税主体和纳税形式基本未见变化。“花户”依然是明清沿袭下来的纳税主体，“花户薛廷余”并非缴纳这张漕粮完税票的当事人，而是清代丈量田地时所形成的赋税清册上的田亩所有者。也就是说，“花户薛廷余”只是这张税票末尾的“庄册第柒□□号”上所登记在册的、固定不变的“纳税名号”，纳税人可能是“花户薛廷余”的子孙，也可能是“花户薛廷余”的佃户。民国初年曾计划丈量全国土地，袁世凯“委蔡锷督办经界局事务”（《政府官报》1915年2月14日），

后因袁世凯复辟中止（蔡锷发起反对复辟的护国战争）。民国初年的田亩丈量不明，导致南通县的田赋征收只能依靠原有的粮房、书吏，他们“向系世袭”，对征税底册“奉若宝笈，秘不示人”（《整理财政应先改革田赋征收制度》，《地政月刊》1934年第2卷）。税票上注明的“带征征收费每元洋陆分”，即为这些粮房、书吏等征收人员的办公经费和薪酬。再者，税票上的应纳税额不明。光绪二十六年（1900年）漕粮已经全部改折征银，按理税票上应明示缴纳漕粮多少银两，但税票上却只标识了换算方式“遵章每石征收银币伍元”。折算不易给予负责征收的粮房、书吏等可乘之机，“捏大报小，匿多报少者比比皆是”。

漕运风云，南北通州通南北的变与不变

南通州，北通州，南北通州通南北
东大仓，西大仓，东西大仓装东西

民国初年，北通州仓储里的“皇粮国税”改变为民运民采、市场调剂，不变的是京都漕粮依然来自江浙产粮大省，“本部所管南漕，每年由江浙两省运京漕米一百万石，奉此查京师缺米，亟应接济”（《民政总长照会南北商会文》1912年8月）。然而由湖南水灾引起的“1910年长沙抢米风潮”，波及全国各地米禁盛行，“今者省与省之间既有矣，而风潮所簸击，将府与府之间有禁焉，州县与州县之间有禁焉，充类至尽，不至全国人各各孤立断绝交通而不止也”。为此，酝酿多时的漕运局设立方案被袁世凯于1914年11月5日批示采纳，“财政部、内务部呈请大总统酌设漕运局转运米粮，在上海设总局，在各大商埠及产米最多的市场逐步设立分局……大总统批令准如所拟，先行试办”（《内务、财政部呈京兆招商运米拟请归并漕运局办理以期统一文并批令》）。《漕运局总办施肇曾等申明漕运总局成立经过文》详细描述了江苏巡

按使齐耀琳等的质疑和掣肘过程，但最终还是“分批起运，源源来京”。袁世凯于1916年6月6日因病去世，漕运局随即受江浙阻扰而停办。同年11月，“内务总长孙洪伊、财政总长陈锦涛会呈大总统复设漕运局转运米粮以平市价而济民食拟具章程请鉴核文”，得到黎元洪大总统批准后，因难以运行而遭裁撤。其间《漕运局之存废问题》热议不断，徐世昌就任大总统后，于1919年再次复设漕运局，并公布了《漕运局招运章程》，但具体实施中，仍遭江苏等地的强烈反对，最终于次年7月26日裁撤。

此期间的设立、复设和裁撤反复的漕运风云，不仅反映出北洋政府直系、皖系、奉系相互倾轧、地方军阀割据的现状，同时也有清末民初的长江流域水灾频发、上海多次米荒的江浙赈灾自保等客观因素。但是米禁政策导致稻米无法外销变现，漕粮折银的赋税形式更加重了底层农民的负担，“全省稻作最富县份中有南通、如皋等县，民国二十一年（1932年）产量如皋210万石,南通100万石以上”。虽然漕粮停运北上，但江苏南通地区依然年年征收漕粮，变化的只是将其划入田赋名下的一个赋税科目。“民国初期，北洋政府对田赋进行整理，主要归并税目，规定银米折价，确定附加税额，整理税册等。经过整理后，田赋种类主要包括：地丁（以田亩征收赋税）、漕粮（漕粮统征货币，是田赋项下的一个税目）、租课（官田出租而征的税）和附加（随田赋正额加征的附加税）四个部分”。由此，我们不妨从这张漕粮税票进一步窥探整个民国时期农民的田赋负担情况。

换汤不换药，民国田赋征收的变与不变

“斯民之苦暴税久矣，有积累莫返之害，有所税非所出之害。”明清思想家黄宗羲总结出历代农民田赋征收规律：农民屡受田赋苛征之苦，每变一次，税重

一次，积重难返，有违变革初心。综观民国的田赋征收之变革，始终没有跳出黄宗羲定律的怪圈。

民国初年田赋征收沿袭旧制不变，田亩清丈久拖未行，赋税依据不实，税率不一，“重者每亩科银一钱九分，科米一斗九升，其轻者每亩仅及几厘”。同时税赋计算复杂，先是按亩计算粮额，再折算成额洋，具体纳税数额任由“世袭”的粮房、书吏舞弊，“原旧串面，仅列忙银若干，漕米若干，实际系征收银元，纳税粮户不明计算方法，致被浮收”。而田赋制度有所变化的只是将清末田赋所有附加纳入正税归属中央，另加征田赋附加归属地方，实际税负只增不减，许多地方还实行田赋预征，一年预征2～5次，田赋预征和附征成为各地军阀的重要敛财手段。1933年“省县田赋正税109695元,省县附税699077元，附税超出正税5倍半”。

为革除田赋积弊，“民国二十二年(1933年)下半年，省政府布置整理田赋，办理土地陈报，厉行普遍推收、核减附税、改革串票、厉行柜完制度”，民国时期南京政府对原有的粮房、书吏“先行严加甄别，一律定为有给职，仍责成办理造单当册及稽核税收等事”，虽清肃了经征人员，却防不了县官贪污，“至1935年，历任离任但未结算的县长尚有131人，亏欠公款1036225元，结算但有亏空的县长64人，亏欠公款314563元”。除此之外，南京国民政府为稳固中央政权、削弱地方财权，针对农民税负问题于1934年发起了全国性的“废苛减附”治理运动。然而“减轻田赋附加与苛捐杂税不是一个中央财政当局有没有决心的问题，而是地方政府有没有办法的问题”“民国三十四年（1945年）后,国民政府的各种苛捐杂税增加数十倍,人民负担更重。民国三十七年（1948年）3—6月,仅征绥靖临时费即达1897亿元（民国末年通货膨胀，法币贬值——笔者注）。同年，财政预算支出466.34亿元,绥靖临时费高达8470亿元”。田赋及其附征致使小农破产，而地主转嫁赋税，租息倍增，加剧了农民与地主间矛盾，失去土地的农民依然在生死线上挣扎着、等待着、期待着……

供稿单位：南京税收博物馆

撰 稿 人：江晓彤

参考文献：

[1] 葛印陈，尤来宗，等. 南通市财政志[M]. 南京：江苏科学技术出版社，1995.

[2] 赵如珩. 江苏省鉴[M]. 南京：新中国建设学会，1935.

[3] 南通市地方志编纂委员会. 南通市志[M]. 上海：上海社会科学院出版社，2000.

[4] 佚名. 整理田赋实施步骤厘正税率实行直接缴税[J]. 江苏月报，1934（4）：20-21.

[5] 章开沅. 中国近代史上的官绅商学[M]. 武汉：湖北人民出版社，2000.

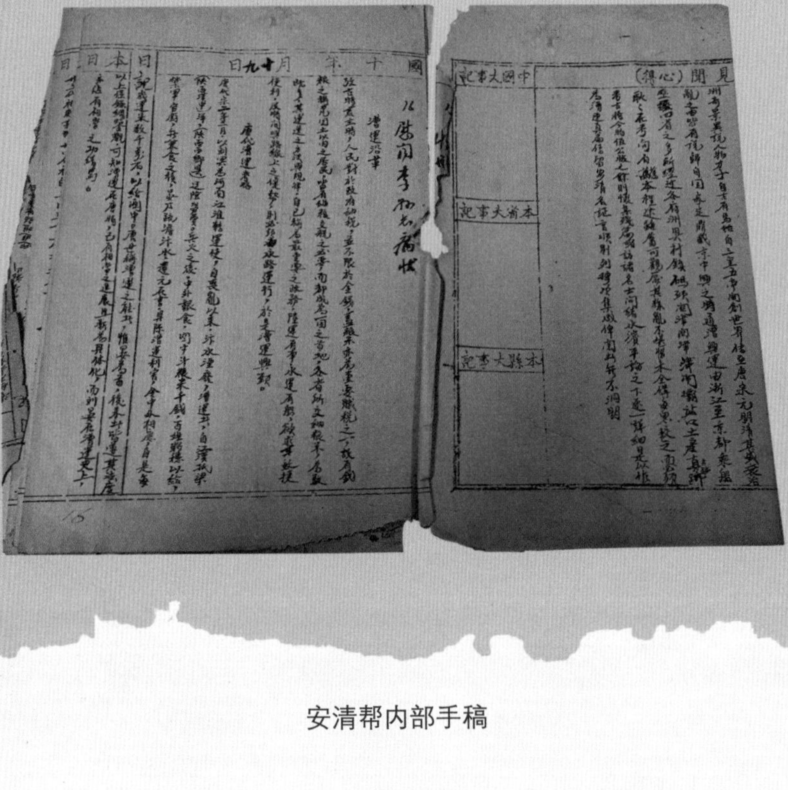

安清帮内部手稿

安清帮内部手稿编著于1921年，材质为纸质，品相略有残破，长29.6厘米，宽19厘米，厚度1.7厘米，字体手写，字迹大部分较易于辨认，作者不详。安清帮是晚清民国时期民间势力较大的帮会组织，成员主要为漕运水手。安清帮内部手稿叙述了安清帮源头与佛教的渊源，记录了漕运沿革，囊括了唐代、宋代、元代、明代漕运考略，与古代漕运历史记载基本相符。此外，手稿还记有帮内戒规及船运相关问题，反映了运河通漕船只行运货物缴税过程。

安清帮与千年运河漕运变迁

安清帮是一个民间帮会，由水手行帮逐渐转化而来，主要任务是护运漕粮，与漕运有着密切联系。安清帮手稿内容涉及漕运沿革，包含唐代漕运考略、宋代漕运考略、元代漕运考略以及明代漕运考略。许慎在《说文解字》中解释："漕，水转谷也。"漕运，简单说就是水道运输。李治亭的《中国漕运史》将漕运定义为"漕运是中国古代的水上运输，它由国家经营，处于中央政权的直接控制之下，通过漕运，把征收的税粮及上供物资，或输往京师，或实储，或运抵边疆军镇，以足需要，并藉此维护对全国的统治"。不难看出，在王朝政权稳定时，漕运得以顺利发展；在政局混乱分裂割据时，漕运亦受到影响。水路比陆路运粮在时间上更有优势，水路航运凭借低能耗、高载量的优势，在大宗物流运输中占据着重要地位。纳税并不局限于金钱银两，粮米亦为重要赋税之一。运粮入京，在一定程度上削弱了地方实力，保证了政治稳定，同时也促进了区域经济发展。

漕运萌芽

漕运历史悠久，萌芽于秦汉，发展于隋唐，至元明清成熟。漕运由两个最基本物质条件构成，一个是运河，一个是船。中国的运河建设历史悠久，中国现有记载的最早的运河，是开凿于公元前506年的胥河，也是世界上开凿最早的运河。20年后（公元前486年）吴王夫差下令开凿的另一条人工运河邗沟，日后则发展成为举世闻名的京杭大运河。在战国时期，水军作战和水运运送军粮已相当普遍。京杭大运河在漕运中占据最重要的位置，为了确保漕粮运送通畅，历朝历代均设有漕运管理的相关机构。

漕运是王朝的生命支持与动力供应系统。漕运线路一直处于变化之中。战国时期秦国商鞅变法后一直重视农业和仓储，公元前221年，秦始皇建立秦朝后，建立了很多粮仓，其中栎阳和咸阳有大型粮仓，并对漕运实行严格管理。西汉时期，为了加强物质保障，又开通了漕渠，东汉时期则又开凿了阳渠，将漕渠重新整治后形成新的水运航线。隋朝时，隋炀帝在之前邗沟等已有运河的基础上，以洛阳为中心，开凿了北至北京南至杭州的大运河。

漕运发展历史沿革

安清帮内部手稿编著于1921年，它反映了运河通漕船只行运货物缴税过程，在唐代漕运考略部分，书稿记载：“以刘晏为河南江淮转运使，……刘晏在漕运史上，亦占有相当之功绩焉。”唐朝财政因安史之乱遭受重创，河道失修淤积，漕运路线沿途藩镇林立，秩序混乱。唐代宗登基之后，任命刘晏负责整顿漕运，刘晏是唐代经济改革家，才华横溢。他仔细勘查河道，疏浚汴渠。

《资治通鉴》记载："晏以为江、汴、河、渭，水力不同，各随便宜，造运船，教漕卒，江船达扬州，汴船达河阴，河船达渭口，渭船达太仓，其间缘水置仓，转相受给。"

宋朝是中国古代商品经济、文化教育繁荣的时代。北宋定汴京为都，各个经济区物资输入京师，将北方政治中心和东南赋税重心紧密联系起来，后政权变更，南宋定都临安，政治中心和经济中心则高度重合。手稿内宋代漕运考略："宋代漕运……帝王庸懦，国家大政尚且不能修明，况漕运乎。"

元代海运、河运并行，初期以河运为主，后因受季节更替影响，运量不足，转而大力开辟海上漕运路线，以海运为重。元朝著名天文学家、水利学家郭守敬兴修通惠河，1289年开通会通河，大运河也成为以大都为中心的新型运河。

手稿记有明代漕运考略："明初建都金陵，水陆交通均便，北方又为藩镇所把守，名义虽统一，实际已不甚，及建文被逼逃走，成祖即位，北平统一局面，稍且体，对于漕运渐需要，……这定漕米长运法，设专员本可之，师前代之成法，河道之利便于漕政之设施上，巨大之演变及困难。"

明太祖朱元璋定都的南京，物产丰富，经济发达，后朱棣迁都北京，需南粮北运，因海运艰阻，明成祖决定采用隋、元开凿或改建的南北大运河。永乐九年（1411年）由宋礼主持重开会通河，是漕运史上的大事件，具有重大意义，直接为沿河城市的发展带来契机。永乐十三年（1415年），朱棣下旨停止海运，明代漕运全部沿京杭大运河北上，史料记载明宪宗成化八年（1472年）规模达到岁运漕粮400万石。

清代继承了元、明的运河系统，并对大运河进行修治，漕运也沿袭了明代的制度。"清初，漕政仍明制，用屯丁长运。长运者，令瓜、淮兑运军船往各州县水次领兑民，加过江脚耗，视远近为差；而淮、徐、临、德四仓仍系民运交仓者，并兑运军船，所谓改兑者也。”后由于运河淤塞等原因，光绪二十七年（1901年）清政府废止漕运。

关于安清帮

安清帮作为护运漕粮的民间帮会组织，在漕运过程中除了要把控人为风险因素，还要面对捉摸不透的天气和河面下涌动的暗潮、礁石等，难以预知的自然灾害会对漕船造成极大危害。

根据李想《安清帮与淮安》可得知其内部构成：“安清帮名义上奉罗祖为师祖。总帮下设3堂6部，即：翁佑堂、潘安堂和钱保堂；引见部、传道部、掌簿部、用印部、司礼部和鉴定部。招徒严格按照‘园明心理，大通悟觉，普门开放，万象义贵，罗祖真传，佛法庇妙’24个辈分续谱。安清帮入帮程序烦琐，凡是帮外人想进门槛，须由帮人作介绍，会见引见师，引见师、传道师分别画押后，再写正式帖子去拜师。安清帮还有一整套‘切口’(暗语)，叫‘海底’，帮中人必须熟记。如对答如流，则视为帮中之人。”

安清之道所传，道德仁义，孝悌忠信，礼义廉耻，学习务本之道；亦有规戒，师徒如父子，同参如手足，义气永远不改。手稿内有：“问何为三从？答帮规三从，一子从父，父慈子孝，二徒从师，师恩徒贤，三弟从兄，兄宽弟忍。”“问何为五戒？答一戒不杀生仁也，二戒不盗窃义也，三戒不邪淫礼也，四戒不吃酒智也，五戒不妄言信也。”这其实也是传统佛教中的五戒，以此约束组织成员的言行。安清帮以义为重，帮会可招待成员食宿，给予盘缠。在漕运制度变革之后，漕运水手失业，部分水手行帮组织演化成了青帮，新中国成立后，安清帮最终解体。

京杭大运河是世界上里程最长的古代运河，将各区域经济和文化更加紧密地联系在一起，大运河沿岸的历史遗迹是宝贵的历史文化遗产，古老的大运河流淌着悠久的文化历史，承载着无数劳动人民的智慧。

供稿单位：北京税务博物馆
撰 稿 人：孙　洁

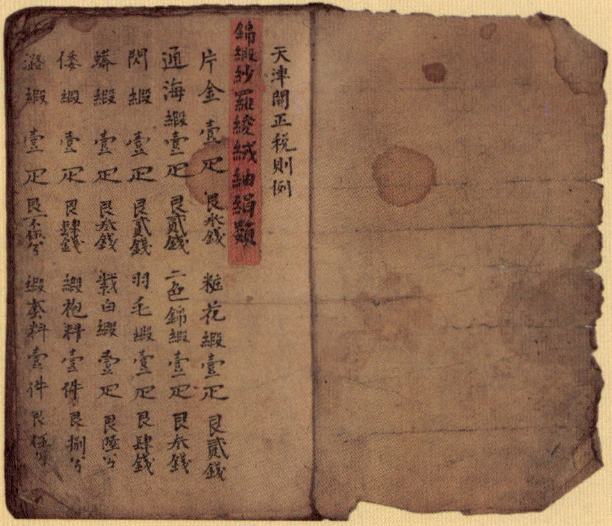

天津關正稅則例

錦緞紗羅綾絨䌷絹類

片金壹疋 良叁錢　粧花緞壹疋 良貳錢
通海緞壹疋 良貳錢　二色錦緞壹疋 良叁錢
閃緞壹疋 良貳錢　羽毛緞壹疋 良肆錢
蟒緞壹疋 良叁錢　戧白緞壹疋 良陸分
倭緞壹疋 良肆錢　緞袍料壹件 良捌分
潞緞壹疋 良[illegible]　緞套料壹件 良[illegible]

清末《天津关正税则例》

《天津关正税则例》是清朝关税税则之一，长25.4厘米，宽18.2厘米，上载各式纺织品税目及税率，现藏于天津市博物馆，从中可以窥见清代中国税收制度的一隅。

天津关：税制风云的古老驿站

天津关，静静地依偎在南运河畔，诉说着古老而深长的故事。这里是明清时期税收的关口，也是运河繁华的见证。每当夕阳洒下金辉，波光粼粼的运河水面上，仿佛浮现出当年船只往来、帆影重重的景象。

这份《天津关正税则例》为清末天津关关税税则之一，泛黄的纸张上以工笔详细记录着“锦缎纱罗绫绒䌷绢类”等商品的税率，如其所书“二色锦纱一疋艮二钱”就是指一匹二色锦纱当时过天津关需要缴纳二钱的税，各项类目细致入微，钱款事无巨细。正税则例是税收制度的核心组成部分，也能反映当时的社会经济状况、对外贸易政策和中西关系，天津作为北方重要港口，其关税政策的制定和调整尤显重要，《天津关正税则例》简洁凝练的文字中仿若暗含着天津关兴衰浮沉的数百年历史记忆。

南运河悠悠流淌，如同一条历史的长河，见证了天津关的兴衰变迁。它目睹了商贾云集、百舸争流的盛景，也镌刻了岁月流转中留下的斑驳痕迹；它不仅是一道税收的门槛，更是岁月流转中沉淀下来的诗意画卷。这里的老街古巷，承载着悠悠岁月的故事，每一块青石板都仿佛在低语，诉说着过往的繁华与沧桑。每当夜幕降临，月光洒在运河上，与天津关的灯火交相辉映，宛如一幅宁静而深邃的画卷。无论是漫步在古色古香的街巷中，还是静坐河畔聆听运河的低吟浅唱，都可以感受到历史的厚重与诗意的美好，让人沉醉于这片古老而充满魅力的土地。

源起：运河关隘开新卷

天津关，是南运河的一个重要税关，乾隆府志地图称其为天津关，道光保甲图又名“天津钞关”，是早年坐落在城厢北门外，南运河畔浮桥北端的收税关口，因其规模较大，又位于天津城以北地区，故得名“北大关”。

北大关的前世，可以追溯到明代。所谓钞关是从明代开始中央政府设在运河各重要口岸督理漕商税收的专门机构。在明代上税须交“大明宝钞”，即当时发行的纸币，故收税机构称为“钞关”，或简称“关”。《天津通志》载：“清康熙四年（1665年）七月十日，天津钞关由河西务移驻天津，划归天津道兼理。”为了利于天津关税收缴，健全并新建了一系列收税关所，是年，在南运河北岸甘露寺设立了一个规模很大的钞关。《津门杂记》载：“天津钞关，在北门外河北浮桥旁，人称北大关，征收水陆出入货物税银。”当时，因南运河作为水上运输要道，过往船只频繁，北大关逐渐成为重要的收税关口。

浪涌：古街新貌绘华章

明成祖朱棣在天津设卫筑城后，北大关又因其得天独厚的地理位置，逐渐发展成天津最繁华的商贸区，是天津早期的商业中心之一。它以北门外大街为中心，包括北门里大街、河北大街、估衣街、锅店街、侯家后大街、洋货街、竹竿巷、针市街等。街区商店铺户鳞次栉比，从早到晚车水马龙，行人摩肩接踵，生意兴隆，热闹非凡。清末时，北大关的繁华达到了顶峰，不仅是天津之最，而且在整个北方也是首屈一指。1665年，康熙皇帝巡视天津曾经过北大关。

《天津风物志》中《北大关》一节讲道："明清时代，对过往天津船舶验关征税的常关即设于这里的南运河边，故称这一带为北大关。自常关设于此，过往天津的船舶为验关之便，多由三岔口（今狮子林桥附近）移泊至此；天津设卫筑城后，官衙集中于北门里，官绅富豪也多居于此，北门内外成为天津政治、经济中心。因此，以北门外大街为中心，包括北门里大街、河北大街、估衣街、锅店街、侯家后大街、洋货街、竹竿街、针市街，形成了繁华的商业区，商店铺户鳞次栉比。著名的老字号店铺谦祥益、瑞蚨祥、正兴德、达仁堂等即设于此；狗不理包子、耳朵眼炸糕、祥德斋糕点等天津风味食品自此闻名，经营天津风味菜的八大成荟萃此地；最早的戏院——协盛茶园、袭盛茶园也建于此。北大关商业中心自天津筑城设卫始，延续几百年，其极盛时期是清朝末年至20世纪20年代，那时这里的大街小巷从早到晚车水马龙，游人摩肩接踵，商店生意兴隆，热闹非凡。"

天津市档案馆编《天津运河故事》中《北大关的繁华旧影》提到："天津地区的钞关本来位于武清北运河畔的河西务。河西务钞关设立于明正统十一年（1446年），这个时候的天津刚刚建城40多年，只是一个普通的卫所。但得益于地理位置的优势，天津的商业贸易迅速发展起来，尤其是北门外至三岔河口一带在弘治年间（1488—1505年）就已经出现了数个繁荣的集市。到了清代初年，虽然天津建制仍然是卫，但已经成为北方的货物集散中心，具备了一个大都市的雏形了。"

《津门杂记》中有一首诗是这样写的："津关高设在河干，一到河冰收税难。只盼新秋风色好，洋船广到百忧宽。"原来每到冬季运河结冰的时候，没了船只，税官税吏们就只能眼巴巴看着光溜溜的冰面盼望着来年。为什么诗里说"只盼新秋风色好"呢？因为秋天是北大关收税的黄金时节，来往商贩云集，出入货物数量巨大，民间称为"秋头子"。诗里所谓"洋船"，不是外国船，而是福建、广东商船，因为是经外海北上至天津，远涉重洋，所以被称为"洋船"。它们每年从南方运来糖、米、茶、水果、竹木以及各种从香港进口的杂货，然后又满载着北方的山货、药材、豆类、棉花、布匹等货物回去。闽粤商船的数量是很庞大的。咸丰十年(1860年)六月，有一批北上天津的广东人和洋人在烟台停船避暑，准备七月后即赴天津，这批人的数量竟有一万四五千人之多。据此就可以想象来津粤商的规模了，他们所交的税占了天津钞关的很大比重。"洋船广到百忧宽"，天津钞关的税吏们这么想一点都不奇怪。由于北大关的存在，天津有了一大批专门靠"关"吃饭的人。钞关税收的一个特点，就是每年的税收额都是固定的，税官们只需要将这个定额上交，余下的就大家分红。收税收得越多，税官、税吏所得分红就越多，所以他们恨不得把过往船只扒下一层皮来。咸丰年间的天津举人杨光仪有一首诗是这样写的："关吏来，钞关开，榷算弄威福，杂坐半舆台。长堤归去飞尘埃，归去对妻孥，妻孥笑相索，珊瑚枝大玭珠白。"关吏们在钞关作威作福一天，回家的时候手里拿着的是珊瑚、珍珠，无怪乎妻儿都笑脸相迎了。这是对这些税吏们贪索情景的真实写照。根据历史档案，到清末天津钞关归并海关的时候，正式的雇员只有260人，但靠钞关吃饭的人竟有万人之多。这其中有数百人是"世袭"的，靠祖上花重金买来的收税资格，坐享天津关的厚税，久而久之成为大户，名为"大关户"。

在明代，钞关税收的主要形式是实物税和货币税。实物税主要是征收丝织品、棉花、布匹等商品，而货币税则是以银两或铜钱的形式征收。这些税收不仅为明政府提供了可观的财政收入，也促进了天津地区商业的繁荣。然而，明代钞关制度也存在一些弊端。由于税收定额较高，且存在官员贪污腐败的现象，导致商民负担沉重，怨声载道。这也为后来天津关税务制度的变革埋下了伏笔。

潮退：繁华只见梦回时

在清代，税制的变化也反映在了钞关的实际运作中。清政府逐渐废除了实物税，改为以银两为主要形式的货币税。这一变革不仅简化了税收征收程序，也促进了商业的进一步发展。此外，清政府还加强了对官员的监督和管理，防止贪污腐败现象的发生。这使得钞关的税收征收较明代后期公正、透明，商民的负担也得到了减轻。

近代以来，中国遭受列强的侵略和压迫，关税主权逐渐丧失。在这一背景下，天津关的税务制度也经历了巨大的变革。清同治九年（1870年），天津钞关改称“常关”，以区别于天津海关。1901年《辛丑条约》签订后，常关的税收成为偿还赔款的财源，并且归并到了海关。天津关作为天津税收重地的历史宣告结束。

天津关作为一个历史悠久的税收关口，见证了近代中国税收制度的演变与社会的变迁。虽然时代已经变迁，但北大关这一地名仍然流传至今，承载着丰富的历史和文化内涵，演变为天津地区的一个重要文化符号，成为我们了解过去、展望未来的重要窗口。

供稿单位：国家税务总局天津市红桥区税务局
撰 稿 人：唐敬尧
鸣　　谢：天津博物馆

两淮盐务稽核所

坐落于大运河畔扬州市淮海路33号的两淮盐务稽核所，建于1921年，两层带阁楼，为砖木混合结构建筑，是一座西洋风格的小楼。两淮盐务稽核所用盐业税收款建造而成，因其外观为红色砖瓦结构，故一直被称为“红楼”，原为两淮盐务稽核所外籍人员的别墅，楼内有客厅、卧室与办公用房。两淮盐务稽核所是当时中国税收管辖主权丧失的有力证据，是当时弱国外交的产物。现为扬州市级文物保护单位。

税收管辖主权丧失的铁证

——扬州两淮盐务稽核所

淮左名都、竹西佳处；古城扬州，钟灵毓秀。处于长江经济带和大运河文化带交汇点的扬州兴于汉，盛于唐，鼎于清。紧临文昌阁的淮海路更是这座古城一张亮丽的名片，而位于淮海路33号的两淮盐务稽核所正是其中的一个记忆元素，见证过扬州的盛世繁华，也记录着扬州盐运经济的兴衰和税收管辖主权丧失的屈辱。

再现：一段屈辱的历史

两淮盐务稽核所成立于1913年，1942年关闭，历时30年。

民国初年，盐税仍然为政府财政收入主要来源，苛捐杂税，名目繁多。袁世凯上台后，为了巩固自己的权力，也为了镇压孙中山先生领导的革命力量，竟然不顾全国人民反对，于1913年4月26日，与英、法、德、俄、日等国银行集团签订丧失盐政主权的善后大借款。

袁世凯政府的善后大借款以全国盐税、关税为抵押。1913年，即在善后大借款的当年，依照借款合同的附件条件，北洋政府在盐务署下设盐务稽核造报所，后正式称为盐务稽核总所，由盐务署长兼任稽核所总办，直接收取盐税用作还贷，稽核总所以中方盐务署长兼任总办，洋人任会办兼顾问。凡是产盐销盐的地方，均设稽核分所或稽核处。当年，两淮设立盐务稽核分所，所址在扬州。后又在仪征十二圩设立盐务稽核支所。1913年，随着两淮盐运使公署由扬州移至淮北板浦，原淮北运副改称淮南运副，移驻扬州，运副署并入稽核分所内办公。

现存的两淮盐务稽核所建于1921年，两层带阁楼，为砖木混合结构建筑，是一座西洋风格的小楼，用盐业税收款建造，因其外观为红色砖瓦结构，故一直被称为“红楼”，原为两淮盐务稽核所外籍人员的别墅，楼内有客厅、卧室与办公用房。两淮盐务稽核所两幢米黄色西洋建筑，是一座大体呈四方形的洋楼，正面朝南，有人字形红瓦高墙，墙体为黄色。洋楼为两层，底层前面有突出的露台，三座拱门分布其前，有回廊穿插围绕周边。二楼有三个方窗朝南。进入正面的拱门，是一间客厅，红漆的地板。朝北有宽大的木质楼梯通向二楼。楼上楼下，分割成若干个房间。

两淮盐务稽核所主管为华人、洋人并用。名义上由华人担任正职、洋人担任副职，实际上为洋人掌管，仰洋人鼻息，盐务税收的实权旁落，由列强控制。两淮盐务稽核所实际上为外国人参与控制中国盐务的机构，是中国税收管辖主权丧失的又一例证。

还原：丧失的税收管辖主权

从汉代以来，食盐就一直是国家专营的商品，食盐相关产业和税收，也成为国家财政的重要来源。到了清末，食盐的生产技术和产量已经取得了极大的发展，清朝的盐价也相对稳定。但袁世凯政府的善后大借款完全打乱了中国盐业经济的秩序。善后借款合同共21款，带有附件，按照借款合同，袁世凯政府名义上借款总额2500万英镑，其实因债券系九折发行，八四净收（银行发行经理费用为6%），实得2100万英镑，如再扣除首期利息及汇费，仅余2038.1万英镑。借款年息为5厘，按84%实交，分为47年偿清，前10年只付利息，后37年本息并付，到还清之时，仅利息一项就需42893597英镑，为实际借款的两倍多。紧接着，袁世凯政府又与五国银行集团签订了一项200万英镑的垫款合同，年息竟高达7厘。

袁世凯政府善后大借款合同，是损害中国盐政主权和独立的卖国条款。当时中国政府承认要在外国人帮助下，对中国盐税征收办法实行整顿改良，在北京设立盐务稽核总所，中国人为总办，外国人为会办，所有发给引票、款项收支，非得洋会办签字才能生效。在各产盐地设立税务稽核分所，中国人为经理，外国人为协理，所有盐斤秤放和盐税征收存储事宜，需得洋协理同意。征收之盐款，应存入银行团之银行或其认可的存款机构，提用时需经洋会办签字。稽核分所经理、协理及总所、分所其他职员任免，由总办、会办共同定夺。

当时，由日本人高洲太助任两淮盐运使署扬州稽核分所协理。原先食浙盐的苏五属划归江苏盐政总局（即后来的两淮盐政总局），改食淮盐。因淮北济南盐场所产之盐运销扬子四岸，支持淮南，事务复杂繁冗，第二年又在淮北板浦增设淮北稽核分所，称为海州分所（后改为淮北分所），原两淮分所称为扬州分所。自此以后，两淮盐区的盐政主权被洋人所操控，盐税的征管和盐斤的秤放由洋人主管，盐税扣除借款本息后，得到的只是所谓的“盐余”部分。善后大借款表明，继关税主权丧失以后，盐政独立主权也丧失了。

追溯：帝国主义列强觊觎中国盐业经济

中国盐业经济的发达，一度成为帝国主义列强觊觎的对象。西方列强在工业革命后，已经掌握了成本更低的制盐方法，他们自然而然地盯上了中国这一个庞大的食盐市场。

清政府多次拒绝西方国家提出的开放“盐禁”的请求。不过即使如此，西方列强还是想尽办法插手中国食盐市场，令清政府的税收和市场秩序受到了极大的干扰。鸦片战争之后，英国获得了在华口岸经商的权利，凭借多项不平等条约，英国商人在中国境内赚取了大量的金钱。在两国最初的协约中，设置了针对几种商品的禁令，其中就包括军火和食盐。

随着清政府开始着手建设新军，逐渐放开了对军火的进口禁令。1866年，英国驻华公使阿礼国便开始和总理衙门进行交涉，表示如果清政府放开食盐销售禁令，那么清政府不但可以从贸易中收取关税，而且还能够让内地百姓更方便地买到食盐，可谓一举两得。不久，英方从本国商人处得知，在江浙一带已经出现了十分猖獗的食盐走私现象，而且清政府似乎没有能力禁止这一现象。于是他们再次找到总理衙门，表明希望开放食盐贸易的愿望。

由于西方制造的食盐价格便宜而且质量更好，因此在中国黑市上很受欢迎，有利可图的西方商人们，也纷纷涉足这一领域捞金。当时清政府开放的通商口岸多在长江沿岸，因此外国商人便频繁在长江沿岸做着食盐走私的生意。虽然清政府对往来的外籍商船进行了严格的检查，但是依然有漏网之鱼进入长江中下游地带，将廉价的食盐销售到这些地区。

清朝末期，日本将东北地区的盐场全部占为己有后，强制工人加班生产，同时将食盐向周边地区倾销，严重冲击了中国食盐的分配政策和国家财政。德国霸占了青岛地区的盐场，直接向盐场收取高昂的生产税，想要将这些食盐运出胶州湾每斤都要缴纳三分大洋的运输“关税”。这让山东地区的食盐价格居高不下，给当地百姓造成了沉重的经济负担。

西方列强不择手段地打击中国盐业发展，八国联军侵华期间，沙俄和法国军队控制了天津的长芦盐区，控制了当地的两个盐坨（食盐仓储基地），强行霸占储存在那里的食盐，向清政府索要高额的“赎金”，沙俄为一袋食盐定价白银一两八钱五分，法国则高达三两一钱。最终，清政府在赎回食盐上花费了190万两白银。虽然清朝末年西方列强以多种方法干扰我国食盐贸易的正常运行，但是清政府始终没有正式开放我国的食盐市场。然而在清朝灭亡后不久，为了得到外国势力的支持，时任民国大总统的袁世凯，将我国的食盐准入禁令废除。这使得西方资本在一年之内就占领了我国的食盐市场，对本土盐业经济造成了极大的打击。

供稿单位：国家税务总局扬州市税务局
撰 稿 人：徐郁明

参考文献：

[1] 薛平，朱宗宙，黄继林，等. 滨江名镇盐都十二圩[M]. 扬州：广陵书社，2007.

财政部税警总团团长德政碑

在江苏省新沂市博物馆院内，保存着一块1932年当地民众为国民政府财政部税警总团团长莫雄（字志昂）立的德政碑。碑高1.83米、宽0.64米。碑文上款“财政部税警总团团长莫公志昂德政”，正文是“绩迈龚遂”4个隶书大字，落款“中华民国二十一年十一月榖旦，海沭宿郯四县民众恭颂，古郯高峻研撰书”。它是四县民众为感谢莫雄总团长剿灭盐枭土匪，还徐海大地民生安宁所立。

青石碑上的那些人和事

——财政部税警总团团长德政碑

江苏省新沂市位于京杭大运河与东陇海铁路交汇处。1925年，东陇海铁路徐州至海州（今连云港市）段正式开通，海州是当时淮盐的主产地，距其百余里的新沂，以得天独厚的交通优势，自然成为淮盐的重要集散地。国民政府财政部税警总团第二团曾在此驻扎维护盐税秩序。

奠基石中淘出德政碑

据当地文化学者介绍，这块德政碑原来立于税警总团第二团驻地即现在新沂市段家巷。“文革”时期该碑被推倒，送到正在筹建的影剧院建筑工地，准备当作奠基石。恰巧工地旁边是文化馆，文化馆馆长见该碑碑文清晰，且似乎记述着较为重大的事件，便悄悄地让工人把德政碑翻到文化馆一侧的草丛中保存下来。2002年新沂市博物馆建成后，该碑就被移交过去，一直放在院落边。

直到2006年，新沂市税务干部考证该碑来龙去脉的文章发表在《中国税务报》上，团长莫雄的后代闻讯后纷纷前来拜谒德政碑，引起了当地有关部门的重视。于是，新沂市博物馆便把德政碑立在了院内。

1928年，宋子文担任南京国民政府财政部部长，立即着手整理盐务，将原来盐税征、管、查多个机构合并为财政部直属的盐务稽核总所，各省、区设稽核分所，并赋予其武装特权。《江苏省志·税务志》记载：此次改革撤销了淮北缉私局，将其7个大队划归淮北稽核分所，改称“税警”。当时税警分为两种，一种是固定驻扎在盐场周围防区内，另一种是直属财政部的机动缉私武装警察部队“税警总团”。1930年，宋子文着手组建“税警总团”，大本营设在上海，其官兵素质和武器装备在当时都堪称一流。前两任总团长温应星、王庚都毕业于美国西点军校，第三任总团长莫雄则是北伐名将。营以上军官大都是留学欧美的军校生，排以上军官则大多毕业于东北讲武堂，而士兵则要通过考试选拔。宋子文还聘请了德国军事顾问指导训练。1932年税警总团正式建成后，因时局突变，在缉私征税方面尚未发挥作用，便投入了抗日战场。《莫雄回忆录》记载：1932年日军在上海发动“一·二八”事变，在国家危亡之时，宋子文密令其调税警二团4000余人配合19路军参加抗战。他们和正规军一起，凭借平时练就的过硬军事技术以及精良的武器，给日军重创。《淞沪停战协定》签订后，税警总团被调往海州整训。时任总团长莫雄（1891—1980年），广东人，同盟会员，参加过黄花岗起义、讨伐陈炯明和北伐战争等，从士兵一路升任至将军，富有强烈的正义感。他按照宋子文提出的“锐意整训、放手扩编”要求，在海州积极招揽人才，留美归来的孙立人等一批智勇双全的虎将加入税警总团，武器装备则由财政部博采欧美军事强国之长，总团还有高炮营、山炮营、运输营等7个直属营，很快发展为有5个团、3万余人的队伍，战斗实力比正规部队两个甲种步兵师还要强。

剿灭盐枭土匪保安宁

海州一带是淮盐的产销中心，新安镇（今新沂市）有着运河和铁路的水陆交通优势，《江苏省志·税务志》记载，自1926年起，这里先后设立盐税新安镇稽查处、验放处等机构，是淮北盐务稽核分所重要下属机构。盐税是当时仅次于关税的第二大税种，占整个税收收入的25%左右。盐税负担很重，淮北每担征收4元，因此这一带走私贩私黑恶势力十分猖獗。尤其是1930年中原大战后，一些残兵败将在苏鲁两省交界处落草为寇，形成一批悍匪。新安镇当时隶属宿迁县，《宿迁县志》记载："新安镇为宿（迁）之北鄙，距城百里，接壤鲁境，盗贼出没。"甚至新安镇警察分局局长也被匪寇暗杀，百姓更是民不聊生。猖狂的盐枭重兵武装押运私盐船队公开闯关，地方税警束手无策，徐海一带盐税秩序破坏殆尽。刚直不阿的莫雄到任后，自然容不得黑恶势力在他眼皮底下公开破坏盐税秩序、胡作非为。他派出40余名精悍的侦察员，用了3个多月时间查清了徐海地区盐枭土匪2万余人的盘踞地点和武装实力。1932年9月，他请示宋子文，并经蒋介石同意后，率税警总团开展大规模的围剿当地武装盐枭等黑恶势力的剿匪行动，仅3个月便荡平匪寇，将80余名匪首公开问斩，使徐海大地恢复了正常秩序，盐税收入也大幅增加。《江苏省志·税务志》记载，1931年淮北盐税收入1154万银元，剿灭盐枭后，1933年盐税收入2092万银元，猛增八成多，莫雄也受到了国民政府"传令嘉奖"。

税警总团平定匪患，"安民生出水火，以登衽席"，商民无不欢欣鼓舞。新安镇地处东海、沭阳、宿迁、郯城四县交界，税警总团第二团曾驻扎这里维护盐税秩序，故四县民众在此共同为莫雄立下德政碑。正文"绩迈龚遂"，称颂莫雄功绩超过"龚遂"。《汉书》记载，龚遂为汉宣帝时渤海郡太守，他到任前该郡贫饥，盗贼并起，无人能治。他上任后开仓济贫，选用良吏，劝民农桑，民皆卖剑买牛，“盗贼于是悉平，民安土乐业”。1932年12月11日《中央日报》专门刊登题为《公送税警总团旗匾》报道：“淮海一带匪悍异常，人民受其扰害，至重且大，每至夏秋，青纱帐起，猖獗更甚，虽请队往剿，奈此剿彼起，终难肃清，自税警团驻海后，迭派劲队，灭歼股匪，出人民于水火，歌功颂德，誉满海徐。本月八日，东沭宿会三县代表数十人，制就旗匾银盾数十付，赠送莫雄团长，暨古杨二团长，借申纪念，并由本邑县商会派商团一队护送，鼓乐鞭炮，不绝于耳，观众如堵，颇形热闹云。”

为红军长征密传情报

莫雄一生中最大的功绩，并非是剿匪安民，维护盐税秩序，而是他向中共中央提供了一份挽救中央红军和中国革命命运的绝密情报。由于情报密级极高，党内鲜为人知，党史也无公开记载，直到2016年纪念红军长征胜利80周年时，《人民日报》（2016年10月20日第9版）才以《一份绝密情报促使红军长征》为题，首次公开披露了莫雄向中共中央提供绝密情报的这段历史。

《莫雄回忆录》记述，他在第一次国共合作时任国民革命军第4军第11师师长，共产党员刘哑佛任师政治部主任，从此时开始他便对共产党人十分敬仰。1930年，他在上海筹建税警总团时，再遇刘哑佛，在其引见下，他与中共上海地下党员严希纯、项与年等有了密切接触，在他们的影响下，莫雄十分认同共产党的革命纲领，并正式提出加入中国共产党的申请，当时中共特科负责人李克农批复意见是：莫先生在国民党中资格老，社交广，为方便工作起见，以暂不参党为宜，请在党外帮助工作。从此，莫雄以党外人士的身份，开始演绎惊心动魄的“潜伏”故事。他离任税警总团团长后，1934年4月，被蒋介石任命为江西省赣北第四区行政督察专员和保安司令，并授权他自组人马“围剿”

红军。于是，莫雄与中共上海特科联系，刘哑佛、项与年、卢志英等共产党员打入江西省赣北第四区行政督察公署和保安司令部。

1934年9月底，蒋介石在庐山秘密召开军事会议，趁第五次“围剿”步步推进之势，部署彻底“剿灭”中央红军的“铁桶围剿”计划，调集150万大军，以瑞金为中心实施战略包围，蒋介石非常自信地说“剿共大业，毕其功于此役！”参会的莫雄意识到一旦计划实施，中央红军将面临灭顶之灾。会议结束后，他毅然决定将“铁桶围剿”计划交给地下党员急送瑞金。于是，中共中央紧急发布战略转移的命令，抢在敌人合围之前开始了长征。由于莫雄提供的绝密情报当时只有中央最高“三人团”（博古、李德、周恩来）知晓，所以，中共党史一直没有公开的记载。

后来，莫雄又被委任为贵州毕节地区专员兼“剿共”司令、广东省韶关地区行政督察专员兼保安司令、北江抗日游击司令等职，他在暗中做了大量帮助共产党的工作。1949年新中国成立前夕，他被国民党怀疑“通共”，列入暗杀名单，莫雄得悉后立即转移到香港。

新中国成立后，毛泽东特意叮嘱南下广东任职的叶剑英：莫雄是我们党的老朋友、老同志，你一定要找到他，安排他的工作。于是，莫雄应邀回到广州，先后担任北江治安委员会主任、广东省政协副主席、全国政协委员等职。1956年，莫雄受李克农专门邀请参加国庆典礼。1980年，莫雄病逝于广州，终年89岁。

在建党百年之际，央视文献纪录片《山河岁月》《无声的功勋》等，都揭秘了莫雄为中央红军战略转移提供绝密情报的这段鲜为人知的历史。因此，新沂市文物部门更加重视对莫雄德政碑的保护，专门制作了说明碑，并为德政碑加上玻璃罩保护，将其定为当地红色教育实景基地展品。

供稿单位：国家税务总局新沂市税务局
撰 稿 人：伏　杰

《大清帝国城市印象——19世纪英国铜版画》

中国财税博物馆收藏的《大清帝国城市印象——19世纪英国铜版画》一书，收录了英国建筑师、画家托马斯·阿罗姆创作的一系列大运河题材画作。其作品以乾隆五十八年（1793年）马戛尔尼使团大运河之行获取的第一手材料为基础，通过水彩画形式加以演绎，生动细致地展现了大运河沿线的民生百态。画面中虽未直言赋税，却隐含了清中叶经济社会与税收制度之间的相互影响，作为宏大背景下的微观叙事，值得细细挖掘其背后的故事。

盛世之下的隐忧

——19世纪英国铜版画里的清代大运河

藏书因由：前摄影术时代的大运河印象

时间退回200多年前，一场“世界上最强大的国家”与“天下唯一的文明国家”之间的会见即将拉开帷幕。在英国国王乔治三世的授意下，乔治·马戛尔尼勋爵以给乾隆皇帝祝寿为名率团访华。据《英使谒见乾隆纪实》等史料记载，使团一行近700人于1792年9月从英国朴次茅斯港出发，1793年8月到达北京，并于9月在承德避暑山庄觐见了乾隆皇帝。

自13世纪以来，《马可波罗行纪》中对于东方国度“遍地黄金，充溢于野”的描述，引发了西方世界探索东方的狂热。18世纪末，凭借第一次工业革命率先进入“蒸汽时代”的英国已在印度站稳脚跟，正急于打开中国市场的大门，这便是马戛尔尼使团此次访华的真实目的。然而，惯以“天朝上国”自居的清王朝不仅没有给使团任何谈判余地，还勒令其在10月启程归国。根据乾隆帝谕旨，无功而返的使团被特许沿着京杭大运河穿越清王朝腹地，于1793年10

月7日从运河最北端的通州出发，历时33天，一路南下至杭州，再从位于珠江口的虎门入公海，返回英国。

这次史无前例的京杭大运河之旅，让马戛尔尼使团得以近距离接触“旨在使帝国的南北各省能够相互沟通”的“天才的工程”。有别于一般的观光客，马戛尔尼使团显然有备而来，他们详细记录了运河全线船闸的数量、沿岸城市的情况及清军军备力量等信息。除了文字记载，使团还配有专职画师随行作画。在摄影技术尚未诞生的年代，凭借画师高超的技术，准确描绘出使团游历过程中的所见所闻，极大弥补了文字叙述的局限性，使观者能够身临其境。

半个世纪后，受英、法等国向东方旅行作画热潮的影响，英国著名建筑师、画家托马斯·阿罗姆（Thomas Allom，1804—1872年）借鉴马戛尔尼使团画师威廉·亚历山大(William Alexander，1767—1816年）的素描稿及使团成员撰写的文字材料，结合想象进行了再创作。尽管画家本人并没有到过中国，但其作品以写实的笔触、准确的比例、鲜活的人物，勾勒出清代中叶的社会场景，引发了西方世界对中国风情的浓厚兴趣。他的一系列水彩画后被制成铜版画，由旅华多年的英国作家乔治·N.赖特（George N. Wright，约1794—1877年）从历史角度作注释，于1843年出版后迅速成为欧洲最有名的“中国历史教科书”。21世纪初，上海古籍出版社以城市为线索重新整合了上述版画，编辑出版了《大清帝国城市印象——19世纪英国铜版画》一书。

沧海桑田，世事变迁。当我们翻开这本精美的铜版画册，细细观摩两个多世纪前的画作，不难发现其中隐含了大量珍贵的历史信息，涉及清中叶经济、政治、文化、军事、宗教等广泛领域。其“运河城市”章节收录了与清代中叶大运河沿线市镇相关作品，系托马斯·阿罗姆根据马戛尔尼使团在大运河之行中获取的第一手材料创作，为后世研究这一历史时期大运河与税收相关问题提供了宝贵的资料。

大国漕运：百万人口倚食漕河

这幅画作描绘了位于京杭大运河最北端的通州，透过画面仿佛能够听到来自清中叶运河沿岸市镇的喧嚣。画面近处是熙熙攘攘的河岸，买卖吆喝声、讨价还价声以及寒暄交谈声相互交织，好不热闹。不远处的水面桅杆林立，远近船只上水手们忙碌的身影依稀可见。画面远端耸立着燃灯塔，清代王维珍《文昌阁十二景·古塔凌云》中“无恙蒲帆新雨后，一枝塔影认通州”说的便是此塔。托马斯·阿罗姆在创作此画时参考了马戛尔尼使团画师威廉·亚历山大的素描稿及使团成员的相关文字记载。

如画面中所见，清代运河沿线市镇人口众多，流民遍地。马戛尔尼使团行经天津时，沿岸的围观民众多达十数万，令其大为震惊。不仅如此，高度依赖人力驱动的行船方式也给使团留下了深刻印象，他们认为“在中国……凡人力所能做得到的事，无不用人做”。关于这一点，可以参考《乾隆英使觐见记》中的相关记载，其中提到使团的船只平均每船用15个纤夫，总共有500人之多。另据使团副使乔治·斯当东的记录，清廷为马戛尔尼使团运河之行共招募了1000名纤夫，他们被分为两班，每班500人，轮流拉纤。不过，相比于维持整个漕运系统运转所需要的人力，这个数字就只是九牛一毛而已。

铜版画画作之一

作为一处关系国家命脉的社会场域，大运河及其沿岸吸纳了众多人口。清嘉庆年间，学者包世臣在《策河四略》中提到了淮安清江浦一带“近日流娼数至三千……清江民人不耕不织，衣食皆倚河饷”的现象。由此可见，漕运对于运河沿线民众的生计、生活产生了极大影响。

清代，每年由江南、浙江、江西、湖广、山东、河南向京师输送的漕粮为300万石至400万石，供宫廷消费、百官俸禄、军饷开支及粮食调剂。根据《大清会典》相关记载，清代漕粮运输每年需船6000～7000艘。“每船佥卫所军一名领运，谓之旗丁，另有旗丁雇募水手九名，协同挽运。按此估计，领运旗丁需六七千人，舵工水手需五六万人。”此外，行船时如遇逆风、逆流、闸口、浅滞等情形，还需临时雇募纤夫。《皇朝文献通考》记载：“各省粮艘北上，每遇过闸过坝及急溜浅阻，必需人力挽拽者”。据《清宣宗实录》记载其人数

“多至各船水手数倍”。比照水手的数量，每年漕运雇用纤夫或以数十万计。

总而观之，清代以漕运及其衍生行当为生的各类社会群体有直接参与漕运的运丁和水手，辅助漕粮运输的纤夫和脚夫，对大运河进行日常维护的浅夫和泉夫以及各色商人、贩夫等。除去拥有编制的运丁，其规模应当与清人丁显在《请复河运刍言》中“漕河全盛时，粮船之水手，河岸之纤夫，集镇之穷黎，藉此为衣食者不啻数百万人”的说法大致吻合。

华衮之下：盛世滋丁背后

在这幅以江南运河为背景的画作中，托马斯·阿罗姆着笔于向大运河“讨生活”的底层劳动者，采用透视笔法展现了劳动的水手、纤夫等人物形象。近景中，一支在岸边背纤的队伍被刻画得尤为传神，只见纤夫们身着短衣、高挽裤腿，体态如弓，身体向前倾倒，似乎使出了全身气力来拖动身后的大型船只。

纤夫是众多倚食漕河者中的一类。明清时期，纤夫的来源有三：其一，驿站（水驿）纤夫；其二，州县临时雇募纤夫；其三，漕帮临时雇募纤夫。其中，由漕帮临时雇募的“短纤”生计最为艰难，他们大多为流民或贫困潦倒的百姓，靠在大运河边等待漕船运丁雇用为生，收入较前两者更少。《钦定大清会典则例》记载，乾隆五年（1740年）规定，“雇用短纤，每夫每里给制钱一文”，乾隆三十年（1765年）雇价升至每夫每里一文半至两文，但受物价上涨等因素影响，短纤仍只能勉强糊口。纤夫群体的处境正如清初诗人梁清标在《挽船曲》中所写，“穷民袒臂身无粮，挽船数日犹空肠，霜飚烈日任吹炙，皮穿骨折委道傍……”

尽管社会地位低下且收入微薄，但拉纤仍是十分抢手的活计，以至于沿河等待雇募的纤夫不下数万人。为什么会出现这种现象呢？这还要从清代推

铜版画画作之二

行的税制改革说起。清初统治者励精图治、革新除弊，在赋税改革方面，康熙五十一年（1712年）颁布“滋生人丁，永不加赋”的规定，以康熙五十年（1711年）全国丁银额为准，此后额外增丁，不再多征丁银。雍正年间，各地陆续实行“摊丁入亩”，将丁银并入田赋征收，人丁不再作为征税依据。每地赋一两，摊入丁银若干，各省各地的情况不同、赋役比例不同，分摊比数也不同。据《清史稿·食货二》，每地赋一两直隶摊丁银二钱二厘，福建摊丁银五分二厘七毫至三钱一分二厘不等，山东摊一钱一分五厘，河南摊一分一厘七毫至二钱七厘不等，甘肃、河东摊一钱五分九厘三毫，河西摊一分六毫，江西摊一钱五厘六毫，广西摊一钱三分六厘，湖北摊一钱二分九厘六毫。田多则丁多，田少则丁少，切实减轻了无地、少地民众的负担。

在上述政策的影响下，社会人口数量显著增长，尤以乾隆朝为最。乾隆六年（1741年）实行新的人口统计制度后，一改以往主要统计成丁的做法，将全国男女老少均纳入统计口径，使人口统计数据更加接近真实人口情况。据《清实录》，当年全国在册人口为143411559人，乾隆二十七年（1762年）增至200472461人，乾隆五十九年（1794年）达到313281795人，经过短短半个世纪就翻了一番。

罕见的“人口大爆炸”营造了“盛世滋丁”的欣荣景象，然而，一系列社会问题也由此产生。据清代洪亮吉《卷施阁文甲集·卷第一·治平篇》记载，清中叶“为农者十倍于前，而田不加增” ，致使人均占有耕地面积不断下滑。根据吴慧编著的《中国历代粮食亩产研究》，乾隆十八年（1753年）人均占有耕地面积为3.14亩，乾隆三十一年（1766年）减少至2.94亩，乾隆四十九年（1784年）人均占有耕地面积仅为2.08亩，要远低于清代学者洪亮吉提出的“一岁一人之食，约得四亩”的标准。加之来自土地兼并的影响，人地矛盾愈演愈烈。与此同时，自实行“摊丁入亩”后，赋税征收与人丁脱钩，人丁编审制度因此日渐废弛。乾隆三十七年（1772年），朝廷提出“永停编审”,户口管理松动,人身依附关系松解，传统社会结构逐渐解体，出现了清代冯桂芬《校邠庐抗议》所记载的“民轻去其乡，五方杂处” 的社会现象。

在多重因素的叠加影响之下，“无立锥之地”的“贫者”被迫成为流民转徙他方，有着大规模用工需求的漕运使其觅得一线生机，运河遂成为大批流民维持生计、获取利益的物质基础和社会场域。正如生活在这一时期的德国哲学家黑格尔(Georg Wilhelm Friedrich Hegel,1770—1831年)所关注到的，“中国本部呈现出人口过剩现象。在黄河和长江上，都有亿万的人民居住在竹筏上……”黑格尔所说的“水上人家”就是从各地的传统生活秩序中“溢出”的流民，他们聚集在运河沿线，为王朝漕运体系的正常运转提供了充沛的人力保障，也极大地促进了运河沿线市镇商业的繁荣。

当然，存在数量庞大、来源复杂的流动人口，给社会治理带来的困难也是显而易见的。特别是随着其内部行帮组织不断壮大，各方势力盘根错节，加剧了社会的不稳定性。长期社会失衡导致各类社会问题的积聚，最终酿成了无法收拾的局面。清咸丰年间，运道淤阻，漕粮转为海运，依靠大运河维持生计的流民大规模失业，他们中有的选择揭竿而起，如清末爆发的太平天国运动等，不乏流民参与，也有的涌入长江下游两淮等地的盐区，勾结当地盐枭贩卖私盐，严重影响了官盐销路和朝廷的盐税收入。凡此乱象，皆成了清末政府治理机制失能的注脚。

“冰冻三尺，非一日之寒”。或许，这样的结局早在乾隆朝出现人口过剩时就已经注定。今人借由同一时期画作中的西方视角，一窥盛世之下的隐忧，不过是徒增叹息罢了。

供稿单位：中国财税博物馆
撰 稿 人：金　烨

参考文献：

[1] 李文治. 李文治集 [M]. 北京：中国社会科学出版社，2000.

三官廟
本寺無僧人募化
寺
孟公津橋
天津分司
東轅門
西轅門

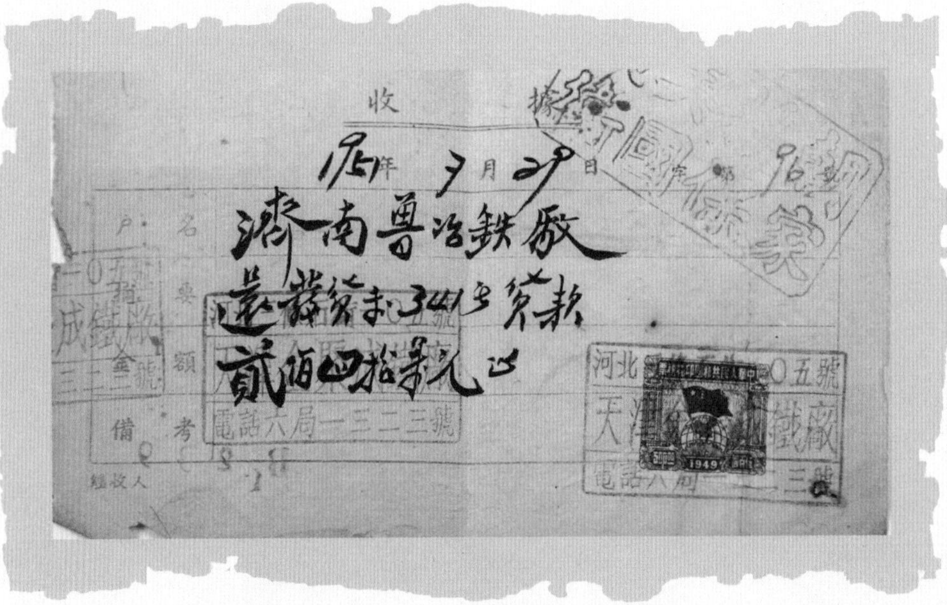

1951年天津金聚成铁厂为济南鲁冶铁厂开具的收据

上图为1951年7月29日天津金聚成铁厂为济南鲁冶铁厂开具的收据，在收据右下方印有一枚面值500元的印花税票。这张印花税票是新中国成立后发行的第一套印花税票之一，被命名为“旗球图”印花税票。

一张印花税票
见证华北地区近现代手工业的兴衰

天津被称为“是大运河载来的城市”，运河漕运对天津作出了巨大的贡献，得天独厚的地缘优势为天津带来了繁荣的经济贸易。天津市红桥区三岔河口畔的三条石地区，曾享有“华北地区民族工业摇篮”的美誉，见证了大运河滋养哺育两岸百姓的繁华岁月。

重现：难得一见的新中国第一套“旗球图”印花税票

在天津市三条石历史博物馆，收藏着一张1951年7月29日天津金聚成铁厂为济南鲁冶铁厂开具的收据，在收据右下方印有一枚面值500元的印花税票。仔细观察这张印花税票，税票上方从右至左为“中华人民共和国印花税票”字样，画着麦穗和齿轮托举着地球，两根柱子屹立两旁，而在地球上方，一面五星红旗迎风飘扬，票面正下方标注着面值和年份，并印有“1949”字样，与新中国诞生、无产阶级取得政权等历史场景交相印证。这是新中国成立后于1949年11月发行的第一套印花税票，被命名为“旗球图”印花税票。当时印花税票有30种面值，其中人民币15种，东北币10种，新疆币5种。由于新中国成立初期各地情况不尽相同，由中央统一印制印花税票下发使用并不现实，于是采用统一制版发各大行政区依照式样印制的办法，这就有了中央版、华东版、西南版、中南版、蒙古版、西北版、东北版和新疆版，共8种版本。第一套“旗球图”印花税票及其加盖改额票一直使用到1958年税制改革将印花税并入工商统一税为止。

回顾：新中国成立初期印花税制度

1949年10月1日中华人民共和国成立前，中国共产党领导下的一些革命根据地（老解放区）已陆续建立了人民政权和区域性的税收制度，其中包括印花税制度。在新解放区，为了保证社会、经济和税收的稳定，根据中共中央的指示，除取消旧政府征收的苛捐杂税外，可暂时沿用旧政府制定的税制，然后逐步整理。

新中国成立初期，国家建设的重要任务之一是统一全国财政经济工作，其中税政统一必不可少。1949年11月底至12月初，经中共中央政治局会议批准，中央人民政府政务院（以下简称政务院）财政经济委员会和中央人民政府财政部（以下简称财政部）在北京召开首届全国税务会议，拟定了《全国税政实施要则》和有关税法的草案。

1950年1月30日，政务院发布《关于统一全国税政的决定》，附发《全国税政实施要则》，暂定14个税种为中央和地方税，其中包括印花税。同年12月19日，政务院发布《印花税暂行条例》，即日起施行，各地有关印花税的单行办法一律废止，实现了新中国印花税制度的统一。根据上述《印花税暂行条例》，印花税的纳税人为应税凭证的书立人、领受人和使用人；征税对象为在中国境内因商事、产权等行为所书立和使用的凭证，包括发货票、记载资本之账簿、债券、借贷抵押契据、保险契据、股票及投资契约等25个税目；计税依据为应纳税凭证所载金额和应纳税凭证件数，分别采用比例税率和定额税率，均分为四档，前者从0.1‰到3‰不等，后者从200元到5000元不等（1955年3月新人民币即第二套人民币发行前，各项税收法规中所列人民币均为旧人民币即第一套人民币，新人民币与旧人民币的兑换比率为1∶10000）；税款可以粘贴印花税票方式缴纳，也可按期汇缴。农村土地改革后所发的土地证，已纳印花税的凭证的副本和抄本（视同正本使用者除外），催索欠款和核对数目的抄单，车辆、船舶、飞机的客票和行李票，可以免税。

这一时期印花税票的管理较为特殊：除继续使用各解放区自制的印花税票和改制的印花税票外，1949年12月23日，中央人民政府直辖的华北地区率先使用财政部税务总局统一印制的印有“1949”及国旗和地球图案（简称“旗球图”）、总共11种面值（金额从1元至2000元不等）的印花税票，随后各大区陆续开始使用这种“旗球图”印花税票。

见证：三条石地区——“华北地区民族工业摇篮”

回到这张天津金聚成铁厂开具的收据上，除了贴有一张意义非凡的印花税票，它还记载着当时天津制造业深厚的历史底蕴。近代天津制造业的发展历史，有着清晰而明确的脉络，一面是洋务运动的官办工业，另一面就是自发兴起的民间企业。天津三条石地区的机器铸铁业变迁史，就是一部近代民族企业发展史，在中国近代这个节点中，当年的开创者们步履维艰，一点点引领着中国社会从农业时代向工业时代艰难前行。

当时，在南北运河、子牙河交汇的三岔河口附近，船只带着大批货物在此地集结、倒运、修整，诞生了大量的货栈、客栈供这些船家储存货物和休息。当年农闲时节，河北省交河、献县一带的冶铁手工业者，带着一些简单工具聚集在三条石一带，为货栈、客栈和船家制作一些如枣核钉、船钉、扒头钉等简单的生产、生活用品。随着时间的推移和需求量的扩大，这种季节性的生产已经不能满足各方需要，1860年，河北交河县人秦玉清在三条石创建第一家固定的手工作坊——秦记铁铺。铁铺最初锻造加工一些简单的铁器，后随着技艺的提高开始以铸造加工为主，并以铸造的硬模锅闻名华北。作为三条石工业的起点，秦记铁铺培养出的一大批学徒工人，成为后来三条石发展的核心力量。

秦记铁铺出现之年，正处于第二次鸦片战争期间，英法联军的坚船利炮让当时中国先进知识分子们开始正视差距，开展洋务运动。1867年创办的天津机器局，培养了一批掌握机器制造技术的工人，随着人员的流动，这些技术也传入三条石地区，促进了三条石地区民间铸铁机器制造业的形成和发展。

到1900年三条石地区已有铁业手工作坊20余家，其中较为有名气的有三合、三义公、金聚成等，但和当年中国整体工业状况一样，作坊技术薄弱，实力较小。历史车轮滚滚向前，三条石地区的工厂逐渐增加，手工作坊也陆续发展成为真正的“工厂”，并分化演进成铸铁厂与机器厂的分工，产生了在当时有一定影响力的天津制造品牌。

20世纪二三十年代，三条石地区开始步入兴盛阶段，在三条石大街上就密布工厂80余家，榨油机、印刷机、打包机等工厂都有。1935年的《大公报》曾报道：“本市之机械工厂，家数众多，及随处皆是，而以河北三条石为集中街区。”并指出这一街区在“整个天津机械工业中占一个极重要的部位”。这一时期的三条石形成了河北乃至华北地区有名的“铁窝子”，并奠定了华北地区机器铸铁业中心的地位。

三条石地区机器制造业的开创者们筚路蓝缕的艰苦创业精神，合法经营、照章纳税的意识，产品质量意识和将实业救国、振兴国货视为己任的爱国意识，直到今天依然值得我们学习。

抗日战争爆发后，由于受到侵华日军的侵略和压迫，三条石工业开始走向衰落，直到新中国成立以后，三条石重新焕发了青春，走向繁荣，并成为天津机械工业崛起的支柱力量。

供稿单位：国家税务总局天津市红桥区税务局
撰 稿 人：吕思远
鸣　　谢：三条石历史博物馆

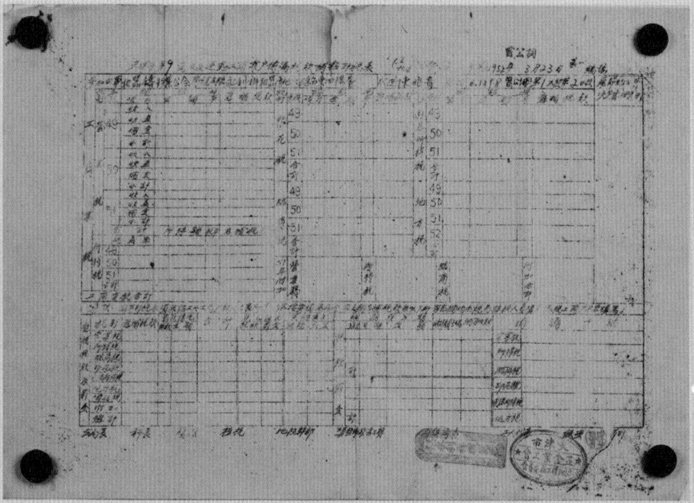

“五反”运动工商业户偷漏税款补报计税表

1952年4月永利祥机器厂天津市第九区“五反”运动工商业户偷漏税款补报计税表，反映了“五反”运动期间反偷税漏税的现实情况，表明了当时党和国家打击工商业违法违规乱象的决心，“五反”运动为实现对资本主义工商业的社会主义改造打下了坚实的基础。

从"五反"运动中的税收印记探寻历史深处的税收记忆

"九河下梢天津卫，三道浮桥两道关"。作为大运河载来的城市，天津的发展与大运河分不开。大运河沿途有众多关键性节点，其中三岔河口是大运河在天津市中心的关键之地。河口附近的三条石地区，得益于大运河的交通便利，舟楫辐辏，人员往来，货通南北，见证了天津制造业的起源和发展，为天津的税收提供了稳定的支撑。

一张补报计税表彰显的历史印记

在天津市三条石历史博物馆，收藏着一份1952年4月永利祥机器厂天津市第九区"五反"运动工商业户偷漏税款补报计税表。这张土黄色的毛边纸报表，长38.5厘米，宽26.7厘米，详细记载了当年永利祥机器厂的基本信息、补缴税款的具体金额及时间。

从这张永利祥机器厂天津市第九区“五反”运动工商业户偷漏税款补报计税表上可以看出，当时涉及的税种主要包括工商业税（营业税、所得税）、印花税、利息所得税、地方税及附加税，同时由于工商业户涉及偷税漏税对其还有一定的罚金。

永利祥机器厂是三条石地区众多机器厂之一，在解放后主要经营蒸汽机、卷扬机等，当时有很多工商业户不满足于正常方式获得一般利润，以偷税漏税等不法手段获取高额利润。“五反”运动工商业户偷漏税款补报计税表不仅是“五反”运动期间的重要文件，也是研究当时社会经济状况、税收制度等方面的重要历史资料。通过分析，我们可以了解当时工商业户偷税漏税问题的严重程度、补缴税款的规模及党和国家打击工商业违法违规乱象的决心。

一张补报计税表背后的时代风云

新中国成立初期，随着国民经济的恢复和发展，许多不法资本家违背《中国人民政治协商会议共同纲领》的规定，唯利是图、投机取巧、偷税漏税，在暗中施放“五毒”，这些行为影响了国家和私人资本家的关系，更严重影响到整个社会经济形势的健康发展。为此，1952年1月26日，中共中央发出《关于在城市中限期开展大规模的坚决彻底的“五反”斗争的指示》，要求在全国一切城市中，向违法的资本家开展大规模的反对行贿、反对偷税漏税、反对盗骗国家财产、反对偷工减料和反对盗窃经济情报的斗争。2月上旬，“五反”运动首先在全国各大城市展开，并很快掀起了高潮。遵照中共中央的指示精神，中共天津地委发出《关于在工商界中开展“五反”斗争的指示》，要求以杨柳青、汉沽、胜芳3个专区直辖镇为重点，在各县城工商界中对民族资产阶级开展“五反”斗争，对三岔河口附近的企业也开展了此项运动，永利祥机器厂就在其中。这张1952年4月永利祥机器厂天津市第九区“五反”运动工商业户偷漏税款补报计税表详细记载了当时永利祥机器厂需要补缴的税款6139.8元。

在“五反”运动的后期，天津市根据政务院《关于工商户分类处理的标准和办法》的规定，按照“宽严结合”“改造与惩治相结合”的政策精神，对全市工商业户进行了分类。据1951年3月底统计，全市六万五千多工商业户（包括一部分摊贩和行商）中，守法户有六千六百户，占总数的10.2%，基本守法户四万二千户，占64.6%，半守法半违法户一万三千七百户，占20.8%，以上三类即占全市工商户的95%以上。全市严重违法户有二千三百户，占3.5%，完全违法户八百户，占1.2%，此外，尚有少量听候处理户。

在定案处理时，天津市认真执行“坦白从宽，抗拒从严；过去从宽，今后从严；多数从宽，少数从严；工业从宽，商业从严；普通商业从宽，投机商业从严；斗争从严，处理从宽”的原则，对罪行严重、证据确凿而又顽抗者，从严惩处；对违法行为不大、情节又不严重，主动彻底坦白者，宽大处理；对偷税漏税者、罪大恶极者严惩；对自动坦白又依法补税者不罚。这就有力地反击了不法资本家的“五毒”进攻，又在新的基础上巩固了与民族资产阶级的统一战线。

“五反”运动有力打击了不法资本家严重的“五毒”行为，进一步查明了私营工商业的状况，促进了社会经济结构的重组，初步改变了私营企业的性质，为资本主义工商业的社会主义改造和国家大规模经济建设奠定了基础。

一张补报计税表见证的税收记忆

税收在国家治理中一直发挥着基础性、支柱性、保障性作用，对国家经济社会发展和民生改善产生了积极作用。新中国成立前，分散的解放区和革命根据地，导致红色政权在不同地区有不一样的税收制度。新中国成立后，各地税收制度不一致的现象需要改变。然而从旧税制到新税制需要一个过程。虽然从新中国成立初期的现实情况看，先按旧税制征税有其合理性，但这仅是权宜之计，必须在新的税收思想的指导下，设计出适合当时经济状况的新税制。

1949年9月，中国人民政治协商会议第一届全体会议通过的《中国人民政治协商会议共同纲领》第四十条规定：“国家的税收政策，应以保障革命战争的供给、照顾生产的恢复和发展及国家建设的需要为原则，简化税制，实行合理负担。”1949年11月，首届全国税务会议根据《中国人民政治协商会议共同纲领》制定了《全国税政实施要则》，决定实行多税种、多次征的复合税制，初步设定14个税种，即货物税、工商业税（包括营业税和所得税两个部分）、盐税、关税、薪给报酬所得税、存款利息所得税、印花税、遗产税、交易税、屠宰税、房产税、地产税、特种消费行为税和使用牌照税，大致构建了新中国税制结构的基本框架。后来确定薪给报酬所得税、遗产税暂不开征，房产税和地产税合并为城市房地产税，这样，税种实际上只有11个。仅用一年多时间，全国税政就统一起来，适应了多种经济成分并存的需要。此外，随着新中国成

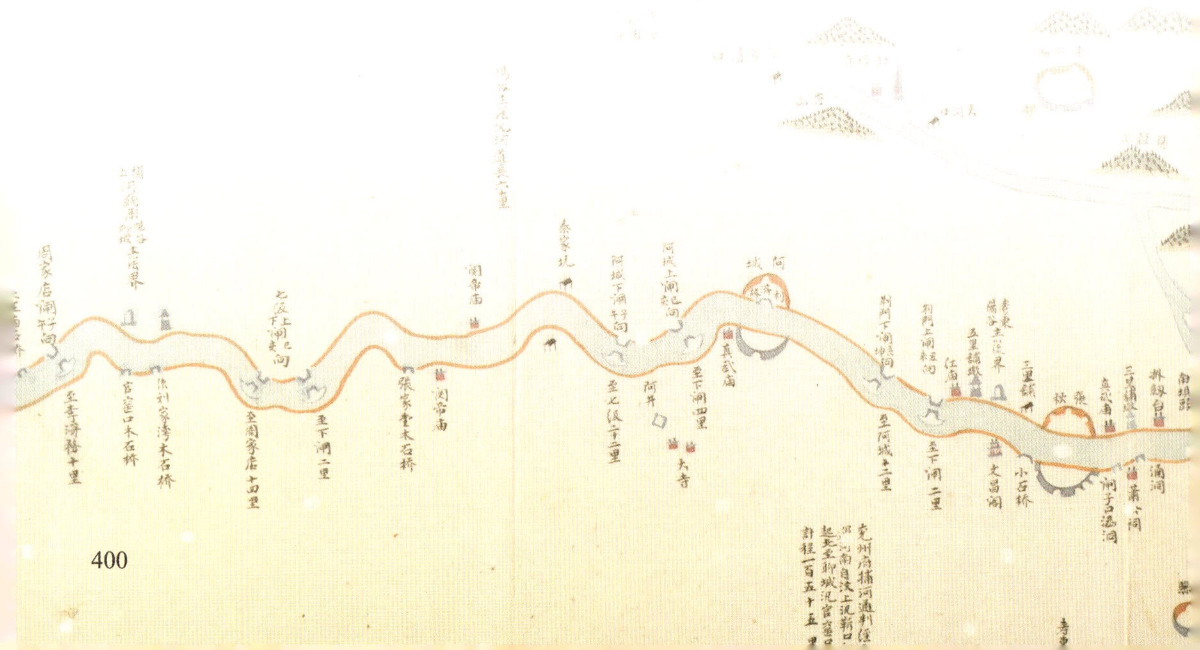

立后城市的经济地位上升，城市税收收入与公粮收入并驾齐驱，在财政收入体系中占据重要地位。同时，随着国营企业的发展，企业利润也成为财政收入的重要来源。

根据当时的政治、经济状况，建立和实施的以多种税、多次征为特征的复合税制，对于保障财政收入，稳定经济，保证革命战争的胜利，实现全国财政经济状况的根本好转，促进国民经济的恢复和发展，配合农业、手工业和资本主义工商业的社会主义改造，建立、巩固和发展社会主义经济制度，发挥了重要的作用。

税收文物作为历史的瑰宝，其价值远远超过简单的物质形态，它们不仅是税收历史的见证者和记录者，承载着丰富的历史信息，更是连接过去与现在的桥梁，让我们能触摸到历史的脉搏。1952年4月永利祥机器厂天津市第九区“五反”运动工商业户偷漏税款补报计税表就是“五反”运动时期税收记忆的忠实见证者，为我们呈现了“五反”运动时期党和国家打击工商业违法违规乱象的真实历史。

供稿单位：国家税务总局天津市红桥区税务局第一税务所
撰 稿 人：孙　佳
鸣　　谢：三条石历史博物馆

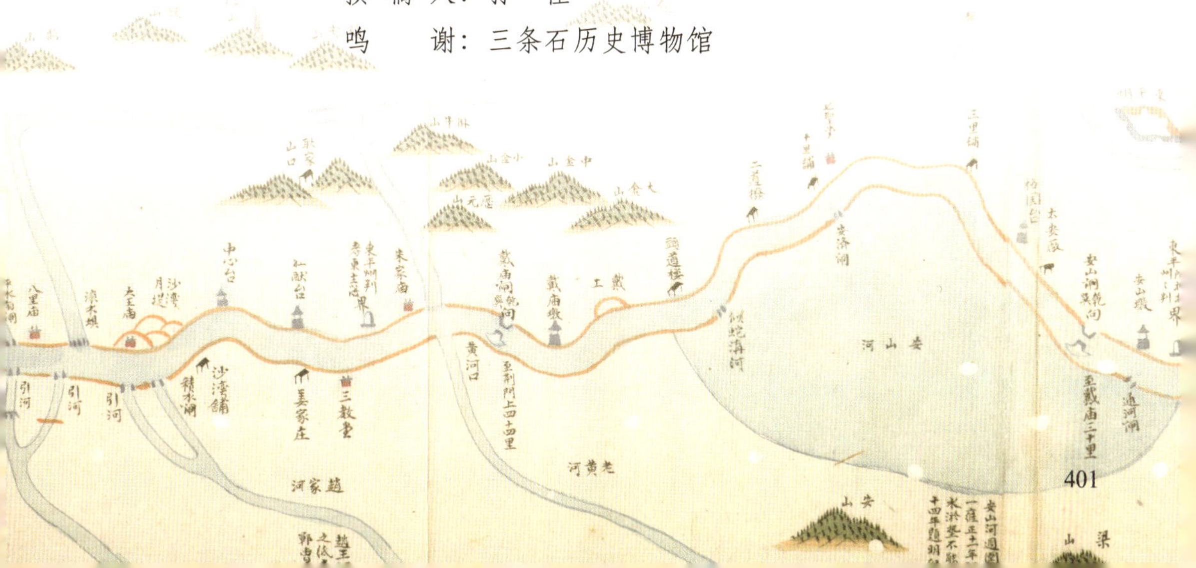

《商盐坨图》
记录了清代天津盐运的盛况

宁波市
苏州市
嘉兴市
常州市
绍兴市
镇江市
无锡市
河
扬州市
杭州市
淮
长
河
江